牛的印跡

禪修與開悟見性的道路

Hoofprint of the Ox

Principles of the Chan Buddhist Path as Taught by a Modern Chinese Master

聖嚴法師
Master Sheng-Yen

丹・史蒂文生
Dan Stevenson

著

梁永安 譯

目錄

第三部　禪宗的頓法

序

聖嚴法師是禪門曹洞宗與臨濟宗的法師，二十年來在臺灣、美國和歐洲接引信徒不遺餘力。《牛的印跡》這本書，是要用聖嚴法師自己的語言，為他獨具特色的禪法所依據的原則，提供一個系統性的導論。

多年前初識法師時，我聽他說了一則故事。有一個人手持寶劍乘船渡江，中途不小心把劍掉到水裡。他在劍落水處的船舷做了一個記號，等船靠岸，再在記號下方的水裡到處尋覓，結果找了一整天都毫無所獲。這個寓言，許多方面符合了聖嚴法師對禪修的觀點。法師生於清帝國覆滅後的時期，親歷了西方殖民者的入侵、第二次世界大戰、共產革命和中國人為建造一個強大新中國持續至今的努力。所有這些經驗，都在法師其人及其學說裡留下無可磨滅的印記。雖然深受中國傳統僧院文化的影響，但聖嚴法師憑著禪修與多年來教導中國和西方學生的經驗，也對這種文化的局限性產生敏銳的體認。因此，他的教誨是前瞻性的，並且他毫不諱言對過去的吸納有所選擇。法師不願意當個刻舟求劍的人。

當然，對很多西方讀者來說，聽到我說在今天的中國還有禪師，也許會感到驚訝，甚至不敢置信。按照流行的觀點（一種除中國人以外幾乎任何人都相信的觀點），真正的禪學早在十多世紀以前就已從中國消失，而這一點，是因為佛教自唐代衰亡（九〇六）後出現「庸俗化」所造成的。對持這種看法的人來說，聖嚴法師的禪學之所以和想像中一千年前的禪學有所出入，正好是禪學在中國已經式微的佐證。然而，聖嚴法師卻是當今中國僧人裡最受仰慕的其中一位，他的禪修課程動輒吸引數以百計的報名者，而他的公開佛法講座吸引到坐滿一整個音樂廳的聽眾，也是常有的事。

聖嚴法師並不是一個特例。在比他早一輩的僧人中，虛雲老和尚（一八四〇～一九五九）和來果禪師（卒於一九五三）以及天寧寺、南華寺和高旻寺這些禪學重鎮，都被視為是禪傳統的楷模，足以與禪宗的遙遠過去並駕齊驅。不管我們拿從前哪一個時代來跟近代中國禪學比較，我們就是無法得出禪學在現今中國是死氣沉沉的結論。

就像日本、韓國與越南的佛教徒那樣，中國的禪師與禪修團體都自視為佛教「黃金時代」（唐代）遺產的繼承者。而且也像日本、韓國與越南的佛教徒那樣，中國的禪師彼此間也會爭論傳統與變遷、忠實與偽誤的問題；事實上，這些也是歷代不同的禪宗派別常常爭論的問題。雖然有些人主張，禪宗想要保持生命力，就必須抗拒變遷，並保存傳統的禪與修行方法，但聖嚴法師和一些僧人卻不如是觀，反而認為轉變才是生命力之所繫。正如聖嚴法師所說的：「如果想要找出中國禪宗一個明確的特徵，那大概就是：禪在中國一直是處於變化之中的。」

如果我們能夠一改多年來的偏見，重新評價近代中國的佛教文化，就會發現這是值得的。尉遲酣（Holmes Welch）在其研究二十世紀初期中國佛教復興運動的經典著作中，就已經對此做過嘗試。過去二十年來，佛教以前所未有的蓬勃，在工業化的臺灣繁榮滋長。①當我一九八一年在臺灣參加佛經的大眾講座時，一個晚上的聽眾是兩百到三百人，而現在，聽眾的數目即使未達數萬人，至少也是數以千計。佛教組織的規模也相當驚人。像是由花蓮證嚴法師創辦的慈濟功德會，轄下就有醫院、基金會和大批隨時為應付各種社會災難而待命的志工。

還有許許多多的組織（包括聖嚴法師的「法鼓山」在內），資助從佛學課程到環保計畫等範圍廣泛的活動，舉辦為俗家人而設的禪七和念佛會，又把很多過去只有在佛寺裡才接觸得到的佛教教義，介紹給大眾。很多這一類的活動，追本溯源，就是由民國初年致力於復興佛教的僧俗人士發起的。聖嚴法師身為這個傳統的繼承者，又是今日中國佛教界的領導人物之一，他的這本《牛的印跡》，可說是一個適時的窗口，讓我們一窺中國佛教史上一個深具潛力的階段。

不過，如果說《牛的印跡》有紀實價值的話，那並不代表它的意義僅止於一件文化展示品。歸根究柢，《牛的印跡》乃是一部規範性的作品：一本向全世界對佛教感興趣的大眾介紹禪修方法的作品。此書絕不只是聖嚴法師個人信仰的一個記錄，相反的，這些信仰能回應學禪者對禪修的某些誤解，這本書是有特別的話要說的。聖嚴法師在講課時忍不住要反覆批判的有兩個誤解：一是認為禪是一種純粹直觀的修行，與文字和概念架構完全無涉；另一個則是認為禪是獨立自成的，與傳統的佛教教義迥不相干。聖嚴法師在中國大陸當小沙彌的歲月中，曾對這兩個誤解的遺害有過深切感受。不過對禪宗的新鮮人來說，這兩個誤解又尤其危險，值得我們在這裡略談一談。

很多讀者都知道，禪是一種泛見於整個東亞的佛教傳統（中國的 Chan、日本的 Zen、越南的 Thiền、韓國的 Sôn），而它首度形成自己鮮明的輪廓，是在一千五百年前的中國。就像大多數東亞大乘佛教的宗派一樣，禪宗相信，釋迦牟尼在成佛時所體現的覺性，是眾生本具的。這種覺性又稱為「佛性」，它並不是後天學習得來，被賦予、或重新啟動的，而是如如自然，而且一直就是自然而然的。

禪宗也像大多數其他佛教宗派一樣，聲稱它所提供的，只是一艘可以把人渡到「彼岸」的「擺渡」、是一根指示月亮方向的「手指」。不過，禪宗和別的宗派不一樣之處，在於它認為人應該直接面向月亮和彼岸，而不要一味把注意力放在「手指」和「擺渡」上。它主張一種「無法之法」，不依賴思惟，不拘於言說文字，以「直指本心」為旨歸。馬祖道一禪師（七〇九～七八八）一再強調「平常心是道」②，臨濟義玄（卒於八六七）則敦促弟子「只當個無事人就好」③。

這些主張，因為對人的內在價值予以無條件的肯定，所以聽起來非常合乎自然，非常有吸引力。在那些對既有宗教建制已經不抱幻想的人看來，這些主張甚至像一種失落的智慧，既充滿應許，又沒有把「組織性宗教」的枷鎖強加於人。然而，只要對禪宗稍加接觸，就會知道它教導的第一課，就是這個世界根本沒有什麼是自然而然的。不管本具的佛性可以把我們帶到何種明覺的境界，但從無始時來，這種佛性就受到了貪、瞋、癡三種煩惱（佛教稱之為三毒）的扭曲，變得面目全非。哪裡有光，哪裡就會有陰影；哪裡有和平喜樂，哪裡就會有衝突痛苦。這全都是累世的惡業和惡念所造成的障礙引起的。

不管佛性的概念乍看之下是多麼地自我肯定，但糾纏我們的各種煩惱就是不會自己消失。想要讓佛性展現，需要進行一場徹徹底底的心靈革命。而想要達到這樣的轉化，又必須先要有方向感、決心、貫徹一生的毅力和鍛鍊，以及——這是常常被忽略的一點——規制。

事實上，當馬祖道一說出「平常心是道」一語時，他的話是針對那些已經過著最有紀律生活的僧團而發的。不管是在中國、越南、日本還是韓國的禪學派別，這種組織是無所不在的：它們表現在每日的禪修作息規律，表現在禪堂的格局和運作，表現在師父與弟子間的應對進退，表現在佛壇前的早晚課，表現在行者的受持戒律，甚至表現在禪宗高度風格化的語言、意象、文字，以及頗為古怪的禪公案裡。這就是歷史上禪宗的實質（至少聖嚴法師是這樣認為的），也是《牛的印跡》一書教誨的立足點。

至少從宋代（九六〇～一二七九）開始，整個東亞的佛教界就已經習慣把佛教區分為兩大主流：一是「禪」的傳統；一是「教」的傳統（「密」的傳統則完全是另一回事）。兩者都聲稱是源出於佛陀本人。據說佛陀在得無上覺以後，審視了眾生的資質，設計出不同的教誨與修行法（即佛法），好讓每一種資質的人最後都可以達到開悟境界。這個體系的學說（包括「四諦」和大乘佛教的菩薩理想）首先是佛陀在說法時宣示出來，後來經過編集整理，成為佛經。而所謂「教」的傳統，就是認定佛經具有最高的權威性，可以做為解釋論斷佛陀初衷與本懷的根據。相反的，「禪」的傳統卻不把最高權威放在佛陀的言說文字上，而是放在佛陀覺悟的生活智慧上，並認為這種智慧才是佛陀一切言說文字之所本。

顧名思義，「禪」的立場是禪宗所秉持的，而採取「教」的立場的，則包括了天台、華嚴、淨土和所有高度重視佛經的宗派。禪宗主張，把佛經視為佛教唯一的最高權威，並不是佛陀本人的意思。因為除了佛經的傳統以外，他還創立了另一個傳統，一個不是靠文字相傳，而是靠「心法」相傳的傳統。禪宗主張，心法的「燈火」是透過前後相續的「祖」或「師」一代一代傳承至今天的，這就是所謂的「以心傳心」。而每一代的傳承者，都是經過上一代的禪師正式印證的（這種認證的正式名稱是「印可」）。如果回溯禪宗的法統，那第一個獲得印可的人就是佛陀的弟子迦葉。因此，所謂的「禪師」，並不單指那些有過類似佛陀覺悟的見性經驗的人，而且還是必須經過正式認證的。這種「傳法」乃是禪宗傳統與宗派的核心元素。

禪對西方來說幾乎是全新的東西，西方不但不熟悉它的術語，而且因為西方認定它是透明和率真的（這也是它吸引人的原因），遂對它產生很多不符事實的期望。這使得美國的學禪者和禪的論述與中國、越南、韓國與日本的情況大異其趣。特別是因為禪宗強調「不立文字」的直觀主義和「以心傳心」的方法，讓美國的禪修者夾帶了很多奇怪的、未明說的假設。正如很多美國禪修團體在一九八〇年代初期（一個禪師人數在美國銳減的時代）所證明的，任由這些假設默默存在而不加以討論的話，它們會產生很大的殺傷力。

聖嚴法師的憂慮是，人們誤解禪只是一種「離言說文字」的修行或直接體悟。多年前，我曾在聖嚴法師紐約的一場演講中擔任翻譯，題目是禪修與「般若」以及「空」的關係（這在當時是一個常常談論到的題目）。到了發問時間，一個長相銳利的聽眾站了起來，直直看著法師的眼睛，問道：「你是開了一張精彩的菜單，但菜在哪裡呢？」講堂裡頓時鴉雀無聲，全部眼睛盯在法師臉上。不過，法師從容平靜地回答說：「有空來打打禪七吧。」

發問者並沒有獲得他想要的菜，而且很有可能，他根本不是為能大快朵頤而來。自此以後，我在禪學演講和禪修課堂上遇見這種人的機會不計其數，他們有敲打地板的，有小聲嘀咕或大聲咆哮的，有說些矛盾語的，也有像達摩祖師一樣，不發一語、怒目而視的。這些人什麼都可能會做，但就是不會說出心裡的想法。談到修行的話題時，他們常常會說：「你只管好好修行吧！」要不就是：「我們只是修行，不會去談它。禪和言說有什麼關係呢？和思想有什麼關係呢？跟研究佛教的教義有什麼關係？」

某個意義下，這話並沒有錯，因為正如傳統佛教對八正道的構想一樣，禪宗也是要求修行者毫無保留地把注意力放在方法上。在某個層次上，你確是應該停止東想西想，而任由方法發揮它的作用。不過，如果你進一步追問，就會發現很少人能告訴你，這種「修行」包含些什麼內容，遑論能說明修行所指的方向。它會帶給你什麼呢？它憑什麼做到它所說的呢？當修行本身開始出現效果，這個問題尤見迫切。所以，為什麼要對於禪抱持這麼難以捉摸而又誇張的態度呢？為什麼要對知性和表述的語言做出這樣獨斷的抗拒呢？如此「純粹的禪修」，其造作性與意識形態難道會亞於教條式的宗教教義嗎？

同樣不妥協的態度也可以在東亞的佛教僧侶中找到（這一點，我們稍後將會在聖嚴法師的生平故事裡看到）。只不過，和我們讀禪宗公案語錄時所想像大不相同的是，在東亞強調「不立文字」，是以一個相當重視紀律和修行的環境為脈絡的。事實上，強調學習經義的「教」派和強調智慧的「禪」派所致力的都是同一件事：恢復我們本具的佛性。兩個傳統都一樣強調修行與開悟的重要性。一個很常見也很不幸的誤解就是：以為所謂「教」的傳統只重視鑽研故紙堆，而只有禪宗重視修行與體驗。事實上，這兩個傳統都重視修行，它們的分歧只在於修行方式與認可權威方式上的不同。

進一步觀察，即可發現這兩個潮流在歷史上是緊密相依的。每座禪寺都有藏經閣，收藏著大量佛教與非佛教的著作，而歷史記載也顯示，不但一般的禪修者會讀它們，就連顯赫的禪師也非常熟悉這些作品。不管是天台宗或華嚴宗的判教思想和著述、大乘重要的經論、律典，還是歷代高僧的傳記和燈錄，它們的內容常常閃現在古代禪師的話語裡。就連禪宗所使用一些很根本的比喻，如臨濟宗的「四賓主」、曹洞宗的「君臣五位」和著名的《十牛圖》等，都是與佛教主流對菩薩道的表述方式相呼應的。

把這些事實考慮進來就可以知道，禪的「絕活」絕不只是劈柴挑水這些原始真純的活動可以窮盡的。正如聖嚴法師常常指出的，不管禪宗在口頭上有多麼強調「不立文字」，但迄今為止，它文獻的數量卻超過佛教的任何一個宗派，包括那些教下的派別。另外，禪修者正是透過這些文獻（一種高度修飾化的文類）初步體驗禪的豐富顏色與肌理。由於學習這些內容是禪宗弟子的必要訓練，久而久之，一套術語就從中建立了起來，成為禪宗整個開悟觀念的寄託所在和禪門中人互相溝通的方式。不管禪悟是不是一種超越的體驗，但禪修整體是鑲嵌在一個意義與預期的網絡裡，卻是不爭的事實。這個制式的網絡，絕不亞於阿毘達磨的分析、天台宗的釋經，或密宗的辯論。

在中國佛教（包括禪宗）的用語裡，那些拒絕或不諳使用佛教術語的僧侶，會被稱為「暗禪者」或「瞎眼師」，意指他們也許在修行時獲得過若干體驗，但仍不夠資格被認定是個有修為的人，更不要說去指導他人。因此，禪宗雖然強調「不立文字」，卻不代表它對任何的禪修技巧與禪修經驗都照單全收。它並沒有把一切禪修技巧都視為是好的，或把一切禪修經驗視為正面的。事實上，有一些技巧和經驗恰好是壞透的。在禪宗和大部分的佛教宗派看來，如果你不是沿著傳統為你鋪好的道路走，或沒有一位有能力的老師在每個轉彎處給你耳提面命，即便有再多的體驗，也不過是入魔上鉤的誘餌。

另一個常見的誤解，是以為禪的傳統有著絕對的形式或本質，而某一個特定的法統（不管是中國、韓國、越南還是日本的）則是它最有權威的代言人。這是一種「實體化」的謬誤，也常常被人用來做為拉抬自身法統的工具。事實上，這個誤解跟前一個誤解相關。因為就是相信有一種完全離開言說文字的開悟，人們才會神化禪宗的一切，其中包括禪師的行為及其背後的特殊文化。在把禪引介到西方來的人士之中，著力最多的也許莫過於日本禪學思想家鈴木大拙。他寫過好幾部介紹唐、宋時代禪宗大師的著作（唐、宋被認為是禪的「黃金時代」，也是禪引入日本的時代）。但他對宋以後禪宗的發展，卻相當悲觀。他認為，自宋以後，中國的禪就變了質，失去原有的形式與精神。一九二四年，在中國進行過一趟走馬看花的訪問以後，他宣稱：「到過中國的日本旅人都會哀嘆，一度大盛於唐、宋時代的禪，已不復存在於中國。」④

這個有關禪宗在中國轉變與衰落的論點，當然不是全然無的放矢。問題是，禪固然在宋之後有所改變，但它在唐代、五代和宋代，又何嘗沒有改變過？不但如此，在不同的法統與法統之間，在不同的地區與地區之間，禪宗又何嘗是一模一樣的！沒有宗教可以自外於社會與政治動盪的影響（鈴木大拙自己所屬的後明治臨濟宗何嘗不然），中國的禪宗也不例外：不管是十九世紀中葉的太平天國之亂、一九一二年的國民革命或一九六〇年代的文化大革命，都在中國禪宗身上留下了鮮明的烙印。面對殖民者的入侵和現代化的壓力，寺院的經濟和傳統受到巨大的衝擊，改變是佛教僧人唯一的自救之道。

在這樣的大環境下，要求中國禪宗保持唐代的面貌是可笑的。何況，鈴木大拙的中國行也並未走訪像靜安寺與高旻寺這些禪學重鎮，或者會晤過像虛雲與來果這樣的高僧。⑤他不只不承認宋以後的中國有禪，也不承認韓國和越南的禪學派是禪，甚至連日本的曹洞宗也絕口不提。眾所周知，鈴木大拙對日本曹洞宗的教理極為反感。不過，就算沒有這種惡感，他不承認日本曹洞宗足以與他所屬的後白隱臨濟宗（十八世紀的產物）並駕齊驅，也是可以想見的。

然而，以此責難批評鈴木大拙有失偏頗也不盡公允，因為他不是唯一持這種論調的人。何況，禪學派之間的互相批評，也是屢見不鮮。韓國人對中國人不懂欣賞他們「法戰」的妙用早有怨言；日本人抱怨韓國和越南的禪道背離了禪的初衷；中國人、越南人和韓國人則厭惡日本禪嚴格的形式主義。事實上，禪學派之間這種彼此齟齬、我是你非的情形並不是新鮮事。早在唐代，禪門的南宗就已批評北宗為漸進主義者。臨濟宗的開創者臨濟義玄譏諷那些濫竽充數的禪師只會裝腔作勢，把「古人閒名句」⑥掛在嘴上。

再來還有美國的學禪者——也就是「禪」這座大樓的新住戶。他們要不是大肆炫耀自己的師承和法脈，就是自命為禪宗史上的工程師，摩拳擦掌準備好要把禪的「精粹」從文化的外殼中萃取出來，讓它可以與新的千禧年接軌。幾年前我讀過一位美國禪老師所寫的一篇文章，作者竟然大膽宣稱，說身為了解歷史進程和住在這個無遠弗屆世界的現代人，大有能力創立一種「美國」佛教，而不用像中國那樣，得花上許多個世紀來吸納消化佛教的精神。看來，禪宗的「不立文字」還真對了具有工業化精神美國人的胃口！

以上的考量會怎樣影響《牛的印跡》這本書呢？首先，《牛的印跡》是以公開與有系統地討論禪修的面目出現。聖嚴法師認為，這樣的討論並不會成為禪修的障礙，因為不管我們自認為有多「離言說文字」，從一開始，我們就是徹底被文本束縛住的。尤有甚者，這種討論可以提供給那些本來沒有方向感的修行者得知修行會把自己帶至何處。另一方面，書中展示的又是特定禪師所建構出來的特定教誨，是在老師、學生與既有傳統的互動中形塑出來的。做為一根「手指」，它固然有可能指向一些超越時空不可言說的奧祕，但既然是為了與歷史情境對話而發展出來的教導系統，它也不會忽略自身的無常性。因此，《牛的印跡》並不假裝本身有資格代表古往今來所有的禪學派別發言，而只是希望可以為今日對禪感興趣的人提供一本有用的入門書。

《牛的印跡》的書名，是從一組著名的系列畫《十牛圖》衍生出來的。這組圖畫至少從西元十二世紀開始，就被東亞的佛教界拿來做為說明禪修進程的階段次第之用。我們可以把圖中那個牧牛人視為修道者的象徵，也就是想透過參禪而馴服汙染心和實現佛性的人。牛所象徵的是心，是需要加以開發的對象。另一方面，圖中的牛也可以解讀為佛性本身。不過有鑑於在《十牛圖》裡，牛的特徵是變來變去的（到最後甚至連同牧牛人一起從圖畫中消失），因此，把它當成是佛性在不同修行階段的客觀化表現，會更中肯一些。就此而言，牛還可以解讀為被煩惱覆蓋的汙染心，是修行者在修行過程中既認同而又加以轉化的。

《十牛圖》為首的幾幅畫圖描繪的是牧牛人動身去找牛、把牠降伏，然後當作禪道上坐騎的這個過程。當牧牛人第一次瞥見「牛」（也就是佛性）的時候，也是他第一次嘗到禪的滋味。這時候，修行者獲得了關於覺心與汙染心的第一手體驗，隨著這種體驗而來的正見和正念，乃是禪修道路的真正基礎。在此之前，修禪者對自己的精神方向未明，其修行也是淺薄的，只能任由胯下的牛隻跟隨著地上一些混亂的牛跡隨意而行。

但什麼是牛的印跡？牛的印跡就是那些最初讓修禪者起心修禪的言說文字。它們是歷代修禪有成者所留下來的「跡」，但不是真實活生生的開悟體驗本身；是牛的足跡，不是牛本身；是指向月亮的手指，不是月亮本身。它們不是禪的「精髓」——如果「精髓」一詞所指的是那種只能透過實質禪修達到深邃身心轉化的話。問題是，要是不透過一種我們能夠明白的語言來解釋，我們又憑什麼知道有這種「精髓」的存在？更遑論起而追求了。因此，牛跡乃是那些可以讓禪宗的「不立文字」得到恰如其分定位的特殊文字。禪宗初祖菩提達摩的《二入四行論》開篇有這樣的名句：「理入者，謂藉教悟宗。」⑦（所謂以理而入，意謂藉教理讓人悟識本宗的要旨。）一千五百年後，《牛的印跡》宣布要起而效法這個榜樣。

除了本序言和接下來一篇有關聖嚴法師生平的簡介以外，此書的內容大部分取自法師在七〇年代晚期和八〇年代於紐約禪修中心為弟子所開的禪修課程、禪七講話和為資深弟子所開的系列講座。它們都是從錄音帶整理出來的，為求清楚順暢，曾略加潤飾。有些章節完全來自單一的講座，而有些章節（如「看話頭」和「默照禪」的段落和談「《十牛圖》」整章）則是從不同的講演匯集而成。偶爾會有一些材料是引自法師的其他著作。⑧顯而易見的，本書不擬採取研究禪語錄的寫作方式。它是一部系統性的著作，不管是材料的選擇還是章節的安排，都是根據同一個原則：為禪的道路與修行提供自成一家之言的全面性架構。

在《禪的體驗》（一九八〇年臺灣出版）一書中，聖嚴法師第一次用文字把這個架構的原則勾勒出來。不過在此之前，在禪坐班和禪七他已經運用這些原則好些年。儘管自《禪的體驗》出版後的二十年來，聖嚴法師一再轉換強調的重點與方法，但整體原則和結構基本上並未改變。因此可以說，《牛的印跡》裡所展示的修行架構，聖嚴法師在禪修中心的核心課程裡沿用了超過二十年。這個架構的邏輯和

《牛的印跡》一書的章節安排是相呼應的，可以概述如下。

除本序言和接下來的〈聖嚴法師簡介〉外，《牛的印跡》全書共十一章，而這十一章又可區分為三大部分。第一部分包括第一、二兩章。第一章〈禪與「空」〉將禪宗的基本出發點回溯到傳統佛教對「空」（śūnyatā）和「慧」（prajñā）的看法：「慧」是一種開悟智慧，它可以讓人洞見萬物皆「空」的道理，使人從煩惱中解脫，展現本具的佛性。第二章〈修禪與調攝身心的原則〉討論到，什麼樣的身體姿勢和禪定方法，可以正確而安全地培養出解脫智慧。這兩章是互為參照的，可以為後面章節討論的專門禪修技巧提供一個方向感。

第二部分包含第三至五章，討論的是傳統佛道的三無漏學：戒、定、慧。這部分提綱挈領地說明了印度傳統佛教用來修「止」（śamatha）與「觀」（vipaśyanā）的程序。「止」、「觀」兩者被喻為「鳥之雙翼」，它們聯合起來，可以喚起和深化修行者的解脫智慧。這種修行道路，在中國佛教被稱為「漸法」，因為它要經過戒、定、慧三階段。它始於（一）持「戒」（śīla），也就是內化佛教所制定的戒。繼之以（二）習「定」（samādhi），即透過修習「五停心觀」其中一或數個方法，達到禪定的境界。最後是（三）修「慧」（prajñā），即透過「四念處」的方法培養開悟智慧。有了戒的堅實基礎，習定和修慧的技巧就能相輔相成，把貪、瞋、癡這些根深柢固的習性（它們是苦的根源）給剷除掉。

第三部分（第六至十一章）把焦點從傳統佛教的「漸法」架構，切換到禪宗的「頓法」架構。這個部分，堪稱全書的核心。但既然如此，前面又何必花那麼多的篇幅，去談「漸法」系統的三無漏學呢？這是因為禪宗固然可以自詡為一種「無法之法」，但如果我們深入考察就會發現，這是以禪寺和禪堂高度規制化的起居與訓練方式為前提的，而修禪者所下的工夫，在很多方面都是傳統佛教戒、定、慧三原則的體現。若不是在這樣的規制運作下，禪法修行難以得力。禪宗的方法與傳統修行法的分別只是優先順序的不同。傳統佛教把三無漏學視為三個分離的步驟，禪宗把最後一個步驟挪到最前面，毫不妥協地要求修行者從一開始就要直接面對「空」和「慧」的高牆。智慧被認定在任何時候都有絕對的優先性。

為了配合這個焦點的轉換，第三部分的開始是引導性的概論〈禪宗與頓悟法門〉（第六章），繼之以〈參公案與看話頭〉（第七章）和〈默照禪〉（第八章）。這兩章乃是聖嚴法師所教導禪法的核心。第九章〈禪修的先決條件〉勾勒出禪修所需要的一般環境，它提到的禁戒與常規相當三無漏學的第一和第二學。全書最後兩章是〈何謂禪師〉（第十章）和〈十牛圖〉（第十一章），它們透過討論禪悟、禪師的角色是什麼，以及「禪法傳承」的問題，讓全書圓滿完成。

丹・史蒂文生

聖嚴法師簡介

——為時代發願：解行並重弘禪法，人人習禪顯佛性

佛法的多彩多姿，適化無方，凡不能統攝總貫，不能始終條理，都會犯上偏取部分而棄全體的過失。這種家風，使佛教走上空疏貧乏的末運！

——印順導師，《成佛之道》

聖嚴法師是中國大陸的流亡僧人，在臺灣和美國兩地傳道授業迄今超過二十年。在臺灣和海外的中國佛教徒之間，他的名字是用不著介紹的。他撰寫了大量學術性與通俗性的佛學著作，在中國佛教徒之間擁有廣大讀者，他所創立的「法鼓山」是臺灣三大佛教組織之一。他也是新加坡、馬來西亞和香港（最近還包括了中

國大陸）佛學團體邀訪的常客。在西方國家，聖嚴法師的知名度也許還不是特別高，這部分是因為他行事低調，但更大原因似乎是美國和歐洲的禪圈子都誤認為，禪宗在中國早已絕跡。

聖嚴法師自承，他本人和其教誨都是時代的產物——一個面對巨大挑戰與急需轉型的時代。很多對他的價值觀大有影響的人物，都是具有進步思想的僧人，其中包括了太虛大師（一八九〇～一九四七）及其弟子印順導師。然而，一些思想較保守的僧人，如禪宗的虛雲老和尚（卒於一九五九）和來果禪師、律宗的弘一大師、淨土宗的改革者印光大師，以及天台宗的諦閑（一八五七～一九三二）與倓虛法師（一八七五～一九六三），對聖嚴法師都有著相同的影響力。儘管使用的方法不盡相同，但上述所有法師，都以獻身於振興佛教的僧團而馳名。①

處在新舊兩個世界的夾縫中，宗教革新對這些僧人來說是別無選擇的。那是一種迫於嚴峻形勢的需要，被殖民者、現代科技、戰爭和革命所翻覆的世界將此強加到他們身上。從古老的清王朝覆滅（一九一一）到共產黨奪權成功（一九四九）這段期間，中國發生了翻天覆地的變化，而這些變化既有令人沮喪的一面，也有令人雀躍的一面。它們讓人沮喪，是因為一切熟悉的舊事物都瀕臨淘汰。社會與經濟的動盪粉碎了佛教僧團習以為常的平靜。由於失去了傳統的經濟來源，僧團被迫尋找維持其運作的新方法，根本無暇顧及能否維繫繁盛時代的佛教傳統於不墜。另一方面，現代化又讓一些具有進步思想的僧侶產生再造世界的遠景，認為說不定這是一個可以讓佛教脫離封建壓迫、實現真正潛能的契機。

一如同輩的許多佛教僧侶一樣，聖嚴法師常常指出「發願」的重要性。「願」這個字，除了有傳統菩薩「悲願」的寓意以外，對聖嚴法師來說，它還具有社會實踐的意涵。根據聖嚴法師的觀點，世界不應該只被視為是個人尋求解脫的場域，相反的，為了所有人打造一個光明的未來，為了建設一片「人間淨土」，佛教徒必須伸出雙手，去形塑周遭的世界。接下來要介紹的便是，聖嚴法師發現這個「願」和追求實現這個「願」的過程。②不過聖嚴法師一定會認為，那並不單單是他個人的生平故事，因為他的命運，只是一個更大的命運——中國被迫進入現代世紀的歷史命運——的一部分。另一方面，這個故事又有其專屬的意義，因為那是聖嚴法師交會過的無數人所共同形塑而成的。就此而言，聖嚴法師的生平，可說是求新求變集體精神的證言——這種精神，被二十世紀前半葉混亂的歷史事件所喚醒，且已在當代的華人社會裡，推動出了異常蓬勃的佛教復興。

聖嚴法師出生於西元一九三〇年上海外圍一戶貧苦農人家庭，在家裡排行最小。長江的反覆氾濫加上家裡沒錢租地耕種，所以幾個兄姊都得出外謀生。聖嚴因為體弱多病，加上年紀尚小，所以繼續待在母親身邊。小學時因家境惡劣，學業時斷時續，最後讀到小學四年級就輟學。十三歲那一年，他家人偶然得知，附近狼山廣教寺的方丈想找個小沙彌。父母徵得聖嚴同意後，就讓他到廣教寺當小沙彌。他的師父名叫朗慧，曾就讀於安徽九華山的江南佛學院，而這表示，朗慧法師理應比廣教寺的其他僧人更有前瞻性眼光。儘管如此，據聖嚴法師回憶，他在廣教寺所接受的訓練相當傳統，除了背誦佛事用得著的經文以外（主要是《禪門日誦》），幾乎沒有關於佛法教義和修行的學習。

聖嚴法師發現背誦《禪門日誦》相當困難，不管他多努力，就是記不住內容。朗慧法師見聖嚴法師毫無進展，認定他業障太重，吩咐他對觀音菩薩進行額外的禮拜，以減輕業障。但因為每天的雜務都是排得滿滿的，所以聖嚴法師只好比別人早起和晚睡，挪出時間早晚各禮拜觀世音菩薩五百次。這樣的修行持續了半年，然後有一天，當他正在叩頭時，忽然感覺有一股滋潤的清涼甘露水從天而降，澆貫他全身。「我感覺到通體清涼舒適，」他在《佛心眾生心》裡回憶說，「似乎整個世界都不同了。頭腦變得明澈清楚，記憶力增強，學習能力增進，背誦再不是難題了。我從此深信觀世音菩薩的慈悲加被，更重要的是，心底生起某種承擔佛法的責任感。」③

這個經驗，讓他對觀世音菩薩產生了堅定的信仰，這種信仰也在日後幫助他突破許多不同的人生關口（包括了他想要閉關潛修卻苦無資助者的時候、在日本求學遇到經濟困難的時候，以及後來計畫創立法鼓山經費不足的時候）。所以，遇到面臨困難的信徒向他求教，聖嚴法師常常會建議他們念誦觀世音菩薩的名號。④

一九四六年，隨著抗日戰爭結束，寺方派他和其他幾個小沙彌到位於上海的下院大聖寺，透過佛事為寺方募款。接下來兩年的大部分時光，十六歲的聖嚴法師都是日復一日忙著為付費的施主誦經、拜懺和放焰口。在其自傳《歸程》中，聖嚴法師以辛酸的語氣回憶了這一段歲月。他當小沙彌已經幾年了，但家裡卻因為太窮，買不起僧裝供他穿著（廣教寺原規定小沙彌在落髮時應有這樣的僧裝），因此，聖嚴法師只能穿著補了又補的俗服（外披一件水紅色的麻布七衣）去趕經懺。大聖寺的小和尚都會被派到施主家做法事，往往還得在兩、三戶人家之間來回趕場。他們從不知道自己念誦的經文是什麼意思，也沒有時間學習或修行。這段時間，大聖寺賺了不少錢，但寺方卻從未想過要為聖嚴這些小沙彌提供適合的衣服與裝備。這樣的經歷讓聖嚴法師後來認為，這一類佛事乃是對佛教理想的最大貶損，並禁止他在臺灣的佛寺因金錢理由從事這一類活動。⑤

聖嚴法師落腳於大聖寺的同一年，太虛大師的一些弟子在上海的靜安寺創辦了一所新的佛學院。由於佛學院有一個老師從前是廣教寺的僧人，聖嚴法師在他的推薦下，接受入學考試並獲得錄取。這裡課程的設計效法太虛大師不分宗派的精神，採取一種兼容並蓄的方式，這種精神又可回溯至明朝的蕅益智旭法師（一五九九～一六五五）。靜安佛學院大部分老師都是和太虛大師多少有點關係的人，其中包括了南亭法師、道源法師和仁俊法師。儘管靜安寺的生活清苦，而課程的設計也未盡完善，在聖嚴法師的回憶中，那裡的學生都因為有機會接觸到佛教的歷史和各宗派

（華嚴、天台、唯識、中觀、淨土、律宗、禪宗）的學說而振奮不已。這都是他們很多人從前一無所知的。

修行也是靜安佛學院的重要課程之一，而除了坐禪外，拜懺也是修行的重點。不過，靜安寺的拜懺卻有別於大聖寺。因為，追隨太虛大師的改革精神，靜安寺把拜懺的重點放在自我的修行與內省上，而不是為了施主或往生者服務。儘管如此，聖嚴法師還是認為，他所獲得的訓練未盡如人意。他在《佛心眾生心》一書裡回憶說：

> 我們是有打坐，卻不是很清楚正確的方法。因此，想從中獲得任何真正的力量是很困難的。我們猜測，大概要花上好幾年的工夫，才能夠獲益。我記得就連釋迦牟尼也花了六年時間修行。我也記得，二十歲出家的虛雲老和尚到了五十歲還在修行（當時他還沒有大名遠播）。那些擁有深刻禪修體驗的人，或者被認定已經開悟的人，從不說明自己的體驗是怎麼樣的。當他們彼此交談時，使用的是奇怪的語言，意義

飄忽，難以捉摸。我們的同學之中，有幾個年紀大一點的，曾經在禪堂待過若干年。當我請教他們有關修行的事情時，他們會說：「哦，那很容易，只要盤腿坐著就行。坐到腿不會痛就表示有所成。」有時候，寺裡會讓某個比丘去參個公案，但總的來說，那裡並沒有系統性的禪修訓練。

有一次我在學期中去打了一次禪七。我就是坐在那裡，直到香板傳來信號，要我們經行，沒有人告訴我們要怎麼修，或給予任何指示。我們之間流傳一個說法，除非一個人能夠打坐到「漆黑桶底脫落」，否則是沒有資格去見師父的。

有時在打坐中我會想：「打坐時我該做些什麼？應該稱名念佛嗎？還是做些別的？打坐到底是什麼？」我反覆問自己這些問題，直到產生了大疑團。不過，在靜安佛學院念書那段期間，我的疑團從未獲得解決。⑥

西元一九四九年，隨著共產黨的逼近，上海的僧團亂成一片。知名僧人靠著與高官要人的關係逃到了臺灣（他們不走的話肯定會遭到共產黨的清算），而年老和年幼的僧人只能自求多福。這時候，上海街頭開始出現了募兵前往臺灣的海報。在一些年長僧人的敦促下，聖嚴法師和很多同道脫下了僧袍，報名入伍。當年春天，他隨部隊到達臺灣。接下來十年（迄一九六〇年止），他都在軍中服役，軍階逐漸往上陞，並一直不放過任何可以進修的機會。

在十年的軍旅生涯中，聖嚴法師對佛教一直念茲在茲。他與舊日的同道或老師繼續保持聯絡，而且常常在佛教雜誌上發表文章。他也發現自己對佛理和修行的問題愈來愈關心，對出家生活愈來愈懷念。回顧這段時間的心靈狀態，他形容自己是一個「問題人物」：

我過去的疑問一直沒有獲得解決，各種困擾紛至沓來。我覺得佛教教義中存在著很多矛盾，是我所無法解決的。這讓我非常困擾，因為我對佛教有著很深的信仰，相信佛經裡的話是不會錯的。諸如「什麼是開悟？」「什麼是佛性？」的問題一直壓迫著我。我渴望可以知道答案。

潛藏著的疑問一直在那裡。我在工作時，它們會消失，但在我修行時，這些叫人窒息的疑問又會去而復返。這樣的情形持續了很多年，直到二十八歲那一年才有所改變；當時我遇到生平第一個真正的老師。⑦

一個轉捩點出現在一九五八年。這一年聖嚴因緣湊巧，認識了靈源老和尚（一九〇二～一九八八），他是著名的虛雲老和尚（一八四〇～一九五九）的法嗣，是個相貌堂堂而謎樣般的人物。有一天，聖嚴法師赴高雄佛教堂拜訪，剛好靈源老和尚也在那裡作客。晚上，他們被分配到同一個通鋪夜宿。當聖嚴法師準備要就寢時（他當時還是個俗家人），卻看到靈源老和尚「挺著個大肚子」，開始打坐起來。這讓聖嚴法師覺得自己也應該坐禪而不是睡覺，於是就坐到了靈源老和尚旁邊。不過，他的內心不斷地湧出各種疑問，各種疑問不斷萌生。聖嚴法師這樣回憶當時的情景：

我仍然被那些疑問壓迫著，迫切地想得到解決。但他（指靈源老和尚）看起來卻相當自在安詳，似乎對這個世界一點疑問都沒有，於是我決定向他求教。

他耐心聆聽我訴說許多疑問和困惑。我滔滔不絕說了兩、三個小時，但他沒有回答任何一個問題，一直只是說：「還有嗎？還有其他的嗎？」見他不回答任何問題，我極為氣惱，急著想要得到答案。但突然間，他嘆了口氣，大力用手掌打在床沿的硬木板上，說道：「你哪來那麼多問題！放下來，放下來，我們睡覺吧！」

這些話讓我恍如遭到電擊。我通體流汗，感覺就像一場重感冒馬上獲得治癒。我感到壓在身上巨大的重量忽然離我而去。那是一種非常舒服和有安撫性的感覺。我們坐在那裡，不發一語。我快樂極了。那是我人生中最愉快的其中一個夜晚。第二天，我繼續感受到無比的快樂，整個世界變得煥然一新，就像我是第一次看到它似的。

這時候我體認到兩個對修行來說不可少的要點。第一就是因緣。有些事情不是你能完全掌控的，其中包括你自己的業、其他人的業與環境因素等等。這些適當的因素必須聚合在一起，才能在此生有所成就。想要在修行上能有一躍千里的進步，必須要有這個因緣，也就是適當的緣必須出現。其次，要達到有效的修行，必須運用有效的方法，並接受一位夠資格老師的從旁指導。從出家開始，我已花了十五年的時間修行。我覺得太長了。過去，當我請老師指引我時，他們只會說：「你努力用功就是。除此之外還有什麼好說的呢？」但我現在明白了，努力固然是很重要，但要讓努力得出成果，得先符合兩項前提：有好方法和好老師。⑧

聖嚴法師與靈源老和尚的這場會面，對他重返佛門具有決定性的影響。此後，他一直與靈源老和尚保持聯絡，並從靈源老和尚那裡繼承了臨濟宗的法脈。不過，就在同一年，聖嚴法師也遇到了生平最重要的一位老師：北投中華佛教文化館和農禪寺的住持東初老和尚（一九〇七～一九七七）。在一九六〇年的新年，東初老和尚授予聖嚴法師沙彌十戒，翌年，又派他到由中國佛教學會每年贊助的全國受戒大會，接受具足戒，成為正式的比丘。

從許多方面來說，東初老和尚都是位不同凡響的僧人。他既是太虛大師的學生，也從智光法師（一八八九～一九六三）那裡傳承了曹洞與臨濟二宗的法統。智光法師是江蘇焦山定慧寺的住持，曾受學於楊仁山所創設的祇園精舍。因此，東初老和尚除了身受傳統的禪修訓練以外，也得到佛教改革派的精神熏陶。⑨不過，初遇到東初老和尚時，聖嚴法師對他的個人背景所知甚少，就只是被他那不同流俗的風度和談吐所吸引。

東初老和尚於一九七七年十二月在臺灣圓寂，當時聖嚴法師人在紐約布朗士區的大覺寺。聖嚴法師回憶起東初圓寂當晚的情形，他的敘述讓我留下深刻的印象。聖嚴法師就寢前都會禪坐幾小時，那是他每日例行的功課。但那個晚上，他卻發現自己的心神無法安定下來。他反覆想到自己所屬法統的問題。一種強烈的力量驅策他，第二天一早便前往藏經閣，搬出許多書籍，想理清晚近曹洞宗略顯隱晦的法統傳承。那之後不久，他就接到來自臺灣的電話，告訴他東初老和尚圓寂的消息。多年以後，當我掛單在東初老和尚位於臺北近郊的農禪寺時，湊巧從一些長老比丘尼身上得知這個故事還有另一個部分。東初老和尚圓寂當晚，他沐浴後換上乾淨的袍子，並交代寺裡的女尼弟子明天早上不必費事為他準備早點。第二天早上，他們發現東初老和尚以坐禪的姿勢直挺地坐著，卻已經斷了氣——和我們在古代高僧的傳記裡讀到的一模一樣！

總而言之，聖嚴法師兩年親炙東初老和尚的生活深獲教益，雖然同時也吃盡了苦頭。當中華佛教文化館和農禪寺的比丘尼回憶起聖嚴法師當時所受的訓練時，都聳聳肩、搖搖頭地說：「苦，太苦了！」聖嚴法師自己則回憶說：

跟隨他（東初老和尚）的兩年間，是我生平最難熬的時光。他不斷找我麻煩，讓我聯想起密勒日巴從他師父馬爾巴那裡受到的對待。例如，他會叫我把所有行李搬到一個房間，稍後，又叫我搬到另一個房間去。再過一會兒，又叫我搬回原來的房間。有一次他叫我把一扇門給封起來，在另一面牆開一扇新的門。如此一來，我就得跑到很遠的磚窯去搬磚，一路上坡搬到文化館。寺裡煮食都是用瓦斯爐，但師父卻常派我去收集一種特殊的木柴，供他泡茶之用。他經常因為我把柴劈得太大塊或太小塊而責備我。這一類的事情不勝枚舉。

在修行的事情上，他給我的指導同樣反覆無常。當我問他該怎樣修行時，他叫我坐禪。但過了幾天，他又會引用一位著名禪師的話說：「你是無法靠打磨一塊磚頭而獲得鏡子的，而你也無法靠坐著而成佛。」然後他會吩咐我改坐禪為禮拜，但過幾天以後又說：「你這樣做跟狗吃屎有什麼分別！去讀佛經吧！」我讀了兩星期佛經後，他又譏笑說，禪宗的列祖認為佛經這東西只是用來慰藉傷心的人。他會說：「你不是很聰明的嗎？寫篇文章給我看看吧。」等我把文章寫好，交到他手上，他卻把文章撕掉，說：「裡面的想法全是抄襲來的。」然後他會用挑釁的語氣，叫我用自己的智慧，寫些有創意的東西。

我跟他同住的那段歲月，他禁止我房間裡放毯子，並說比丘晚上應該是要打坐的。如果累了，可以打打盹，卻不應該享受床或毯子的舒適。這就是他訓練我的方法。我做的任何事情——哪怕是他所吩咐的——他都認為是錯的。雖然很難將他對待我的方式視為一種慈悲，但那確實是慈悲。如果不是受過這樣的鍛鍊，是不可能有所成就的。我也從他那裡體會到，學佛是很嚴格艱苦的，而且人在修行時應該凡事靠自己。

跟隨東初老和尚兩年後，我就到山中閉關潛修去了。離開前，我告訴他我發願要艱苦修行，無負佛法。他卻回答說：「錯了！什麼是佛？什麼是法？最重要的是無負你自己！」

有一次東初老和尚告訴我：「師父與弟子的關係就像父與子，就像老師與學生，但也像朋友。師父也許可以指導、批評和矯正弟子，但弟子必須為自己的修行負責。師父是無法像母親一樣，事事為弟子操心的。師父只能把弟子帶到路上，弟子必須靠自己的雙腳走完全程。」

最後，東初老和尚告訴我，一個修行者必須福慧雙修。一個人獨自修行，固然可以修得定與慧，但他必須謹記，還有其他有情眾生需要佛法的滋潤。他說：「控制好你自己。當你做得了自己的主時，就可以自由自在地與大眾和諧共處。」⑩

師從東初老和尚兩年並從他那裡獲得傳法以後，聖嚴法師決定閉關潛修，以加深自己的修行。早先，一九六一年他重新剃度後不久，聖嚴法師曾在高雄附近的朝元寺住了一段時間，他發現那裡的環境相當優美。不過，會選擇朝元寺附近做為閉關之地，還有一個重要原因：之前住在那裡的時候，他經歷了生命中第二個最奇妙的體驗，並從此深印腦海。

朝元寺的住眾每日的功課是早上拜《淨土懺》，下午拜《大悲懺》，晚上再坐禪。聖嚴法師覺得這樣的安排對於安頓自己的身心很有助益。不過，體力勞動也是朝元寺每天的例行功課之一。有一次，身體並不強壯的聖嚴法師被分派到一項工作，就是把十大箱的書搬到二樓藏經樓。當他搬著搬著的時候，一個問題突然從腦海裡冒了出來：「誰在搬書？」聽到這樣一問，聖嚴法師驟然感到那個正在搬書的人消失了，連帶著提出這問題的自我也一起消失了。聖嚴法師在幾小時後回過神來，發現書已經在不知不覺間全部上架，而且排列得井井有條。

對於一個有心閉關的人來說，朝元寺四周的山脈看來是一個上上之選。那裡不只風景極優美，而且人跡罕至，環境清幽。然而，因為才剛受戒成為比丘，所以他找不到信徒出錢資助他去蓋閉關的小房子和準備生活起居的必需品。為了解決這個問題，他每天都拜《大悲懺》和稱念觀世音菩薩名號。過不了多久，智光法師的一位俗家弟子向他伸出了援手，再加上朝元寺的支持，聖嚴法師閉關的基本需求就齊備了。

一九六三年，三十四歲的聖嚴法師開始了人生的第一次閉關（他一共閉關兩次，各為期三年）。這期間，他把修行的重點放在拜懺（他形容這種修行的方法猶如「晾乾骯髒衣服」）。每天起床後，他會先拜《大悲懺》，整個早上的時間，都用來禮拜。下午，他會撥出兩小時讀《大藏經》。他第一部讀的是《阿含經》（這是效法印順導師），其餘的時間則是繼續拜佛（阿彌陀佛）。晚上的功課是坐禪。若干年後，他說明了這種安排的用意。他指出，閉關潛修的人承受很大的壓力，哪怕在展望或動機上有最微不足道的偏差，都有可能帶來非常嚴重的後果。如果一個人過度沉迷坐禪，卻沒有先淨化自己的願，以及靠著持戒奠定穩固的基礎，就會產生障礙。如此一來，不但無法達到開悟的效果，說不定反而會生病、發瘋，甚至死亡（中國有關僧尼閉關時，走火入魔的記載比比皆是）。

聖嚴法師這樣描述了他的閉關生活：

閉關的前半年，我把重點放在懺悔和禮拜，以除去身上的重業。我先拜《法華經》，後拜《華嚴經》。每讀一個字，我就念一句經題和拜一拜。拜《法華經》時，我念的經題是「南無法華會上佛菩薩」（意謂「皈依於法華會之諸佛與菩薩」），拜《華嚴經》時，我念的是「南無華嚴海會佛菩薩」（意謂「禮敬具有《華嚴經》深廣如海般智慧的佛菩薩」）。我就是這樣拜完整本經的。我每天禮拜五小時，然後打坐，有時候也會稱名念佛。

從閉關一開始，我的心就是平靜穩定的，沒有波動起伏。我感到非常快樂，就像回到了家一樣。我一天只吃一頓，吃的菜是我自己種的番薯嫩葉。我住的是間帶個小院子的房子。屋後靠山壁，屋前是個人工砌成的斷崖，可以遠眺。雖然我只能在小院子裡活動，但從來沒有被禁錮的感覺。

到後來，我減少拜懺的時間，花更多時間在打坐和讀佛經上，這期間也寫了不少東西。那六年過得非常快，幾乎是不知不覺的。⑪

據聖嚴法師自己描述，他用於坐禪的方法與佛教典籍所提倡的修行技巧相當不同。他沒有修習觀心和觀身的方法，沒有參禪（即鑽研禪宗公案），也沒有念佛或觀佛。事實上，他認為這些傳統的方法無一適合自己的處境。他採取的是「只管打坐」，修的是沒有方法的方法：「無念法」。在進行這樣的打坐時，「心不在內、不在外、不在中間」。多年以後，他體認到這種方法「疑似曹洞默照禪」。⑫

聖嚴法師把他閉關時的這種修行歸於傳統佛教的理想：「行解雙運」（或「定慧雙修」）。為達到這個目的，他在修行以外每天輔以讀經的工夫，慢慢把《大藏經》裡最重要的經和論都讀過一遍。在所有讀過的佛經中，他覺得最有啟發性、得力最多的是《阿含經》和《般若經》。

在第二次閉關期間（一九六六～六八），聖嚴法師開始大量寫作。他在這個階段最重要的一部作品《戒律學綱要》，是對佛教戒和律的概覽。此書是以現代的論述與分析風格寫成，反映出一九六〇年代晚期，一種新的、嚴謹的治學風氣已經在臺灣佛教界蔓延開來。這個發展，部分是由印順導師等有進步思想的改革派僧人所促成的（印順導師被很多人公認是臺灣光復以後，最有影響力和原創性的佛教思想家）。⑬聖嚴法師本身就是印順導師的景仰者，不過，他在談到自己的思想發展時，卻特別推崇日本佛教學術界的影響（他透過作家楊白衣、張曼濤和師父東初老和尚介紹而認識到日本的佛學研究）。⑭

意識到日本的學院訓練有可能是復興中國佛教的契機，東初老和尚力促聖嚴法師結束潛修，到日本的佛教大學留學。一九六九年，三十九歲的聖嚴法師向東京的立正大學申請攻讀佛學研究的碩士課程，獲得接受。他的指導老師是日本研究中國佛學最德高望重的其中一位學者坂本幸男。聖嚴法師兩年內完成了碩士論文，研究的題目是《大乘止觀法門》——一本被認為是天台宗的慧思（五一五～五七七）所撰寫、具有高度爭議性的著作。東初老和尚本來是希望聖嚴法師在取得碩士學位後馬上回臺灣，但坂本幸男因為欣賞聖嚴法師的聰慧與宗教熱忱，勸他留下來繼續攻讀博士學位，而聖嚴法師也同意了。

遺憾的是，坂本幸男在聖嚴法師做出讀博士班的決定後不多久就過世了，讓聖嚴法師頓失一位扶持者。「這時期我面臨了經濟困難，好幾次都打算回臺灣去。但我的導師卻慰勉我：『道心之中有衣食，衣食之中無道心。』聽到這話以後，我就開始每天禮拜觀世音菩薩。奇怪的是，沒多久就收到一位來自瑞士匿名者的贈款，足夠讓我付學費和生活開支。到現在我還不知道這位捐贈者是誰。」⑮最後，聖嚴法師的博士論文在金倉圓照和野村耀昌兩位教授的指導下完成，研究對象是明末清初有影響力的天台宗革新者蕅益智旭（一五九九～一六五五）。聖嚴法師會選擇研究這個題目並不是偶然的，因為除了相關的研究相當少以外，蕅益智旭也以其前瞻性的兼容並蓄精神，受到太虛大師和虛雲老和尚等有革新傾向的僧人的推崇。

留日的七年間，對修行興趣濃厚的聖嚴法師主動接觸了很多主流與非傳統的日本佛教組織，其中包括了像原田祖岳系的禪、法華信仰系的孝道教團、立正佼成會和靈友會這些「新興」的團體。他參加過真言宗的密法、日本本土的禪道教，也參加過在曹洞宗和臨濟宗的本山或地方性禪寺舉行的攝心與禪修訓練。在日本接觸過的佛教人士中，他最難忘的是伴鐵牛禪師（原田禪師的弟子，以禪法嚴厲著稱），日後，他語帶感激地回憶說：

我到他位於北陸的佛寺打過好幾次冬季禪七。因為地處日本北部，所以四周的環境非常嚴苛。另外，那位禪師好像是故意找碴似的，不斷叫助手打我。但在日本，他們卻是讓我受益最多的人。有一次，他對我說：「你們學者都是我執和煩惱很多的人。你的業障很重。」⑯

最後，伴鐵牛禪師授給了聖嚴法師「印可」，並鼓勵他到美國去傳法（到美國傳法成了愈來愈強烈的念頭）。

一九七五年，聖嚴法師在沈家楨和美國佛教會的邀請下到了美國，住在紐約布朗士區的大覺寺開始教授禪修。他停留了兩年，直到一九七七年東初老和尚圓寂，需要他回臺灣接掌中華佛教文化館和農禪寺為止。自一九七八年迄今，聖嚴法師每年都會把時間平均分配給臺灣和紐約兩地的信眾，兩地各輪流住三個月。他在兩地進行的活動基本上是一致的：包括了主持禪七、初級和中級的禪修班、定期的週末法會、佛教教義的特別班，以及主講為周遭社區開設的講座。不過，臺灣方面的僧團要比美國的禪修中心更強調佛教教義和禮儀，而且會舉行許多一般美國佛教中心所沒有的活動，如念佛禪七和拜《大悲懺》與《梁皇懺》等。

雖然過去二十年來，聖嚴法師都把他的時間平均分配給美國和臺灣，但他始終特別關懷畢生的計畫：「復興中國佛教和提昇中國人」。為了找到並教育可以落實這個願景的人才，聖嚴法師和其他幾位僧侶在一九八一年於臺北華崗的中國文化大學創辦了佛學研究所。四年後，他獲得教育部核准，在北投重建這個研究所，成為獨立的中華佛學研究所。目前，中華佛學研究所提供的是三年制的碩士課程。傑出的畢業生可獲得資助，前往歐洲、日本和美國攻讀博士學位，以準備日後回臺灣負起教育後進的責任。

一九八九年，聖嚴法師購買了一片可以眺望臺北市北方海岸的山坡地，並重新命名為法鼓山。法師的心願是把法鼓山發展為一個集文理學院、佛學研究所、國際會議中心和國際禪修中心（包括提供想要閉關的人適當環境）於一體的佛教根據地。組織的建立以及課程的籌設，可說是聖嚴法師本人一生經驗的結晶，是他不同人生階段——在中國大陸當沙彌、在東初老和尚門下當弟子、在南臺灣閉關潛修、在日本念研究所——所見所思的反映。

不管是在美國還是臺灣，聖嚴法師所追求的都是同一個「願」：利用佛法來提昇人類，實現「人間淨土」的理想。他相信，這樣的和諧是不能透過強迫統一和泯滅差異而產生的；它來自一種草根性的努力，透過發現同中存異和異中求同而獲得。達到這個目標的手段則是佛教所說的「定慧雙修」或者「解行並重」。

大體上可以說，「慧」指的是對自己和周遭世界的深入了解；「定」指的是堅守我們最珍惜的價值與真理。透過開放性的「行」與「解」，每個人理論上都可以發現自己的「願」，而無須接受由國家、種族、性別和宗族所外加的價值觀。「解」可以帶領我們過一種反省的生活，擴大對自我和周遭世界的知解；「行」可以把這種知解深植於內心，讓我們達到言行合一。透過這樣的「解行並重」，就可以找出一條與世界互相貫穿的生命道路，負責任而睿智地實現自我。

在聖嚴法師看來，這樣一個實現自我的旅程，乃是佛教對世界性人本思想的了解與溝通所做的主要貢獻。聖嚴法師和其他亞洲思想家對西方人本主義的主要批判在於，它太過於強調個人，因而流於自我中心主義——這個弱點具體表現在繼承笛卡兒或康德的遺風，相信有一個與世界分離的「自我」。以佛教的觀點，這個所謂的「我」以至世間的一切歸根究柢都是「因緣所生」（pratītyasamutpāda，即緣起），這表示個人對意義和自我實現的追求，是無法離開全人類、社會和自然環境的改善而獲得的。這就是一種「人間」的人本主義，也是體認「淨土就在人間」的一種表述。在聖嚴法師看來，這正是大乘佛教菩薩道的精髓所在。

丹・史蒂文生

第一部

導言：禪宗與佛教的修行

第一章　禪與「空」：禪與傳統佛教的方法

「禪」這個字，是印度佛教用語 dhyāna 的中譯，意指「靜慮」或「思惟修習」。不過，用在禪宗上面，它又特指對開悟經驗的培養與體驗，而不是單指任何種類的冥想體驗。因此，禪宗經常被定義為一個特別強調禪定經驗與開悟智慧的宗派。而禪宗自己也宣稱，它所致力的是去內化體現和傳遞釋迦牟尼成佛時所體現的活生生的智慧。

這種超越時間的智慧，乃是佛陀開示的佛法之所本。不過既然如此，那這種智慧也可以說是先於和不囿於佛經的言說文字的。然而另一方面，它又跟佛經的文字和佛陀的話語緊密相關，因為開悟的智慧正是全部佛經所環繞的主題。事實上，佛經乃是以開悟為基礎與目的的，全心全意想指出通向開悟的道路——一如一根指月亮方向的手指或一艘將人渡到彼岸的擺渡。因此，佛陀開悟時體現的活生生的智慧，乃是所有形態與傳承的佛教的要點。

如果是這樣，那禪和佛經就不是完全無關的，更不是敵對的，因為它所想要擁抱的智慧，正好是佛經所嘗試陳述的。事實上，這兩者具有深刻的互補關係：佛經用文字述說的道理可以靠著修行而獲得印證，而在修行中獲得的體驗也可以馬上與佛經的內容相呼應。

今天，我們常常會聽到一些學禪者說，他們用不著學習和思考佛經上的道理，因為在禪堂裡打坐才是真正的修行，鑽研文字只是空談家和學院派的事。這種否定言說文字的態度，在中國、韓國和日本這些佛教教義早已廣為熟悉的地方，不無矯正作用，但換成是一個學佛經驗有限的文化，上述態度卻是危險的。因為靜默本身絕不是純然無染或中性的，更不會自動使人免於無知。如果一個不讀佛經的人在修行中體驗到極樂，那問題就更大了！

無論是禪還是佛經，都是佛陀智慧的體現，兩者是沒有扞格的。要不是有佛陀的話語，我們又怎麼會想到應該去尋求佛法呢？更別說會發願去幫助其他人走上開悟之路了。如果一個人業已踏上禪的道路，那他所追求的「開悟」又是什麼呢？

禪修的目標何在？它會帶來些什麼，又是怎樣起作用的？通常，一個人會問這些問題，就表示他已經聽過一些古代禪師的警句、格言或故事，而這些書本上都有記載的。如果我們開始去考察這一類的文獻，就會發現它們的數量比任何一個東亞佛教的宗派都要來得龐大！事實上，在日本，如果想要成為一個好禪師，就必須對禪宗文獻有徹徹底底的研究。從禪宗的文獻裡，你也會發現古代的禪師都是一些學識廣博的人，他們的教誨深深浸透著佛經的語言。像是「智慧」（prajñā）、「空」（śūnyatā）、「無所得」（anupalabdha）、「無所住」（apratiṣṭha）這些最常見於禪宗文獻的專門術語，大部分都可以在佛經裡找到。

印度佛教第二十八祖、中國禪宗初祖菩提達摩曾表示：「佛陀說空，是為了祛除多數人的錯誤觀點。但如果你執著於空，那就連佛陀也幫不了你。有所生的只是空，有所滅的只是空。在實相裡，沒有任何東西是會生或滅的。」①禪宗六祖惠能（六三八～七一三）嘗言：「我此法門，從上以來，先立無念為宗，無相為體，無住為本。無相者，於相而離相；無念者，於念而無念；無住者，人之本性。」②臨濟禪師（卒於八六六或八六七）則說：「山僧無一法與人，只是治病解縛。爾諸方道流，試不依物出來，我要共爾商量。」又說：「向爾道：無佛無法無修無證。只與麼傍家擬求什麼物。瞎漢頭上安頭！」③由此可知，縱貫禪宗的歷史，佛經裡所說的「空」，都一直被視為禪宗修行的心要。

遍覽小乘、大乘和金剛乘的經典，你會發現，它們對「般若」的談論是沒完沒了的。依小乘之見，基本上一個人只要聽過「四諦」和發心尋求超脫生死的方法，就可以說是擁有了如般若般的洞見。但在最深刻的意義下，般若卻是一種從禪定中生出，能夠消除那些把我們留置在生死輪迴（saṃsāra）煩惱的活生生的智慧（它又是通過修行得來的）。這種智慧所要揭示的，乃是一切形式的苦，都是妄見與顛倒思考的產物。一旦體認到存在是苦而非樂、是變動而非恆常，以及體認到我們不是如自己所以為的，是獨立而持續的「自我」（ātman），那原先那個被我們經驗為衝突交織纏繞的苦（duḥkha）的世界，就會轉化為自在清明的涅槃。

在大乘的經典裡，般若（智慧）仍然有著同樣的轉化力量，但進入一個更深的層次發揮作用。透過「般若波羅蜜」（prajñā-pāramitā，意即圓滿的智慧，佛經裡又很恰當地把它稱為「佛母」——一切諸佛之母），菩薩會產生一種自度度人、利人利己的精神。因為菩薩不只明白到心靈與物質世界都是空、都是無「自性」（svabhāva）的道理——時間中的每一刻，空間中的每一個物體，都是相互依存、緊密相連的——而且更進一步了解到，非緣起的涅槃世界和緣起的生死世界是完全互相交融的。也只有這樣，修行者的智慧、慈悲心和善巧方便才會真正臻於圓滿，達到無上正覺的境界。《心經》說過：「菩提薩埵，依般若波羅蜜多故，心無罣礙，無罣礙故，無有恐怖，遠離顛倒夢想，究竟涅槃。三世諸佛，依般若波羅蜜多故，得阿耨多羅三藐三菩提。」（菩薩靠著圓滿智慧的緣故，得以遠離牽掛、恐懼和各種妄見，成就最高涅槃。三世諸佛亦靠著圓滿智慧的緣故，得證無上正覺。）

在金剛乘，這種觀「空」的智慧，即體認生死與涅槃不二、智慧與方便不二、開悟與煩惱不二，本身就是密教行者所修的「空樂一體」。同樣的，在禪宗的傳統裡，空的洞見也是禪修的基礎。大抵可以說，禪宗所說的開悟，不過就是對空的體悟。

禪宗與佛教的「空」觀

傳統佛教有關「空」的教義與由此推衍而來的「無所得」和「無所住」觀念，是禪宗的修行法與佛經的一個基本接合點。但究竟什麼是「空」呢？而不同的佛教系統又是怎樣表述它的？再來，佛教有關空的觀念和體驗，跟其他宗教的修行者經歷的天啟或出神狂喜體驗有什麼樣的異同？為了對佛教傳統之一的禪宗有更深入的了解，且讓我們一一來探討這些問題。

世俗經驗裡的「空」

在日常生活的很多領域裡，我們都可以碰到與佛教的「空」概念相似的經驗。例如，一個人可能因為做了逼真的惡夢，全身是汗地驚醒過來。不過當他完全清醒以後，就會馬上意識到，夢中的事情根本沒有發生過：那只是一場夢，不是真的。儘管如此，他仍然可以清晰地記得夢的內容，而且猶有餘悸。還有一些其他類似的例子：看魔術表演時被魔術師俐落的身手騙了；誤把地上升起的熱氣看成一灘水；因為光與影的影響而把一圈繩子誤看成一條蛇。在這些感官知覺發生的一剎那，我們都會認定知覺到的東西是完全真實的，而且會產生相應的情緒與生理反應。不過如果再仔細一看，我們就知道只是受了眼睛的騙，而我們的情緒反應會立刻消失（消失得就像來的時候一樣快）。這些都是我們熟悉的經驗，一般會稱之為錯覺或幻覺，以對比於經驗意義的真實。

不過，有些哲學家並不求助於日常感官經驗的一致性去區分真與「空」（假），反而認為，我們有可能產生錯覺的這個事實，適足以證明，我們對存在的基本信念有可能是錯的。以唯物主義者為例，他們就主張，根本沒有靈魂或死後生命這回事——至少是沒有證據可以證明有這回事。他們認為，生命就像油燈，當油完全燒完，生命之燈就會熄滅。因此唯物主義者認定，生命只是曇花一現或只是物質的一個遊戲，基本上是「空」的，沒有任何終極的價值與偉大的目的，一如世界上其他由物質所構成的東西。

不過，還有另一種的「空」，是透過強烈的宗教祈禱、虔誠信仰或冥想活動而體驗到的。從事精神修練的人，如果功力夠深，往往會感到日常生活的重擔與焦慮突然卸去，就像是從罪中獲得了救贖，或是從一種低等的生命重生為一個更真更高等的生命。這時，那個舊的自我和它的價值觀會在瞬間顯得是錯誤、不真實、空洞的。

有時候，這些體驗會伴隨著一種深邃的出神狂喜，在這種狀態中，一個人的時間感、空間感和自我感會經歷徹底的改變。他會在原來日常生命的表層下，發現到一種更基本的真實或存在感。這時，身、心、世界的區隔會消失，以至讓人覺得自己是參與到一個永恆神聖的存在，而這個存在，是超越於世界之上或是把世界涵攝在裡面的。同時，一個人也會發現他本來的自我會膨脹起來，與外在世界融合為一，與宇宙形成不可分的整體。

在這樣的體驗中，一個人有可能覺得他見過上帝，或自己就是上帝，或被委任為上帝的代言人。與他們經歷過這新真實的震撼力量相比，日常生活的關切和在意會顯得微不足道、庸俗，甚至是「罪惡」的。他們認為把這樣的真理帶給別人是一生的職志。常常，這一類人會成為偉大的宗教領袖、哲學家、藝術家或公民領袖，而一般人也會將有過這一類體驗的人視為聖徒或聖人。

對這一類宗教出神狀態的類型和層次，很多宗教都曾詳加區分。在佛教，這一類的體驗是被歸類在「禪定」（又作「定」dhyāna）的範疇裡。而禪定又分為四禪，外帶「無色定」（ārūpya samāpatti）。它們從粗一直上升到細，由最低一層帶有狂喜特徵的禪定上升到具有無邊空間與意識感的無色定。

區分不同階段的禪定狀態是很專門和複雜的。這裡我們只需要記住一點，那就是從佛教的觀點觀之，這些不同的階段都是由身體所引發的經驗，仍是已經體相化的虛妄存在，而「空」和「無我」這兩個真正智慧的正字標記，仍然付之闕如。正因為上述的禪定狀態仍然受到妄見的把持和雜染，所以我們把它們定位為世俗和迷昧的。為了清楚區分這種「低層」的禪修狀態和真正的智慧與解脫，佛教把前者形容為「世間」（laukika）或「有漏」（sāsravas），把後者形容為「出世間」（lokottara）或「無漏」（anāsrava）。只有真正參透「空」、「無我」、「無心」之後，才能達到後者。

為什麼要把像禪定這樣優越的體驗定位為凡俗或「世間」的呢？這是因為，

在這種體驗中，一般意義下的我還有跟它相連的那些粗糙欲求，固然是消失了，但不正見和我執事實上並未消失。因為一個人在這種狀態下所經驗和所做的一切，仍然被自我的妄想與迷戀所規範。唯一不同的只是，這個時候，一般意義下的身心區隔會消失，「我」運作的尺度異常膨脹和巨大。也就是說，在禪定的狀態裡，小我會變成了大我，小心會變成了大心。不管是稱它是「萬物一體」、「最高自我」也好，或是「終極真實」、「最高存在」也好，它都是「我」的「最高自我」或「最高存在」。要言之，這一類體驗都是環繞著「我」而旋轉的，所以我們稱它們為「凡俗」的或「世間」的。

小乘見到無我與涅槃的偏空

哪裡有無明和妄見，那裡就會有貪和瞋；哪裡有貪和瞋，那裡就有會有業報和苦。只有徹底戳破妄見，放下執著，人才會有開悟、自由與真正的寧靜可言。

如果我們再踏前一步，仔細審視上述所提到的那種體驗，就會發現它們是緊緊被我執所捆綁著的：「我」體驗到「真實」，「我」看到了「上帝」，「我」與萬物為「一體」。但如果你就是「一」，就是「終極真實」，那這個「我」又是怎麼會跑出來呢？所以說，當一個人認為自己體驗到終極真實或上帝時，也正是他的我執膨脹到最大程度的時候。如果我們能夠如實觀察以我為本的思惟，全面微妙地影響著我們每一分、每一秒的人生經驗，就會發現根本就不存在一個固定常住的我。

因為，那個一向被我們認定為「我」的東西，不過是一連串剎那生滅的念頭或感官感受罷了，你也可以說它是一個思想的虛構物。在這剎那生滅的意識流外面是找不到任何一個「我」的。一旦如實地觀察心靈活動，我們就會得到一個洞察，那就是，心本身是變動不停，沒有恆常性的；而這也等於是說，「我」不過是個念頭，它只是一個「空」的虛構物，是我們毫無必要地死命抓住不放。它不但不是一切快樂和真理的來源，反而是渴求、恐懼、挫折、憂傷的來源。能夠放下這個我執，淨化它一切負面的影響，我們就能徹徹底底從生死之苦中釋放出來，感受到涅槃和「無我」的寂靜無為。

儘管到了這個階段，一個人理論上已經從生死中獲得了解脫，但仍然有一些問題存在。因為他有可能就此認定，生死完全是「苦」和「假」的，而「無我」或「空」是真的，因而死命抓住「無我」和「空」的觀念不放。不過，這樣一個執著的「空」，只能是一個偏頗的「空」，而恐懼和我執仍然存在其中。

真空或實相空

執著於涅槃和無我，正是大乘佛教對小乘佛教的批判所在。④大乘主張，釋迦牟尼之所以鼓吹生死輪迴是苦、人應該追求涅槃的主張與道理，只是為了讓執著很深的人有一個進入佛門的初階，以便在稍後接受「更高一等」的教義。換言之，那只是導向大乘的權宜之計。如果昧於這個事實，一個人就會執著於小乘，以為它所代表的是佛陀的最終立場，因而更加執著於涅槃與「無我」。在大乘看來，這樣的人仍然陷在以為生死流轉是真實的妄見與恐懼之中，因此才會更執著涅槃與「我空」。為了矯正這種錯誤，大乘提出了一種更徹底的空性：自我與諸法皆是空的。

前面我們談到空，是洞見「自我」乃是一種錯誤的認知，將不斷生滅流轉的心念，持之為我。當感受與思想不再被視為自我時，它們自然會消退與止息。由大乘「我空」與「法空」的主張，我們進一步了解，構成念念流轉的心理世界也是沒有實體、非真實的。它們都是因緣聚合的生、住、異、滅現象，一切無常法的因素都離不開因與緣；離開了因緣，就沒有生、住、異、滅。

正如大乘的偉大祖師龍樹菩薩所指出：「諸法不自生，亦不從他生，不共不無因，是故知無生。」⑤（不管任何時間地點，你都找不到一件東西是源出於自己、源出於他者，或源出於這兩者，或者不是由因緣而生。）世間的一切都是由因與緣交織而成，因此它們就像一張網的網眼，都是「空」的。正是基於這個體認，大乘才會在小乘的「人無我」（pudgala-nairātmya）觀念以外，又推出「法無我」（dharma-nairātmya）的主張（即指世間諸法皆無自性）。透過這個主張，現象界的生死和涅槃的空就被統一了起來，因為世間無一法是可以存在於因緣之外的。大乘僧侶之所以能夠跳出對生死的恐懼與對涅槃的執著，靠的便是這個簡單的洞見：既無可以拋棄的生死，也無可以得到的涅槃。生死和涅槃這看似是不同的兩種東西，事實上是不二的，是單一的中道。安住在生死的同時，一個人也是安住在涅槃中。

儘管大乘是把存在本身理解為空，理解為與涅槃不二，但仍然對勝義諦（paramārtha-satya）和世俗諦（saṃvṛti-satya）之間做出區分。為了突出這個絕對真實存有論的重要性，大乘用了很多具有實質主義意味的用語來稱呼它，諸如「真如」（tathātā）、「法性」（dharmatā）、「無生」（anutpattika）和「諸法實相」（sarvadharmabhūtatā）等。然而，讀到這些用語時，我們必須緊扣大乘對空的教義來加以理解，也就是說，世間一切的實相乃是無相，一切實性乃是無性。

全然體現、全然放下的佛法：第一義空（畢竟空）

我們很容易會把「真如」、「真空」這些用語，視為指涉某種分離於現象世界或是隱藏在現象世界後面的形而上本質。但這是個誤解，因為現象本身是空的，無所謂生也無所謂滅。而這種無生與無滅的「本性」，又是與現象相即不離的。由此可知，把「一般意義的存在」與「絕對真實」看成兩種不同的東西是錯誤的。空是離不開現象的，而現象也是不會離開或妨礙空的。它們是互相交融和相即不二的，徹頭徹尾是同一件事情。正是為了表達這種自由自在和動態性的互相交融，我們才會「否定」空的觀念，說它是「不空」。

也可以換一個方式來說明。在討論「真空」的時候，我們是從日常意義下那個世界開始的；透過否定被實體化的自我和萬物，我們到達了自我與萬物本性皆空的結論。不過，為了打破對空的執著，我們又回過頭來否定在現象之外，有個本體的「空」，而說空性是萬物的「妙有」。這樣，空與相、涅槃與生死，就同時受到了肯定和否定。這是終極的「中道」或「中道實相」。說它是終極的，因為它不是位於兩個極端中間的「中」，不是一種與「虛假」對立而形成的「真理」。那是單一的、動態的、不可思議的真實，一個「非中」：既無相而又包含萬相，既無立場而又包含所有立場。這就是「畢竟空」或「第一義空」。

但這樣的話，我們不是陷進了一個弔詭或一個正反無窮辯證的倒退過程中了嗎？然則，我們要用什麼方式才能直接表達出這個空、有相反相成的知見呢？更重要的是，怎樣才能把這個知見直接體現或生活出來，而不必受到二元性思考和辯證的局限，直接知道或說出這個不可言說的真理呢？要在什麼時候、什麼地方和用什麼方法，我們才能從這種二手性的描述跳躍到一手性的體驗，才能從一個被分別心禁錮的囚犯一躍而成為它的主人呢？

在這一點上，《維摩詰經》（*Vimalakīrti Sūtra*）的其中一個段落為我們提供了有用的指引。本經記載有一個叫維摩詰的居士，向一群顯赫的菩薩求教，問他們各自是怎樣進入不二法門的。在場的菩薩一一說明了自己是靠著超越哪些二元性才得以證空的，其中包括了：生與滅、明與暗、涅槃與輪迴、有與空、真與幻。文殊師利（*Mañjuśrī*）是最後一個發言的菩薩，他說：「依我之見，能夠不言不說，不發表任何意見，不表示任何知識，超出一切問與答之外，乃是進入不二法門的門檻。」

說完，文殊師利就轉過臉來看著維摩詰，問他：「先生，我們都各發表過意見了，現在請你來說說看，一個菩薩要怎樣才能進入不二法門。」

但維摩詰卻默不作聲。文殊師利見狀，讚歎道：「善哉善哉，這才是真正的不二法門。」⑥

維摩詰的緘默，以最雄辯的方式展示出了最高與最不可思議的「空」。它說明了，空並不是一個命題，而是一種體驗。而禪宗所認同的，也正是這種活潑的開悟體驗。因為即便你的議論再高妙，最終還是要生活、做事的。在禪宗看來，日常生活正好是開悟的基礎與樞紐。六祖惠能曾指出，想離開現象世界尋求開悟，不啻於在兔子頭上找角。惠能的法孫馬祖道一（七〇九～七八八）常常說平常心是道，又說世間萬物無一不是自在解脫的。臨濟法師告訴弟子：「參禪沒有什麼特別要做的，只需要像平常一樣，穿衣吃飯過日子就可以。」⑦雲門文偃（八六四～九四九）的一個弟子問他：「師父，請你為我開示一條路。」法師回答說：「喝粥，吃飯。」⑧

對應不同修行階段不同的修行方法

雖然每個人的情況都不一樣，然而，修行的道路還是有一定邏輯（或者說過程）可言。自釋迦牟尼本人開始，歷代的佛教高僧都致力於描畫出這條修行道路的進程，把它區分為不同的層次，指出在每一個層次，身心會經歷哪些轉化如：煩惱清除、善根顯現。除此以外，他們也設計出一些可以讓修行者達到不同層次的不同方法。在佛教的典籍裡，這一類的修行技巧相當豐富多樣，是同類型方法裡最複雜的其中一種。

不同的佛教系統對修行道路的層次各有不同的分法，實現這些層次的應用方法也各有不同。但基本上，它們的組織原則是相似的。用最簡單的話來說，這些原則所要實現的是這樣一個過程：把身和心從混亂和分離的狀態帶入統一境的狀態，最後再帶到「無心」（或「無念」）的境界。而修行方法可依它們不同的功能分為以下幾類：（一）移去妨礙心念清淨的各種障蔽的程序；（二）幫助心念集中的方法，目的是讓心進入禪定（世間定）的狀態；（三）修習智慧的方法，目的是幫助人獲得「無我」的智慧，打開真正解脫的大門；（四）把「無我」的智慧推向「真空」的技巧；（五）讓人從「真空」到達「畢竟空」或「第一義空」的技巧。

淨化與純化受障蔽的心

幾乎任何物體或重複性的活動都有助於身與心的專注。那可以是一件具體的身外物，可以是一個內在的念頭，或是念誦的靜態活動，甚至是走路或站立等肢體活動（但以不太耗費氣力者為佳）。如果一個人把身體與心靈的注意力集中在上述的物體或活動中，雜念和妄念便可逐漸消失。這時，一個人的意識會變得非常寧靜、集中而純粹。

這一類的鍛鍊不一定是宗教性的（某些體育鍛鍊也同樣可以達到心念專注的效果），但幾乎所有重要的宗教都把心靈的專注和淨化視為精神修練的基礎，並提供開發這種心靈狀態的方法。心與身的純淨、極度虔敬和專一致志，被大部分宗教視為是發展出最高福賜和精神喜樂的前提。為達這種效果所應用的技巧非常多樣，有像禱告、禮拜、懺悔、誦經、唱誦詩歌、念諸天名號與持咒等這些以信仰為導向的方法，也有像印度瑜伽和中國武術這樣自主性較高的方法。

傳統佛教有非常多種促使心靈初步淨化與安定的方法，從自主性的到信仰的都有。一般來說，這些方法都有肢體上的基本規定，例如以「蓮華坐」的打坐姿勢（這是打坐的正式姿勢，又稱結跏趺坐），站著或跪著、雙手合十或是慢行。然後，再採取一種觀想的方法來收攝心神，像是「數息觀」（ānāpāna-smṛti，觀呼吸的進出）、「不淨觀」（觀想身體的不潔或腐爛）、「念佛」（buddhānusmṛti，觀想佛相）或「四無量心觀」（apramāṇa-citta，觀想佛的慈、悲、喜、捨四種精神）等等。

上述四種方法，是佛教所謂「五停心觀」（五種培養定力方法）的其中四種，它們具有雙重功能，一方面可以對治某種情緒失衡，另一方面可以幫助心念達到專一致志。例如，「四無量心觀」可以緩和根深柢固的瞋恚；「數息觀」可以消除心的散亂；「念佛」可以對治恐懼與不確定感。一個學生應該採取這些方法中的哪一種，當視他有上述性向中的哪一些而定。

隨著心靈開始卸去它那些粗重的情緒煩惱，身與心就會變得愈來愈自在，並融合為一條純粹、沒有雜染的覺照。心開始緩慢下來，變得清明而開闊。它的雜念會愈來愈少，到最後，它會變得那般安定輕盈，以致於不費吹灰之力，就可以專注於它所專注的對象，而且像是第一次真正看見它的全貌似的。開始時，這種狀態往往會很不穩定，但假以時日，它的出現會愈加頻繁，持續的時間也會愈來愈長，最後達到一種所謂的「未到定」狀態，而進入世間禪定（dhyāna）所能達到的最高狀態。因此，「五停心觀」的技巧，可以讓修行者從最粗淺的境界，修到世間禪定的最高境界。

培養一心或心一境性

調攝過身心，到達了「未到定」的預備狀態以後，如果修行者繼續用「五停心觀」其中一個方法修行一段長時間，就可以達到「一心」或「心一境性」的境界。隨著心靈進入了愈來愈深的靜定和統一狀態，任何修練會產生的費力感和對於方法的知覺都會消失。最後，就連那個專注的對象，以致於身體、心靈和環境的知覺同樣都會消失。這樣的禪定體驗，就是真正一心的境界，相當於上面所說世間禪定的四禪和四無色定。

禪定有不同的層級，有些較淺，有些較深；有些較粗，有些較細。但不管是哪一程度的禪定，一旦達到那個境界，修行者就會產生一種與日常對身、心和世界截然不同的體驗，而修行者此時別無選擇，只能視之為對自我與存在的嶄新觀照。這種轉化感，正是上一節所提到的「世間法的空」。隨著禪定的層次愈深，修行者不但會加深對不同層次的粗細度感受，而且也會對方法本身的粗細度有更為深刻的感受。由此可知，每一個修定的方法（如數息觀），都可以有不同層次的應用，並隨體驗的深化而逐漸開顯出來。

悟入「無我」、「真空」和「第一義空」的方法

除了把對「空」或「無我」的體驗嚴格區分為「有漏」和「無漏」（或「世間」和「出世間」）兩種，佛教也對帶來這些體驗的方法做出區分。一般來說，那些為了培養安定和專注力，達到世間定的「統一心」的方法，被歸類為「止」的方法，它們在本質上有別於「觀」的方法，後者是為了讓修行者達到「無我」，即

「人無我」與「法無我」的解脫智慧的。

就像禪定的體驗一樣，修「止」的方法並不是佛教所獨有，因為很多其他宗教也有類似的技巧。事實上，佛教本身就承認，釋迦牟尼佛所教導很多修「止」的方法，都是他在未成正覺以前從不同的非佛教老師那裡學來的。另一方面，「觀」的技巧則被認定是佛陀所獨創，是佛教特有的寶藏。它們是佛陀從自己的開悟體驗直接開發出來的，而且也只有這種方法，可以為人帶來「無我」和「空」的觀照，而這兩者都是佛教通向解脫的心要。正是有這些方法的存在，讓佛教明顯有別於其他的冥想傳統。

小乘和大乘的典籍包含著許許多多不同的觀法，不過基本上，它們只是傳統佛教「四念處」（catvāri smṛtyupasthānāni）的延伸。所謂的四念處是指：（一）身念處（觀身不淨）；（二）受念處（觀受是苦）；（三）心念處（觀心無常）；（四）法念處（觀法無我）。如果一個人已經用禪定的工夫把心淨化過和統一過，那實踐「四念處」就可以讓他迅速獲得對「苦」、「無常」、「無我」這些佛教基本真理的觀照。修行者一旦體認到「無我」，那「空」的解脫智慧就會開始浮現。

不過，心如果仍然處在混濁或混亂的狀態，那它就很難對身、受、心、法這四個領域進行深入的觀照，更別說可以產生「無常」或「無我」的洞見。因此可以說，由禪定工夫所產生的「一心」（心一境性），乃是修觀必要條件，也就是證「空」和「無心」的必要條件。沒有由修觀產生解脫智慧，一個人的禪修將永不能超出「世間禪定」的層次，也因此永無開悟的可能；反過來說，沒有由禪定所產生的定力和清明，一個人再怎麼努力修觀，也只能得到最粗劣和一閃即逝的洞見。

做為佛教觀法的核心，「四念處」（又特別是「法念處」）乃是通達「無我」、「真空」和「第一義空」這些佛教智慧的大門。這種技巧，是大、小乘的共法。不過，小乘的目標只是用這種觀法來「斷滅」生死輪迴之苦，而大乘則更進一步，利用諦觀的工夫，讓人體悟「法空」、「真空」和「第一義空」這些更高的境界。原則上來說，想要達到「第一義空」，就得深化「法念處」的方法，對「空」與「有」的觀念做不斷深入的辯證式否定，直到所有的偏見和執著都被否定掉，而不可言傳的中道被揭示為止。

依此而有所謂的「三解脫門」（vimokṣa-mukha）或「三三昧」，修行者要按照次第逐一通過：（一）空三昧：否定有以體現我空；（二）無相三昧：否定一切法以體現所有法性皆為無相或空性；（三）無願三昧：否定一切「有」與「空」的觀念，達到絕對的無願和無造作。另外，又有所謂「十八空」的說法，要求修行者依次觀想十八個層次的不同空性（最低一層是自我的空性），又一一勘破之，以達到最高層次的空性（一種超越生滅、有無等一切二分法的空性）。⑨

頓悟法：直接到達畢竟空的方法

我們上述介紹的修止與修觀工夫，都是以漸進或次第的方式開展的。不同的修行階段各配合不同的修行方法，層層相依相輔，讓人一步步從迷走向覺。一開始，修行者下工夫的對象是一般意義下的自我。透過修定（止），修行者可以淨化心靈，並開始體驗到世間禪定的大我和一心。接著，透過修觀，修行者就可以根除自我的觀念，繼而透過辯證的方式，穿過不同層次的空性，臻於對「第一義空」的完全證悟。

然而，大乘在有關「佛性」和「第一義空」的見解主張，曾毫不含糊地表示過，「煩惱」從一開始就是與「開悟」不二的，換言之，生死就是涅槃，涅槃就是生死。如果是這樣，那我們不就可以說，開悟可以在一剎那間獲得，而用不著費工夫去把煩惱移除。畢竟，如果涅槃生死不二，那就根本沒有煩惱是需要移除的，也沒有什麼空性是我們需要去取證的。因此，單單只需要擴展視野，一個人就可以敞開心境，全然地體驗空有一如的世界，這樣，佛陀的完全證悟唾手可得。

這正好就是禪宗和某些密教派別所持的立場。它們認定，開悟與煩惱、智慧與方便、空與有在本質上就是相同一致的，基於這樣的前提，它們設計了一條通往佛性的「快速」道路，讓那些慧根夠深的人可以馬上領悟到這些如電閃般的信息。因此，禪的傳統才會強調「離言說文字」和「直指本心」相對於用精密的辯證法來否定「有」與「空」的對立，或是透過論證的形式來證明開悟與日常生活的不即不離。歷代的禪宗大師都把追求的重點放在「畢竟空」上，以其開悟的功能做為禪的媒介與方法。

例如，有一次一個弟子問曹山本寂（八四〇～九〇一）：「現象世界背後那個終極真實是什麼？」

法師回答說：「現象世界本身就是真實的。」

弟子又問：「要怎樣證明這一點呢？」

法師的回應只是舉起自己的茶盤。⑩

一個弟子有一次問雲門法師：「哪一句是最吃緊的話？」

法師說：「吃！」⑪

另一個場合，有人問雲門：「何謂『色不異空？』」

他回答說：「那東西打著你鼻子了！」⑫

這種方法就是禪宗所說的「直指本心」，也就在剎那間把弟子的執著使勁扯掉，直接顯現唾手可得的悟性。

當然，這並不是意味，禪宗做為一條宗教道路，是完全沒有形式或程序的。事實剛好相反，禪宗不但有它的規範建構，有它的先決要求，也有它的實踐程序（這些程序的複雜性一點都不亞於「漸悟」的路數）。其中包括了一些為達禪悟的特殊修行形式，如「默照禪」的工夫或「參公案」和「看話頭」等。事實上，也只有在這樣高度紀律性的環境裡（也就是修行者具有高度專注心靈的前提下），禪宗的修持才可望收到它預期的效果。因此，儘管禪宗在堅持人可以即刻開悟這一點上是毫不妥協的，但它所應用的很多技巧和原則，都可以在佛教的漸悟法門中找到。

本書接下來的章節由兩大部分構成。第一部分討論禪修的一般性原則，然後說明它們是怎樣體現在三無漏學之中；所謂的三無漏學，是三個循序漸進的階段，修行者遵循它們一步步走，就可以到達開悟：其次第是先透過持戒來淨化道德，再透過禪定的工夫培養定力，最後透過修觀培養智慧。第二部分轉向討論禪宗的「頓悟」法門。這部分將描述這項法門一些基本的修習法（如默照禪和看話頭），勾勒修禪的先決條件，並討論禪宗的開悟和心靈提昇的問題。

第二章　修禪與調攝身心的原則

修禪，又特別是坐禪，向來是佛教最基本的修行項目之一。釋迦牟尼佛體現最高的開悟，就是坐在菩提樹下時獲得的。當他開始說法，想把自己的體悟傳給別人時，他把成佛的道路歸納為三個層次：持戒、習定、修慧。這三者，被稱為「三無漏學」，意指三種清淨的訓練。「定」和「慧」都是要透過正式的禪修培養出來的，而「戒」則是它們的準備工夫。「禪」這個字，是從梵文 dhyāna 翻譯過來，最初是指一種透過打坐獲得的寧靜專注狀態。儘管「坐禪」一詞在中國的意義不完全與印度佛教相同，但坐禪時應該採取「蓮華坐」的姿勢，盤腿靜坐，則不管是在中國還是印度都是一樣的，也是禪宗訓練方式最突出的特點之一。如果走訪一家禪寺或禪修中心，我們就會發現坐禪是每日功課裡最重要的部分。

在本章中，我將會說明坐禪的基本姿勢；討論調攝身、心、息以及培養禪定的內在步驟；還會解釋要怎樣才能把從坐禪所獲得的專注延伸到坐禪以外的活動。

不管是一炷香的坐禪、打一個高階禪七，還是終生的修行，「定」和「慧」的培養都要依循一定的原則。基本上，這是一個由粗而細、由外而內、由調身而調心、由動而靜的過程。那不只是一種對「心」的鍛鍊，而且是一種全人及人生所有層面的鍛鍊。它既有起點也有終點，既有基礎也有極致。一個人不能選擇只關切一點，而忽略其他，否則將徒勞無功。

禪修的目的是發展鍛鍊心，過程有三個階段。首先是把散漫混亂的心收攝為一個只有寥寥思緒的心；接著，進一步把這個相對單純的心轉化為高度的統一心和一心；最後再從統一心轉化為無心。如果是真正成功的修行者，必須鍛鍊到可以在動中體驗到高度的寂靜和專注，也可以在虛寂中體驗到活動。不過在這個進程中，身心的整合又是不可少的。整合身心的過程可以分為三方面：（一）調身；（二）調息；（三）調心。

有效禪修的先決條件：調身

我們的日常習慣和與世界互動的模式極為重要，而正確禪修的起點也是在這裡。如果你的行為或態度會與別人產生緊張關係，那你想獲得最起碼的心靈自在也是不可得的。對身體和心靈有害的生活方式也是修禪極大的障礙。過度的緊張與放縱會讓身體筋疲力竭，使禪修難有寸進，無法產生活化身心和長久的效用。有鑑於此，佛教才會特別強調「戒」的重要性，以便修行者有一個適合禪修的環境。因此，每個修行者最少要受持以下五條在家戒：（一）不殺生；（二）不偷盜；（三）不邪淫（即不發生不正當的性關係）；（四）不妄語（即不說謊）；（五）不飲酒、不吸食毒品。這五戒是當一個堂堂正正人的起碼條件，也是有效修禪的基礎。

每日的恆常坐禪也是禪修的一個關鍵要素。修行者必須把禪修當成日常生活的一部分（如果不是當成核心的話），須保持住，不間斷。如果是在家人，最好是安排特定的時間，一天打坐兩次。早上起床後和晚上就寢前是最適當的時間，中午或午夜的時間應該避免。另外，飯後一小時內也不要打坐。

理想上，做為一個修行者，應該盡力讓從早上打坐時得到的寧靜和專注維持一整天。隨著修行的加深，你會發現早上打坐時獲得的寧靜清澈，會自自然然滲透到一整天的其他活動中去。假以時日，你也許就會感到任何活動都是一種禪修。

另外，在坐禪前和坐禪後應該做一些運動和自我按摩。坐禪的目的，基本上是要讓人從活動的狀態進入深邃的靜止狀態，或者說是讓身心從一種粗重的狀態進入一種極微細的狀態。當你打坐完畢，這個過程是相反的：從靜止狀態回到活動狀態，從精細狀態進入到動態。因此，有必要採用一些運動和自我按摩的技巧，幫助身心在坐禪前放鬆，或幫助身心在坐禪後重新活躍。後者尤為重要，因為靜坐一結束就急匆匆直接進入到動態，會對身體帶來危害性的衝擊。不只結束坐禪時是如此，就連走路、站立、躺臥後（甚至吃飯和如廁）都應該依循一定的程序。

把禪修想像為一種讓身、心、息三者整合在一起的全面性鍛鍊，將有助於理解禪修。隨著身、心、息這三者愈來愈和諧和寧靜，它們就會完全融合，最後甚至合而為一。當身、心、息處於完全統一的狀態，那「定」就相去不遠。有了「定」，就可以進一步修「慧」。

很多亞洲的醫術和宗教傳統都運用肢體運動的方法做為修行的輔助工具。以印度的瑜伽為例，就包含多種連續性的肢體動作和姿勢，稱為「坐法」（āsana）；對這方面特別有研究的瑜伽派別是哈達瑜伽（Hatha yoga）。「坐法」是一種前導性的方法，目的是幫助身與心做好準備，以接受更深層修禪定的方法。中國的道家則運用導引術，例如太極拳和其他的拳法，以達到同樣的效果。中國佛教也採納了著名的少林寺武術。

可以說，這些運動和自我按摩都是用來調身的，讓人可以在活動中培養專注。它們可以強化血液和氣的運行，使氣血周流通暢，讓組織和神經系統恢復活力。當氣能夠和諧地運行，身體就會變得強健有力。而隨著身體狀況的改善，心也會變得平穩專注。雖然大部分的人都不知道，但亞洲傳統所運用的武術是跟精神修練息息相關的。有效的禪定只可能來自健康的身體和心靈。事實上，修行者會在修行時發現氣脈中深層的滯礙，這並不罕見，他們會適時、精準地做些微細的運動，打通滯塞。

中國針灸術所根據的穴位與經脈系統，都是古人從修行中所體驗到氣的流動途徑，而歸納出來的。今天很多人以為，中國的醫學、針灸和武術，都是和禪修與精神鍛鍊完全無關的，這是一種誤解。在中國，從不把身體健康與心靈健康二者分開來看。從適當的運動中所得到的自在、活力與心靈清明，乃是禪定的基礎。因此，瑜伽和其他調氣的方法，都是開發定境和慧境的有力輔助。我們不應該把這些方法與今日那種大行其道、只強調武技的膚淺武術混為一談。

坐禪

只要是持之以恆，禪定幾乎可以透過各種身體活動培養出來，包括了行、住、坐、臥等等。事實上，在大部分亞洲的禪修和瑜伽系統裡，一個人只有在任何場合都能夠專注心念，才會被認定是真正高明的修行者。不過，對於修「定」來說，某些姿勢和活動還是要比別的姿勢和活動來得有效。就一個新手而言，讓身體保持寂靜、安詳和警覺是最重要的，因為這是最容易達至心靈專注和放鬆的姿勢。

當身體的運動系統開動起來的時候，心靈也會變得忙了起來：忙著介入肢體活動和接受來自外在的刺激。但當身體放輕鬆和靜止下來，心的忙亂也會消失，變得寧靜專注。因此，禪修時採取放鬆和穩定的身體姿勢，對心靈是有正面的影響。站著、走路和從事各種雜務時，都是一樣可以進行禪修的，不過，因為這些活動所採取的身體姿勢，相對上容易引起緊張和分心（對新手來說尤其如此）。臥著的時候也是可以修行的，不過臥著卻容易引起相反的問題：人會變得昏沉和注意力不集中。

在各種姿勢中，坐姿被公認是上上之選，因為它可以讓放鬆和警覺保持在最平衡的狀態。當然，坐姿也是可以分很多種的，不過，經過許多世紀的發展，佛教已找出了坐禪時最能讓人受益的姿勢。最重要的是要讓脊椎骨、頭和骨盤保持自然垂直。脊椎骨應該自然直立，讓一節節脊椎互相支撐，就像一個扣一個的杯子那樣。骨盤也應該自然直立，微微向前傾，讓最下面的幾節脊椎可以舒適地承托在它上面。後腰和肩不應該前傾，否則，橫隔膜會感受到壓力，使呼吸變短、不穩定和粗重。如果骨盤和後腰挺直，兩肩和頭成一直線，那骨架不費吹灰之力就可以支撐起身體的重量，卸去關節與肌肉所承受的壓力。當胸和下腹開始鬆弛，呼吸就會變得深長，讓內臟（特別是心和肺）可以在最有效率的情況下運作。血液和氣的循環會變順暢，神經系統也能鬆弛，整個身體會重獲活力。

一個人在還沒有完全習慣這種姿勢以前，會感覺有一些不舒服；不過如果你的姿勢是正確的，那到了最後，你唯一會感到有張力的部位，就只剩下連接脊椎骨與骨盤那部分的肌肉。其他的張力都會消失（包括背和小腹的張力）。這時，你會感覺身體清爽、幾乎沒有重量。

坐禪的姿勢不是要硬逼身體進入靜止的狀態，而是要讓身體慢慢放鬆，最後達到完全平衡的地步。如果你的姿勢正確，就會感到身心兩方面都相當醒覺，因此坐姿和心靈狀態是緊密相連的。如果你看見一個坐禪者彎腰駝背，就幾乎可以確定，他的心一定是雜念四起，非常不專注。如果他的姿勢太僵硬，就反映出他的心緊繃和焦躁。透過坐禪，我們將可發現身與心是多麼密切地交織在一起。過不了多久，你就能學會運用它們其中一個去幫助另一個。

坐禪時腿的擺放位置有很多種，但它們所依據的原則是一樣的：務使雙腳和臀部構成一個穩固的基座，讓骨盤很自然地向上和向前傾。坐禪最好和歷史最悠久的坐法是蓮華坐。釋迦牟尼在菩提樹下證無上覺時，採取的就是蓮華坐。時至今日，佛陀在畫像、雕像裡也常常被描繪為採取這種坐姿。對佛教徒來說，蓮華坐是最神聖的、最卓越的。

採取蓮華坐時，右腳掌要放在左腳的大腿上，左腳掌要放在右腳的大腿上。這樣，兩條腿就會被鎖定，而雙膝和臀部也會堅穩地貼住地面。哪一隻腳應放在上面，視個人喜好。如果姿勢正確，腳掌就會緊緊貼在骨盤和大腿的接縫處，而腳底心則是朝上。

因為需要兩腿交疊，採取蓮華坐的修行者得要有一個相當柔軟的身體。對大多數人而言，剛開始即便不是不可能，也非常難辦到。不過如果能反覆練習和做一些腿部運動，情況就會改善。開始的時候一步一步慢慢來，而且不要打坐太久，慢慢再把時間加長。心的狀態會影響到身體的柔軟度和姿勢。當心開始沉靜下來的時候，你會發現身體自然放鬆而不緊繃。

如果你覺得蓮華坐太痛苦，可以採取半趺坐的坐法。方法是一個腳掌（左腳掌或右腳掌都可以）放在另一隻腳的大腿上，另一個腳掌靠在地上，貼在另一隻腳的大腿邊。如果仍然覺得困難，那在上面的腳掌可以改放在小腿肚，甚至改放地上。

日本人流行的坐姿是跪坐，稱為跨鶴坐。採取這種坐法時，雙膝靠攏，小腿收攏在臀部下面（務求要做到臀部和身軀坐在腳踝上）。腳趾應該放鬆，平貼在地板上。可以在腳踝與臀部間放一個墊子，以減輕身體重量對腳的壓力。

如果你的腿太緊或大腿很粗，那不妨採取簡單的雙腿交叉的盤腿方式。但這種坐法一般是不被推薦的，因為它不牢固，容易把身體的重量移向臀部，導致後腰會很快緊繃和疲累。蓮華坐和半趺坐的優越處在於可以讓骨盆與脊椎骨兩者不費力氣就自然排列整齊，使得身體的重量可由臀部和雙膝平均分攤。

使用上述任何一種方式打坐，都應該在臀部下面放個厚實的蒲團，讓臀部撐高離地。還應該用一張摺起的毯子或薄墊，置於座位下，讓膝蓋不會直接觸地。另外，坐禪時在腿上蓋一塊毛巾也是明智之舉，因為兩腿暴露在寒氣中太久有可能會引起關節炎。

供坐禪用的蒲團，需要講究大小和類型。最好是圓形或正方形、內塞木棉的蒲團，這是東亞佛寺普遍採用的，不會太軟或太薄。坐禪時使用的蒲團，應該厚而結實，讓臀部足以離地幾英寸。這個高度一定要調到恰恰好，因為腰、小腹和身體軀幹能夠保持適當的平衡和自然排列整齊，靠的就是這個。如果高度過高，姿勢就會變得不穩定。如果高度不夠，身體會感受到壓力，不多久就會彎腰駝背。所以應該多試幾種高度不同的蒲團，看哪一種最適合你。

另外要謹記，不要坐在蒲團的正中央。應該讓骨盆和臀部堅穩地坐落在蒲團的前半部分，讓大腿可以確實從蒲團的前緣往下垂放，背和小腹才能自然直立。如果你坐得太後面，大腿就會被抬高，導致背部傾斜彎曲。總之，你的身體應保持直立和醒覺，肩膀放鬆，脊椎骨垂直，骨盤略為前傾，重量集中在小腹。

如果覺得坐禪時坐在地板上不舒服，可以坐在椅子上。用這種方式打坐，小腿應該與地板垂直，腳掌平放於地，雙膝分開，中間保持兩個拳頭的距離。臀部應該坐落在椅子邊緣，大腿懸空。

認定自己的坐姿都妥當以後，把手輕放在盤著的兩條大腿中間，手掌朝上，左手掌放在右手掌之上，兩拇指上舉，指尖相觸，結成圓弧。手腕輕輕安放在兩條大腿中空處，兩個手肘各向兩邊伸出。上臂應該自在地從肩膀垂下，不應離身體太近，也不應離身體太遠。雙肩應完全放鬆，與身體軀幹左右平衡。不應該讓它們前傾或後仰。

如果頭的位置恰當，臉就會與地板垂直。很多佛教的禪坐手冊都會說，如果頭部的姿勢夠正確，鼻尖就會與肚臍成一直線，兩耳也會與雙肩同一平面。下巴可以微微向內收攏，但不應太多，以免喉嚨受到擠壓。透過鼻孔呼吸。嘴巴應該閉合，上下兩排牙齒微微分開，舌尖輕觸上顎。這樣可以幫助調節唾液的分泌。眼微張，視線投置於身前兩、三英尺的地上一點。起初，你會有一種把焦點對準地板或前面牆壁的意向，但最好不要受其影響，將注意力回到你的修行方法上。

坐禪時常遇到的一個問題是感到昏沉，尤以長時間的坐禪為然（如禪期時）。若發生這種情形，我建議採取另一種跪姿。離開蒲團，雙膝跪地，大腿、臀部、上身保持完全的直立，小腿伸直向後，這樣，你整個身體的重量就會平衡地置於雙膝。雙手合十，置於胸前，指尖朝外。然後把心念集中在指尖上。

這些就是坐禪姿勢的基本指引。如果能正確遵守，你的身、息、心就會很快平靜下來，全身感到一種清新的自在感。

經行

雖然坐禪被認為是收攝散亂心和培養禪定的最好方法，但一個人總不能一整天坐著。因此，佛教另外開發出一些讓人在從事其他活動時（如走路、站立、躺臥或體力勞動）也能夠運用的修行方法。其中，最常用來配合坐禪的方法是「經行」。在長時間的禪修中，「經行」可以防止雙腿僵硬或疲倦。它也可以用來對治昏沉感和收拾散亂心。禪的傳統把經行區分為快步和慢步經行兩種方法。

慢步經行

慢步經行時，身體應該像坐禪時一樣，保持直立和警覺狀態，頭要直。踏步時，身體各部位都應該協調一致和專注，就像是單一的整體。身體和心念應該集中在踏出那隻腳的腳掌心，不可讓心念上浮。因此，每跨出一步，你的注意力和重心都應該放在兩隻腳連續不斷的動作上，周而復始。

右手輕握拳，左手抱著右拳，輕輕地，但要握穩。合抱的雙拳應稍微離開身體，放在與肋骨最下方齊高的位置。步伐應該緩慢而距離一致，每一步不應多於一隻腳或半隻腳的距離。眼睛微張，以四十五度角望著身前的地板，就像坐禪那樣。如果空間狹窄，可以沿著一直線來回走，或採取順時鐘的方式繞圈走（即右肩對著房間的中心）。

通常，坐禪時所使用的調心方法（數息和隨息等），是不會在經行時使用的，經行時只要把注意力全集中在前腳的腳掌心即可。不過，也說不定你會發現某些呼吸技巧對你有幫助。例如，讓呼吸與步伐協調一致：在踏出一步時吸氣，在踏出下一步時呼氣。又或者，如果你的步伐是極慢的話，可能會覺得在抬腳吸氣、落腳時呼氣是最舒服的。如果你還是希望在經行時數息，那最好是在呼氣時數數目，就像坐禪時那樣。總之，你必須要多所嘗試，才會找出哪一種步伐和呼吸的配合方式最有助於你培養專注。一旦找出最適合你的方式，最好是一以貫之，不要變來變去。

同樣重要的是，不要任意更換注意力的集中點，像是這一刻對準呼吸，而下一刻對準腳掌心。一般來說，把注意力集中在腳部是比較好的，因為它畢竟是移動時的主要憑藉，注意力會自然而然地放在它上面。

你也許會以為，像走路這樣的活動一定會妨礙獲得禪定的體驗，但這並不是事實。如果你全心全意從事慢步經行，也有可能像坐禪一樣，達到禪定的境界（雖然會比坐禪難）。

快步經行

另一種可以舒緩坐禪所帶來的腳痛和促進身心和諧的方法是快步經行。在中國的禪堂裡，這種方法被稱為「跑香」。如果是在戶外或大型的場地，修行者可以沿一直線向前走。但如果是在禪堂這樣空間有限的地方，可以採取順時鐘的方式繞圈走（右肩對著禪堂的中央）。老弱者可走內圈，而健壯者走外圈。開始時以中速前進，接著穩定加快速度。此時修行者的心中，除了走得更快的感受以外，不應有任何念頭。什麼都別想，就只是走！如果你在坐禪時感到疲倦或腳瘦，這是個紓解緊張和集中心念的好方法。

立禪

站著修禪的時候，兩腳分開，腳趾對齊，中間保持約一隻腳的距離。腳掌的外緣應該與肩齊。軀幹挺直，就像坐禪或經行時候那樣。全身直立而放鬆，從頭部、小腹至腳心。如果你的姿勢正確，就會感受到全身的重量都由骨架支撐著，穩穩地落在腳底上。讓手和臂放鬆垂在兩側。膝蓋絕不可扣緊，否則它們就會感受到身體的重量，很快疲乏。微彎反而可以讓身體重量更有效地轉移到腳底。就像慢走時那樣，注意力應該集中在腳底，安放身體力量的那個點上。

臥禪

臥著睡覺或休息時，右側臥是最好的方法。兩腿應該併攏，雙膝向前微彎。左手安放在左側身體和左大腿上，右前臂向前伸。這種臥姿能使你少夢、熟睡、消化良好、醒來時更有精神，而且不遺精。

仰面臥是你疲倦時重獲精力非常有效的方法。然而它只宜用於短暫的休息。使用這個姿勢休息時，應把全身肌肉放鬆，沒有任何一絲肌肉的牽動。

動中禪

禪宗常講：吃飯、洗碗、屙屎、撒尿、擔水、砍柴等日常事，無一不是禪。這道理涵義極深，是初學禪者不易明白的。不過，如果修行者能夠有固定的坐禪與經行，假以時日，就會發現定力在日常活動之中深化。只有隨著修行的深化，日常活動才會變得愈來愈精細。這就好比沒有親自騎過腳踏車的人，別人解釋得再詳細，也只是一個粗略的概念。要緊的是，不管從事任何活動，都應該投入全身心；不要想過去，不要想未來，只以緩慢而精準的動作，做你該做的。

有效禪修的先決條件：調息

呼吸時時刻刻與我們在一起，大概是我們所從事的活動中，最為連續不斷的一種，而它的韻律與我們的身心狀態緊密相連。做為一種生理覺受，我們可以說呼吸是介乎於身體的粗重感和心靈的精細感之間。吸氣和呼氣的循環活動影響我們整個人，它可以是相當急速和混濁的，就像我們粗重的身體那樣，但也可以順暢和微細得有如非物質般，就像心靈那樣。由於呼吸對我們的身心狀態如此重要，所以亞洲的修道系統歷來都很注重調整呼吸的技巧，並且認定，人體生理和心理的運作與呼吸的氣息，有著依存關係。同時也認為，呼吸在微細的層面上，就是生命的元氣，這種元氣，在中國稱為「氣」，在印度稱為prāṇa，在日本稱為ki。

一般所謂的「呼吸」，是指普通人每分鐘十六到十八次吸氣和呼氣的循環。

「息」就是從我們口鼻出入的空氣，它可以活化我們的身體。但對有經驗的修行者而言，「呼吸」和「息」的意義並不僅於此。修行者在坐禪時的呼吸會逐漸變慢、變深、變長，並且變得非常精細微妙。

事實上，如果你觀察這種呼吸的時間夠久，就會發現身體所給予我們的束縛感，有很大部分來自淺而迫促的呼吸。隨著呼吸變得深長與和諧，身體的管道就會大開，這時身和息在感覺上就像是非物質的，就像是純粹的能量，就像是心一樣。這種能量被稱為「氣」。它是一種極為精細微妙的呼吸，與平常的呼吸大不相同。這種狀態可以刺激血液循環和精力，讓人感到像是有一股「氣」周流全身和自由進出每一個毛孔，滋潤它碰觸過的任何部分。一般人大都感覺不到這種氣的存在，更別說可以達到如此精細微妙的一種呼吸方式。但任何透過修行有過這種體驗的人，一定都會覺得那是一種福報，讓人感恩！

呼吸的方式

打坐時，呼吸會從粗糙的狀態引領入精細的狀態。我們把呼吸區分為四種，它們處在一條連續的線上：㈠風；㈡喘；㈢氣；㈣息。

所謂的「風」，是指經過激烈運動後出現的急促呼吸；這種呼吸的強度和速度都像颶風，故名。此時完全不宜修行打坐。「喘」是我們感到精神緊張時出現的不規則和不由自主的呼吸；身體因病而疼痛時，也會出現這種呼吸。「喘」的狀態也不適合打坐。要躺下或坐下休息至平靜舒暢後，始可打坐。

「風」和「喘」都不是正常的狀態。第三類的呼吸稱為「氣」，是指普通人的平常呼吸。在這種狀態下，每分鐘會呼吸十六至十八次。如果靜靜聆聽，你可以聽見自己的呼吸聲，不過它是放鬆和自然的，這是對打坐者最低的要求，也是安全的呼吸速度。不過，在打坐的過程中，呼吸將獲得放鬆和進一步的和諧，這時「氣」就會進入第四種也是最精細的狀態——「息」。

「息」是培養禪定狀態的最佳條件。但「息」又可以進一步分成四等：㈠

鼻息；（二）腹息；（三）胎息；（四）龜息。

打坐時，嘴巴是閉起的，透過鼻孔來呼吸。起初，當你還處於平常的呼吸狀態時（也就是「氣」的狀態），會聽得見自己的呼吸聲。在「息」的第一層（鼻息），呼吸的節奏和速度與「氣」相同，但卻是聽不見呼吸聲的，而且沒那麼用力。謹記不要把想像的速度和精細度加諸於呼吸，讓它自然變化就好。應該讓呼吸完全按照肺的自然運動進行。如果你刻意去控制呼吸，就會使呼吸變得不自然、變快或變慢。如果變快，會引起頭暈；如果變慢，會引起胸悶。如果出現這些症狀，就表示呼吸受到壓迫。所以應該要放輕鬆，讓呼吸自行找到最適合它的韻律。

在「腹息」時，仍然是用鼻孔呼吸，但這時你會清楚感覺到，呼吸的重心不在肺部，而移至小腹了。初學者如果感覺不到這一點，不宜勉強用控制及壓氣的方法，把吸入的空氣壓入小腹。通常學打坐的人，經過一段時日之後，呼吸必然自動地通過橫隔膜而到達下丹田（也就是位於小腹的能量中心）。發生這樣的情形時，你的身和心會突然感覺相當柔軟、輕盈和自在。呼吸會逐漸變慢、變深與變長。一種自然和自發的呼吸韻律會逐漸從小腹深層發出，而當這種韻律穩定下來以後，你會感覺呼吸輕柔地周流瀰漫到全身，打通每一個阻塞，讓每一個細胞充滿活力。

胎兒在母體內時，不用鼻孔呼吸，是藉著臍帶與母體相連的循環系統來呼吸。當呼吸從腹息進入更深一層的微細度，呼吸從鼻孔出入的感覺就完全沒有了。這時，身、息、心會融為一體，每一個毛孔都會張開，成為呼吸的器官。不管這只是一種感覺還是事實，修行到這個境界的人，就像母體裡的胎兒那樣，會感覺自己的呼吸毫不費力地從四周吸納而來。這就是胎息。

「龜息」的名稱，來自傳說中一種極長壽的黑龜。根據傳說，如果你把這種龜埋在土裡，即使沒有食物、水和空氣，牠仍然可以活好些年。當你的修行夠深，就會感覺到呼吸似乎已全部停止，但生理系統仍然運作如常。這時候，你的禪修境界介乎胎息與龜息之間。一旦到達龜息的真正狀態，修行者的身體就會自成一個小宇宙，以體內的氣自給自足，不必再從體外吸取氧氣來供給體能的消耗了。你會感到體內有充沛的能量源源湧出，不花一點氣力，身體就可獲得浸潤滋養。

上述由粗至細的呼吸狀態，是一個自然的漸進過程，任何持之以恆的修行者都可以體驗得到。根據這幾種狀態，你將能夠評估自己修行的效果與進展度。但這也可能是有害處的，因為你說不定會為自己設定不切實際的期望，或者會因為急著進入下一個階段而焦慮。這些階段都必須是自然發展出來的，不能加以人為造作。你能夠先把鼻息鍛鍊好，假以時日，自然而然就會出現腹息。

有效禪修的先決條件：調心

一旦修行者能把身、息、心調攝好，那「定」和「慧」的境界就指日可待。佛教歷來開發出很多培養「定」和「慧」的方法，每一種都是用來對治特定的障礙，讓心可以依自己原有的道路發展。不過這些方法所根據的基本原則是一樣的：致力離開一般的散亂和粗糙狀態，將心純淨化，藉著集中力來達到統一心，最後洞見「無心」或「無念」。

平常人的心就像鐘擺一樣，經常擺盪於兩種極端的心靈狀態：散亂和昏沉。一個人在體力充沛時，對外六塵反應活躍，對內思緒極多，不易安靜，更不易凝定——要不是這樣，我們就不會在無事可做時感到寂寞無聊，幾乎人人皆然。另一方面，我們在精力疲憊時，又會陷於昏沉呆滯——要不是這樣，我們在工作了一整天以後，就不會有休息的需要。

前一種心是散亂，後一種心在昏沉中，兩者都是修禪者的大敵，每個修禪的初學者都應該學習如何防備並控制它們。

輕微的昏沉是可以對治的，像是睜大眼睛或把注意力集中在眉心都是好辦法。但對於重度的昏沉，最佳對策是乾脆暫停打坐，閉上眼睛睡上一會兒。不過，可別養成習慣，只有一點點昏沉就馬上停止打坐、跑去睡覺！

打坐時最大的障礙就是散亂心，而大部分調心的方法都是用來對付這種情況的。佛教典籍裡記載著很多這一類方法，各有不同的內容和步驟。不過，這些方法雖然不同，目的卻是一致的，那就是把散亂心帶到統一心的狀態，最後再帶到無心的狀態。為了幫助理解，我喜歡用一組七幅的圖來向學生說明不同專注程度的心靈狀態。但並不是說每一幅圖所描繪的狀態，都是修行的人一定會經歷到的。禪修進程的個體差異性是非常大的，不能用僵硬的架構一以概之。我所提供的算是修禪定進程的大綱，讓修行者可以在某種程度上判斷自己的修行有沒有進步。

佛教的老師一般會視學生不同的性情氣質，和禪修的需要，教導他們不同的修禪技巧。稍後，我們將會介紹部分的技巧。以下，在談修行進程時，我將以「數息」（即數呼吸）的方法為範例。「數息觀」是佛教修禪的一個傳統方法，用來對治散亂心最是有效。因此長久以來，它都是佛教老師喜歡推薦給初學者的方法，而它也是各種修禪方法的基礎。

修行七階段

一、未修行前的散亂心

在還沒有運用數息的技巧進行修行以前，因為沒有集中心力的對象，心念會隨著現前的外境和自身的感受而擾動，或回憶過去，或推想未來，千變萬化地起伏不已、生滅不斷。圖中那些隨意分布的黑點，代表的是雜亂的念頭和感受，彎彎曲曲的斷線則代表遊走不定的注意力。

二、經過初步修行後的心

剛開始運用數息的技巧時，你的注意力常常會游離至呼吸和數字之外。又或者會有很多相關的念頭侵擾你，像是擔心數字或呼吸會亂掉之類。不過，此時你最少已可以把心思集中在數息一段短時間，雖然這時間通常不會持續太長。然而，經過反覆不斷把注意力拉回到方法上面，你遊走的思緒會逐漸受到控制，注意力也會開始穩定下來，可以保持連續不斷的時間愈來愈久。圖中間的斷線代表的是正在成形中的注意力，也就是說，心已經開始集中在方法上了。分布在線兩邊的點或短線，代表的是雜念和分神。不過，圖中央那條連續性愈來愈強的斷線，反映出注意力已經開始取得控制權。

三、保持專注但仍然粗糙的心

到了第三階段，你數息已能連續不斷達十分鐘以上，但仍有許多妄想雜念，伴隨著數息的正念。不過，這些妄想雜念雖然有時會讓注意力發生短暫的搖擺波動，卻不足以完全打斷你對數數目和呼吸的專注力。圖中央那條彎曲的實線，代表的就是在時間中連續不斷的注意力之流。實線兩旁的黑點和偶一出現的短線反映出雜念和妄念仍然會間歇性地入侵你的意識中。

四、保持專注而且精細的心

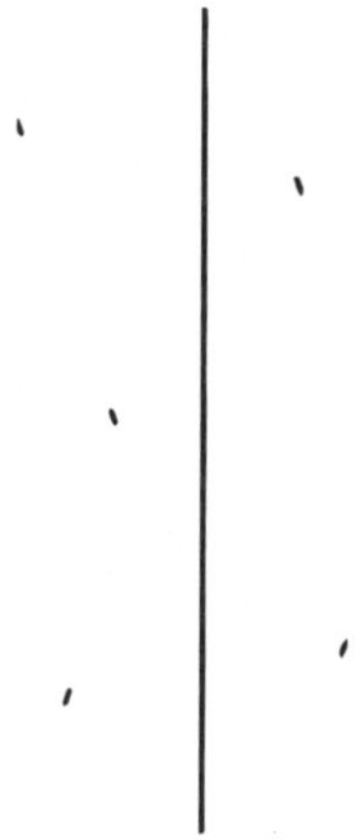

正如前一階段一樣，在本階段修行者的注意力是持續不斷的，但與前一階段

不同的是，雜念此時已大大減少，幾乎不會因外境而分神。妄念偶爾會從你心中生起，進入意識之中，但很快又會滑走。因此，圖四所代表的，是一個心的專注程度比圖三來得深細的階段，此時你的意識會相當清明，而且穩穩固定在方法上。在一個雜念生起時，你會從頭到尾清楚意識到它的掠過，但卻不為所動，因為此時你的專注力已深得並且強得非雜念所能牽動。

五、清淨但仍須使力保持專注的心

在圖五中，唯一剩下的符號就只有代表數息的直線，既沒有因外境引起的雜

念，也不再有內在思緒產生的妄念。不過，這時修行者仍然會清清楚楚意識到自己正在修行。這種意識可以分為三個部分：意識到有一個自我在數息，意識到所數的呼吸，意識到被數的數字。此時，修行者的專注是純粹和統一的，但仍然需要在方法上使力，以維持這種狀態。雖然其他外在的干擾消失了，但上述三種意識仍然持續不斷：吸氣——呼氣——數數目，吸氣——呼氣——數數目。因此，如果仔細觀察，就會發現代表持續注意力的那條線，事實上是由三條線共同構成的。這時候，修行者其實已到達定境或統一心的台階前了。

六、定境中的統一心

在第六個階段，你的心念已經專注異常，以致於方法——數數目和呼吸，都不見了。這時的心是完全平靜與專注，用方法是相對地粗而費力。放下方法，數字與呼吸消失，身、心與息融為一體。這時候，你會覺得身、心、世界的區隔都沒有了；人我的對立消失了；客觀主觀的界限也不存在了。那是一種統一而和諧的境界，美妙得無法形容。

這就是「定」的基本體驗，也就是我們前面所說的「禪定」、「一心」或「心一境性」。然而，「定」有很多層次，有些較淺，有些較深。最淺的定境就是我們上述所描述的那種清淨和統一的體驗，但在最深的定境，人可以體驗到光音無限、空無邊處、識無邊處、無盡空，甚至體驗到《華嚴經》所描述的那種不可思議的境界。

不過，不管你在定境裡體驗到的有多崇高，這種狀態仍然是有染的，而根本的染源就是最深細深層的「自我」。在定境較深的層次，心會變得極端柔韌有力，以致於最微細的心念，都會被它放大到最大。由於我執仍然存在於定境中，因此定境會把「我」放大到宇宙的規模。在定境中所感受到的那種無限意識、喜悅、存在和感受，不過是我們所說的「大我」或「膨脹了的我」的投射。除非可以把這個特定的障礙祛除，否則開悟是不可得的，因為自始至終仍困在虛妄的存在裡。這樣的定境，只是一種「世間禪定」，而從中得到的心靈洞察，也不過是有漏的「世間智慧」。

七、無我、無心

在第七個圖裡，既沒有代表注意力的線或代表念頭的黑點，也沒有任何的符號標記。因為修行到這階段，身、心、世界都全部不見了，時間與空間都粉碎了，存在和不存在的感受消失了。你進入了一個虛空寂靜的境界，那是超越了一切主觀感受和觀點的境界。這是「出世間定」的境界，也是體悟「無心」的智慧境界，從虛幻的「我」解脫自在了。它是無法形容的，所有的文字和圖像全無用武之地，但你卻可以嘗到真正自由與安詳的滋味。

但就像「世間定」的體驗一樣，「出世間禪定」也是有很多個層次的，而對於「無心」或「無我」的觀照，也有不同程度的深淺。在一些層次裡，根本惑與根本煩惱只是數量減少了或暫時停息，而在高一點的層次，它們也許被斬斷了，但只是部分斬斷。在所有這些層次，對「空」或「無心」的體悟在本質上都是一樣的，但其強度與明晰度卻有所不同。

要說明這一點，我們可以打個比方。假設你困在一口古井裡，而井口覆蓋著木板和沙土。如果有風吹過，把一些沙土吹走，你就有可能透過木板的縫隙，看到一些陽光。不過，如果有人把沙土全部掃走，又掀起一片木板，你就可以看到更多的陽光。又如果你被人從井中救了出來，那你看到的將是整個太陽。然後，再想像你自己變成了太陽。在這幾個情況下，你看到的陽光本質上都是一樣的，都可以稱為「明」，但程度卻有巨大的不同。

同樣的道理也適用於對「空」和「無心」的體驗上。當你第一次洞見無心時，這種覺照和佛的開悟在原則上是一樣的，因為你看到了佛心、知道了它的特性，也培養出堅定的信仰，相信這佛心是眾生本具的。儘管如此，這個體驗和佛的完全圓滿證悟——也就是佛性的全幅體現——仍存在著巨大的差異。事實上，佛教傳統對悟境有林林種種的描繪和區分，從小乘佛教的「四果」和「阿羅漢」觀念到大乘佛教對菩薩階位的十分法、十三分法、四十二分法、五十二分法，不一而足。

第二部

漸法中的三無漏學

第三章　佛教的戒律與禪修

《華嚴經》說：「戒是無上菩提本。」①因此，佛教的根本精神，即在於戒律（道德規範）的尊嚴，顯現於佛教出家人的生活中，也是弟子們重要的行為持守；所以，凡為佛子，不論在家，或者出家，一進佛門的第一件大事，便是受戒。否則，即使自稱信佛學佛，也是不為佛教所承認的；換句話說，仍是一個門外漢。

佛教的戒律，因為佛子身分和類別的不同，所以也分為不同的種類和級別。最基本的區分是「在家」（優婆塞 upāsaka、優婆夷 upāsikā）和「出家」（比丘 bhikṣu、比丘尼 bhikṣuṇī）二眾。在家人所受持的戒，共有四種：

一、三皈戒。

二、五戒。

三、八關戒齋。

四、菩薩戒。

出家人所受的戒共有五個層次或五種：

一、沙彌（śrāmaṇera）及沙彌尼（śrāmaṇerikā）十戒。

二、式叉摩尼（śikṣamāṇā）戒。

三、比丘尼戒。

四、比丘戒。

五、菩薩戒。

就像三皈戒和五戒一樣（這兩種戒是在家人經常一起領受的），從沙彌及沙彌尼十戒到比丘戒（比丘尼戒）的次序是固定的。當然，這個次序是以三皈戒為起點，儘管這裡並沒有把它們明列出來。首先是沙彌及沙彌尼十戒，它們是在一個人接受出家儀式（pravrajya）時同時領受的，受過戒後，他（她）就會進入一個觀察階段。第二組戒是為式叉摩尼而設，所謂的式叉摩尼是沙彌尼和比丘尼中間的一個觀察階段。第三和第四組戒則分別為比丘和比丘尼而設，又稱為具足戒（upasampadā）。受過具足戒以後的僧尼，就會被僧團承認為真正的「成年人」。最後一組戒稱為菩薩戒，它是在家人也可以領受的。

對所有佛子而言，受三皈戒是走上佛道第一個也是最基本的行動。在接受三皈戒時，要有一個受過具足戒的比丘或比丘尼在場，而你要誓願皈依三寶：佛、法（即佛陀教誨）、僧（即僧團 saṅgha）。有些人認為，三皈依只是一種信仰的表白，不應該被視為戒。但事實上，三皈依都是戒。戒的其中一個特徵就是它帶有禁制性，而三皈依正好都是帶有制約性的。誓願皈依佛，你就等於發誓此生不皈依天魔外道，而以佛為理想典範；發誓皈依法，你就等於發誓此生不信外道邪說，認定只有佛法是真道。發誓皈依僧，你就等於發誓此生不投靠外道徒眾。因此，皈依佛、法、僧三寶，包含著你願意接受一種基本的制約。

「五戒」是：（一）不殺生；（二）不偷盜；（三）不邪淫；（四）不妄語；

（五）不飲酒、不吸食麻醉毒品。前四戒所涉及的四種行為（殺生、偷盜、邪淫、妄語）被認為是對佛教傳統的嚴重冒犯，在僧律中稱為「波羅夷」（pārājika，即根本重罪）。僧尼一旦被發現犯了其中之一，就會被逐出僧團。因此，這四種行為都是所有佛子需要高度警惕的：它們是佛教的道德觀、價值觀與心靈成長的根本。至於第五種行為，也就是喝酒、吸食麻醉毒品，則只有在它會讓人神智不清、有觸犯其他四戒之虞的時候，才被認為是重罪。因此，相較之下，它的嚴重性要低於前四種行為（但這不代表它不嚴重）。

犯了殺、盜、淫、妄這四大罪，不但是對別人做了可怕的行為，同時也動搖了自己的正直與誠信，損害了心靈成長的根基。從業的觀點來看，這些行為對行為者所帶來的後果也是毀滅性的，因為它會讓人產生很多惡業，結果輪迴為畜生、餓鬼或落入地獄。在這些低等、混濁的惡道中，心靈和精神的機能嚴重受損，苦難深重，讓人難以產生回返善道的業因和業緣，更難於接受佛教的教誨。但反過來說，如果我們能夠持守五戒，將可以預先消除輪迴到惡道的可能，保障重生在一個更有利於修行佛法的環境，最好是在人道。除此以外，五戒還可以幫助我們建立一個能帶來良善共業和精神成長的環境。

單從人類的觀點出發，五戒也概括了健全社會必須具備的基本條件。如果殺人、偷盜、邪淫、說謊和酗酒是被容許的話，那將沒有一個人可以與另一個人生活在一起。因為容許這些行為的存在，將會在人與人之間造成猜疑與暴力，讓每個人都像一座孤島。如果人們想生活在和平與和諧中，五戒所禁止的行為，就一定不容許存在。謹守這五戒，是一個端正人的最起碼的條件。

因此，從各方面來說，五戒都是個體和集體離苦的基礎。沒有它們，傳統的佛法將無法延續，而個體也無從為解脫而努力。

人在世界上有很多「道路」可以選擇，不管是精神方面還是其他方面的。如果你的行為像是畜生或餓鬼，你就會變成畜生或餓鬼；如果你的行為像人，你就會變成人；如果你的行為像佛，你就會成為佛。這是一個方向和選擇的問題。五戒是通向成佛的門，也是所有心靈成長修練賴以奠基的磐石。因此，連同三皈，五戒乃是出家和在家生活的根本。

佛教的其他戒律基本上都是由五戒所勾勒的基本道德綱領發展而成。不管是沙彌及沙彌尼十戒、比丘的兩百五十戒還是比丘尼的三百戒，全都是從五戒出發，不同之處只在於它們更詳細地規定出家人應該注意的各種事項。「八關戒齋」則是在五戒之外再加上三條一般只適用於出家生活的戒條：（六）不著香花鬘，不香油塗身；不歌舞倡伎，不故往觀聽；（七）不坐臥高廣大床；（八）不非時食（即過中午後不進食）。另外值得注意的是，八關戒齋中的「不淫」，乃是對五戒中「戒邪淫」的重新詮釋，因為「戒邪淫」本來只針對不合社會規範的性行為而設，但「不淫」則是進一步規定人應避免一切以及各種形式的性行為。

其實，這八條戒就是「沙彌及沙彌尼十戒」的前九條。所不同的是，沙彌或沙彌尼必須終身受持這些戒，但俗家弟子只需要在特定時間遵守就可以。②根據佛曆，每個月都有六天需要遵行一些特別的宗教規定（稱為六齋日）。這六天是陰曆每月的初八、十四、十五、二十三及月底最後兩天。在這六天，俗家弟子除了要守八關戒齋之外，還常常會參訪佛寺，參加佛法講座或修行法會、禮佛和供奉、讀經或誦經，以及參與其他可以修功德的活動。「八關戒齋」這個名稱，意旨「可以關起生死之門的八種戒法」。而之所以其中有一個「齋」字，緣於在六齋日當天，俗家弟子也會像僧團中人一樣，遵守中午過後即不進食的戒條。③

五戒固然可以為我們關起通往三塗（地獄、餓鬼、畜生）之門，打開重生為人或天人（deva）的道路。然而，單憑其本身，五戒是無法讓人從生死輪迴中解脫出來的。但八關戒齋卻不同，因為透過積極的禁絕欲念，它可以關起輪迴之門，並打開解脫之門。而沙彌及沙彌尼十戒和比丘戒（比丘尼戒）則進一步指出想要入涅槃斷生死的最佳道路（入涅槃斷死生乃是小乘的最高理想，到達這種境界者被稱為阿羅漢）。菩薩戒則是更進一步，為發心修大乘菩薩道的人提供依循。

對人乘佛教的修行者來說，最高的理想是證得無上正等正覺（anuttarā-samyak-saṃbodhi），也就是證佛道。大乘行者，不修也不證阿羅漢果，以對三寶的信心與理解，向佛陀本人學習，而證佛道。為了達到這個無比崇高的目標，我們要努力修慧（jñāna）和修福（punya）。透過這種福慧雙修的修行，我們就可以為自己和他人帶來心靈上的裨益。這種修行的內容，正是菩薩戒為修菩薩道的人所制定的，它們可以歸納為「三聚淨戒」。成佛乃是行菩薩道的果，就像比丘戒或比丘尼戒可以為想要斷生死入涅槃的人指出道路一樣，菩薩戒也為想要得佛的大智慧、大慈悲的人指出道路所在。

梵文裡bodhisattva（菩薩）一詞，是由「覺」（bodhi）和「有情」（sattva）兩個單語組合而成（「有情」是指有情愛及情識的生命）。從這一點，我們可以說「菩薩」有四層基本意義：（一）菩薩是一個發心「上」求無上覺的有情；（二）他發心求無上覺，是為了「下」化一切有情眾生，使之皆得無上正覺；（三）他自己已悟見了覺的本性；（四）他也要使得一切有情眾生都能悟見各自本具的覺性。總合起來說，所謂的菩薩，致力的是上求佛道以自覺、下化眾生以覺他。另外，佛性或覺性都是眾生本具的，所以究極來說，菩薩不管是對自己還是對別人，都是沒有什麼可以施或受的！這就是真正的慈悲。

也許有人會懷疑，大乘傳統裡的菩薩或是發心者既然自己還沒有實際體驗過覺性，又要怎樣幫助別的有情體驗覺性呢？如果他們自己都未達開悟之境，又要怎樣幫助別人達成這一點呢？被這一類問題嚇倒的修行者通常會有兩種反應：一是把重點完全擺在對佛的信仰與禮拜上；另一則是單單把修行的重點放在培養觀空的智慧上，避免去蹚苦海的渾水。這些反應都是可以理解的，因為我們畢竟都只是人。如果我自己不懂得游泳，又憑什麼教別人游泳？有一類人會說：「這件事讓救生員來做吧。」另一類人會說：「等我們先鍛鍊成為奧運游泳選手以後再說吧！」

事實上，如果你想解救溺水的人，就不能只是站在岸上。相同的，如果你想學游泳，唯一可以練習的地方就只有水裡。不管大海看來有多可怕，但你就是非跳進去不可。因此，菩薩道必須在生死輪迴的苦海裡實踐。為了達成菩薩的目標，我們必須強化自己的力量與技巧，才不會在生死的海洋裡溺斃。我們不能全然依賴諸佛的力量解救，也不能一直等到自己完全證得無上正等正覺才起而行動。我們要做的，是在此時此刻就開始培養方向感，奠立堅定的信仰與願景，萌發無邊的愛和慈悲，以及鍛鍊對空性的悟見力。擁有這四種裝備，就可幫助自己和別人減少煩惱執著，向著佛的最高智慧邁進，體認至高的空正見——一切眾生與一切現象是緊密相連的。能引領我們走上這條道路，並且步履堅穩前進的，正是菩薩戒。

《梵網經》（*Brahmajāla Sūtra*）上說，菩薩戒「是諸佛之本源，菩薩之根本；是大眾諸佛子之根本」。不行菩薩道，雖信佛而永不能成佛；要行菩薩道，須受菩薩戒，所以菩薩戒是一切諸佛之能成佛的根本。

值得一提的是，菩薩戒原是不分僧俗、一體適用的。但在中國，傳統上只把此戒授予僧尼。嚴格來說，菩薩戒與菩薩的角色都是超越於僧團組織的七分法之上（七分法是指優婆塞、優婆夷、沙彌、沙彌尼、式叉摩尼、比丘、比丘尼，又稱「七眾」）；也就是說，菩薩角色是不受特定的社會與制度的分類所囿限。因此，根據佛陀的教誨，非人的眾生一樣有資格受菩薩戒。

菩薩戒的內容可以歸納為「三聚淨戒」。所謂的「三聚淨戒」是：

一、攝律儀戒。

二、攝善法戒。

三、攝眾生戒。

從佛經的觀點來看，小乘的僧戒只有積極防止惡行的作用，卻沒有積極促進善行的作用（只有消極的促進作用）。也就是說，雖然它們禁止殺生，卻沒有鼓勵人去救生。與此相反，菩薩戒不但積極禁止惡行，也積極鼓勵善行。可以說，菩薩戒同時包羅了僧律的禁制精神和開悟的積極精神，也涵蓋了學佛修行追求自我解脫，及幫助他人解脫的菩薩精神。「三聚淨戒」也總持了〈四弘誓願〉的精神（〈四弘誓願〉是僧俗每日都會反覆念誦的四個大願）：

一、眾生無邊誓願度。
二、煩惱無盡誓願斷。
三、法門無量誓願學。
四、佛道無上誓願成。④

在近代中國，菩薩戒的內容悉依《梵網經》的「十重戒四十八輕戒」為綱本。由於這部經的戒條都是以幫助別人得度為目的，因此一般認為，有資格受這些戒的人，並不是非有特殊的宗教身分不可。因此，傳統上，它們對在家人和出家人是一體適用的。然而近年來的臺灣佛教界卻開始在僧俗之中加以區分，認為只有前者有資格受《梵網經》的「十重戒四十八輕戒」，而在家人則只該受《優婆塞戒經》裡的「六重二十八輕戒」。會做成這種區分的一個主要原因，是臺灣佛教界把《梵網經》裡對性行為的禁制，解讀為保持僧團貞潔的一種方式。事實上，這種作法有再商榷的餘地，因為《優婆塞戒經》裡明明白白告訴我們，「六重二十八輕戒」雖是菩薩戒的根本，卻不等同於菩薩戒本身。⑤

換言之，菩薩戒不對俗家人和出家人加以區別。他們在菩薩道上都是平等的。另一方面，佛教所說的眾生平等，只是在立足點上指眾生本具佛性的平等，而不是說他們在因緣面前是平等：老與少、尊與卑、前與後這些分別是不會自動消失的。佛說人皆可成佛，因為眾生本具佛性。話雖如此，但在還沒有把內在的佛性展現出來以前，在未完全認知了然自己的覺性之前，有情畢竟只是有情，還不是佛。也因此，佛教的戒律才會有三皈戒、五戒、十戒等等不同層次和階段的區分。

三皈是基本戒，而菩薩戒和比丘、比丘尼的出家戒則是所謂的「具戒」（或具足戒）。一個人接受了三皈，並不代表他自自然然就會符合菩薩戒和比丘、比丘尼戒的道德要求。更重要的是，沒有一個菩薩或比丘、比丘尼是沒有先接受過三皈的。由此可見，三皈只是通向成佛道路入口的一個初階。出家戒和菩薩戒才是真正可以讓人走入佛門和走上佛道的方法。

據說，所有的佛（包括過去世、現在世、未來世的佛）都是以人身在人間成佛的。這樣做的時候，他們都表現出了比丘的儀態風範。因此，任何決定領受三皈戒的人，都應該努力去領受五戒。相同的，一個受了五戒的人，也應該精益求精，領受菩薩戒。領受菩薩戒之後，如果他能夠下定決心出家，那將是一件無量功德。但如果一個人無法斬斷世間的糾纏，不能出家的話，他仍然應該受持八關戒齋，以打開離開生死輪迴的門。不管怎麼說，一個人都不應該以為只要信佛或皈依三寶，成佛之路就完成了。

受戒的時候，很重要的一點是需要有正確的受戒儀式，而這有兩種方式。一般來說，一個人首先應發殷重懇切之心接納戒體，接著在授戒師和僧團證盟下，在心田種下因地或本誓的種子，這對未來成就佛果而言是必要的。如果沒有授戒師或見證人在場，受戒者就應該在佛或菩薩的像前禮拜和懺悔，直至感受到瑞相出現為止，包括看到祥光或花鬘，或看到佛菩薩顯現授戒等，這些都是受戒獲得認可的信息。

然而，對佛子來說，受戒只是一個開始。受戒之後，他還必須鑽研（學）戒的內容，並身體力行。中國禪門子弟每天都會念誦的〈四弘誓願〉中，第三願是「法門無量誓願學」。什麼是「法門」？學它又會帶來些什麼？「法門」就是進入佛法的一扇門、一個方法、一個途徑。學一個法門，無非就是學佛所學，行佛所行，以期證佛所證。而佛教的戒律，本身就是一個廣大的法門，可以教人怎樣去學佛所學，行佛所行，而至證佛所證。

也許會有人不解，戒之為物，是在防非止惡，亦如社會的規約及國家的法律一樣；戒是禁止，禁止佛子不得作惡，但是佛教的戒條有限，最少的只有三條，最多的比丘尼戒，也只有三百多條，極為有限，又是禁制性的規範，哪裡能夠統攝一切法門呢？

其實，佛教的戒律，禁止作惡，也規範不作善。當作要作，稱為「作持」，如果當作而不作，便是犯戒；不當作的不可作，稱為「止持」，如果不當作而去作，同樣是犯戒。

一般的人，對佛教戒律的認識，只知其有防非止惡消極的一面，卻未看到尚有眾善奉行積極的一面。如果一個人從整體佛法的功德上去理解戒的性質，就會明白到，像五戒這樣的規制，事實上是包含著深廣的正向心靈和道德理想。佛教其中一個最古老和最受尊崇的宣示就是：

諸惡莫作，
眾善奉行，
自淨其意，
是諸佛教。

——《法句經》（*Dhammapada*）

五戒是佛教戒律之中最簡單的項目，但也是一切佛戒的根本，故稱五戒為「根本戒」。無論是八關戒齋、十戒、比丘戒、比丘尼戒，乃至菩薩戒，無一不是根據五戒引生的，也沒有不將五戒列為重戒的。所以一切戒中，以五戒最重要。五戒不學好，一切戒都無從著手；五戒持得清淨，其他的戒也就容易持了。

乍看之下，持五戒是最普通最簡單的事，但仔細研究了五戒的內容之後，便知道並不如一般人所見到的那麼簡單和輕鬆了。弘一大師（一八八〇～一九四二）是近世的高僧，並以學律持律聞名，但他卻自認為他非但不夠比丘的資格，也不夠沙彌的資格，甚至還不夠一個五戒滿分優婆塞的資格！想想看，連這樣持律謹嚴的高僧，竟還不敢以滿分的五戒淨人自詡，降至一般而下的人們，誰還敢以五戒清淨自居呢？

在此必須明白，弘一大師的自我評價，絕對不是因為他破了根本大戒，而是說五戒的微細部分，無法顧得周全的意思。任何已受戒的人都應該把這一點謹記於心，以防止驕傲自滿，以為自己已經是個佛的清淨追隨者。受戒以後，應該把戒鑽研得徹底。受戒而不學戒，就不知道戒律的嚴正和神聖。不過，受戒和學戒的目的是在持戒，如果受而不學，那是傲慢又愚癡；如果學而不持，那就是說食數寶，這是更加愚癡傲慢。

為什麼需要戒呢？俗話說：「鋼刀雖利，不斬無罪之人。」理論上，一個國家的法律對於守法的公民，根本是不起作用的。但要維護守法者的安全和利益，又不得不設置法律，因為社會及人類之間的害群之馬，並非不存在。同時守法與犯法的界線，也僅在於一念之間，為了警策大家，不要闖過十字路口的紅燈，所以要有法律。

佛教之有戒律，也是如此。佛陀成道以後的最初數年之中，根本沒有戒律，因為初期的佛弟子們，都以善心出家，他們的根器也特別深厚，往往聽到佛陀的開示以後，即使僅是三言兩語的點化，便能立即證入聖果。所以初期的僧團，用不著制定戒律來約束大家，大家本來也就是清淨的。直到佛陀成道的第五年，才有比丘因為俗家母親的緣故，與原來的妻子犯了淫戒，佛教的戒律也就從此陸續制定起來。這是為了維護僧團的清淨莊嚴，也是為了保護比丘們的戒體不失。

但戒的最大功能並不是為了維護僧團，而是斷絕生死道中的業緣業因。佛經中有云：「欲知過去世，今世受者是；欲知未來世，今世作者是。」要是我們不造生死之因，即便是在生死，生死之中也找不到我們的蹤跡，心中也無尋求解脫出離的意念。所以戒律的制定，不是佛陀對於弟子們的一種束縛，實是佛子的解脫道，也是僧團的防腐劑。

總的來說，我們可以說戒律具有兩大功能。首先，戒可以關閉痛苦業報之門，促進心靈與行為的清淨，讓我們達到解脫。其次，它可以保持僧團的秩序與清淨，讓僧團繁榮茁壯，做為啟發社會的精神楷模。

戒具有維持宗教團體秩序與紀律的功能，這是很容易理解的。至於戒與修行之間的密切關係，就不是那麼顯而易見了。人們也許會這樣想：「禪修的目的，在於幫助我們達到開悟和解脫，讓我們可以活得自發和自由。但戒卻是禁制性的。這兩者不是南轅北轍嗎？」

沒有錯，開悟代表的就是一種自發和無拘無束的自由，體認到這世界的所有一切都是現成美好、圓滿的。尤有甚者，佛教告訴我們，這種覺性乃是我們和周遭一切所本具的。因此，對於自己和世界，我們沒有什麼好移除或增加的。不過，在理論上明白這一點與生活中的真實體認，這之間卻存在著巨大的鴻溝。活得自發和自由，說起來比做起來要容易，因為我們根本一點都不知道何謂自發和自由。正因為我們的心是如此複雜與不受控制，我們才需要藉由紀律來限制和純化我們的生活，以根除貪、瞋、癡這些會壓抑真正自由的習性。五戒可以把我們從焦慮中釋放出來，提供修行一個穩定的情緒空間，讓我們端正生活，與周遭的人建立良好關係。加以適當的澆灌，這種寬敞感和自在感是可以直接發展為禪定的。對比丘和比丘尼來說，這樣的體驗就更深切了，因為他們所有的執著都被斬斷了。誠如《沙門果經》（*Sāmañña-phala Sutta*）所言：「其比丘奉是賢聖戒，第一知足，其心寂定。」

戒的另一個重要功能是做為禪行者的保護傘。沒有戒，一個人就像是會漏水的水桶。每一天透過修行，清淨之水會灌注到這個水桶裡，讓你感受到堅強和精力充沛。但除非你能固守於戒，否則你的精力就會以各種具毀壞性的方式散溢，為自己甚至他人帶來傷害。如果貪、瞋、癡繼續增加，你就不能說自己修的是佛道了。

第四章　五停心觀

關於「定」和「慧」的修持，佛教典籍介紹了很多不同的方法。小乘、大乘和金剛乘各有自己的系統，其中最有名的兩組方法是「五停心觀」和「四念處」。若有需要對小乘與印度大乘的修行法做一概括的說明時，中國的法師常常會拿這兩組方法做為範例。它們合在一起是很好的導論，有助於理解各種形式佛教修行法背後的共同原則。

簡單來說，「五停心觀」是五個淨化內心波動的情緒、促進禪定的方法。禪的安定力在中國又稱為「止」。「止」這個字有「停止」、「使之固定住」的意思。因此，「五停心觀」就是要終止心靈的晃蕩，使之安住於一境的禪定的意思。

然而，「止」不過是「觀」的基礎，「觀」這個字有「了別」或「觀照」的意思。心一旦透過「定」獲得淨化和統一，它就會變得很深邃、很有力和很清澈。

而這種清澈正是「觀」的基礎。「四念處」基本上就是「觀」的四種方法。透過對身、受、心、法四者的觀想，我們可拔除貪、瞋、癡這些根本煩惱的糾纏，得以實證空並從生死中解脫。

「止」與「觀」兩者常常被比喻為鳥的雙翅或車的兩輪。當雙翅齊振，鳥就可以飛起；當雙輪同轉，車就可以前進。「止」讓「觀」照見根本煩惱，並加以拔除；但在「觀」拔除根本煩惱以後，又可以反過來加深「止」的狀態。因此，兩者結合在一起，就可以帶領人在覺悟的道路上前進。做為一種修止的方法，「五停心觀」可以帶來「一心」的體驗或「定」的境界（第二章第六幅圖所描繪的境界）。而做為一種修觀的方法，「四念處」可以祛除我執，帶來「無心」的體驗（第二章第七幅圖所描繪的體驗）。因此，「五停心觀」乃是「四念處」的前導，而後者則是修慧的主要方法。

不同佛教典籍對「五停心觀」內容的說明不盡相同。在阿毘達磨的系統裡，「五停心觀」中最常被提到的方法是「數息觀」和「不淨觀」（aśubha-bhāvanā）。至於「五停心觀」的其他三種方法，則以「四無量心觀」（apramāṇa-citta，或慈悲觀）、「因緣觀」（pratītyasamutpāda，或緣起觀）和「界分別觀」（dhātu prabheda）最常見。然而，在別的系統裡，特別是大乘的系統，卻相當強調「念佛觀」（buddhānusmṛti），認為是淨心和培養「定」的好方法。因此，用「念佛觀」來代替「界分別觀」的情形，也很常見。

談論修禪的典籍常常把浮躁和昏沉列為修定最大的障礙。但如果再加細分，修定的障礙會擴大為五個，稱為「五蓋」：（一）貪欲；（二）瞋恚；（三）昏沉；（四）掉舉（輕挑浮躁）；（五）疑（猶豫不安）。它們被稱為「蓋」，是因為它們會雜染心的活動，讓心的定慧本性被覆蓋住，隱而不彰。大部分人在剛開始從事修行時，都會被這五種情緒其中一種或幾種所困擾。想要獲得「定」，就得移除這些覆蓋，這就是「五停心觀」的功能。其中的每一項，都是針對一種「蓋」而設計的：「不淨觀」可以對治貪欲，「四無量心觀」可以對治瞋恚，「因緣觀」可以對治昏沉和愚癡，「數息觀」可以對治浮躁，「界分別觀」可以對治猶豫。「念佛觀」的功能和「界分別觀」相似，也是用來對治猶豫的方法。因此，這五法都具有雙重功能，一方面可以滌去覆蓋，另一方面可以把心帶入定境。

數息觀

「數息觀」是佛教最常運用的修定方法。長久以來所有宗派的老師（包括了古代印度的大小二乘、東南亞的上座部、中國的禪宗、淨土宗和天台宗，以及東亞的密宗）都認定它是幫助初學者達到專心致志最有效的方法。在「五停心觀」中，「數息觀」是最能夠對付心浮氣躁、思緒散亂的。由於散亂心幾乎是每一個初學者都會碰到的問題，因此本法特別適合當作基本的修行法。

然而，我們卻不應該因為「數息觀」對初學者有用，就把它視為一種淺易的方法。事實上，做為一種修定的技巧，「數息觀」可以按照修行者的能力和程度，發展出多種層級的形式。因此，它本身就自成一條完整的修行之路，包含著從淺到深不同層次的修法。例如，在中國，「數息觀」經常以「六妙門」的教法出現。所謂的「六妙門」，是指六個打坐的基本方法和層次：（一）數息；（二）隨息；（三）止；（四）觀；（五）還；（六）淨。讀者應該可以看得出來，「止」和「觀」是包含在這個架構裡的。更重要的是，最後一個階段（即「淨」的階段）與開悟的境界密切相關。為簡化起見，這裡只介紹「數息觀」的三個基本方法：「數息」、「隨息」和「止」（意守丹田）。這三者大致對等於「六妙門」的前三門。

數息

數息是修行最簡單的形式之一，也是初學者最常用來控制心思散亂的方法。在使用這個方法時，你應該把全部注意力放在吸氣和呼氣的循環上。每呼一次氣，就數一個數字，從一開始，一直數到十。數到十之後（即呼氣十次以後），再從一數起。在整個修行的過程，都是從一數到十，週而復始。

需謹記的是，只宜在呼氣時數數字。吸氣時，只把心念微微放在吸氣這事情上，並把這種心念無間斷地延續到呼氣為止。到了呼氣，就在心裡數出下一個數字。如果在數數字的過程中你分了心，忘了數到多少，就應該馬上回到一，從頭來過。之所以在呼氣時才數數字，是因為呼氣是一個自然放鬆的時刻，而且它持續的時間要比吸氣長。這有助於促進專注。如果一個初學者在吸氣的時候數數字，那他呼吸和數數字的頻率容易變得迫促，這容易引起胸悶。如果你數息已經數得很熟練，你的呼吸會變得很輕，幾乎是察覺不到的。這個時候，可以依你的狀況和需要做些改變，否則還是在呼氣時數數字為佳。

初學此法的人常會碰到一些困擾。例如，在數數字時，分心的情況較為少見，然而在呼氣與吸氣之間，或者在吸氣的時候，心思就很容易散亂掉。遇到這種情形，只需要把心念放在吸氣上，盡量不讓心思再次遊走就好。初學者常常會碰到的另一個問題是感覺頭疼、頭暈或胸悶。這些情形，幾乎都是呼吸得太用力、太刻意、不夠自然所致。呼吸的時候力求放輕鬆和自然。千萬不要逼你呼吸的韻律去配合你數數字的韻律。另外，應避免為了驅除妄念而讓身體和呼吸變得緊張。

還有一個初學者常犯的毛病就是數數字數到流於機械化或不著心如做白日夢般；數息全程都應該對自己數的數字保持清楚的覺照。如果有這類的問題發生，可以變換數數字的方式，產生一些趣味性。例如，你可以把從一數到十，改為從十倒數到一，或是改為數到二十，但只數雙數或單數，或跳著數。

隨息

隨息要比數息困難，心專注的工夫要更好，才能有效地隨息。這種方法有很多不同的版本，而我推薦（我認為是最安全）的方法就是：把注意力集中在鼻端，也就是空氣進出的鼻孔。當吸氣和呼氣時，什麼都不必做，只要把心念放在吸入和呼出的空氣上就好。不要用力、壓制或規範呼吸，自然地呼吸，清楚地呼吸就可以了。通常，這個方法是在修行者很熟練數息，並培養出更高的專注力之後始行使用。因此，本法可以視為數息的一個自然進階。

隨息可以分為三個基本階段。在第一階段，單純把注意力集中在鼻尖、注意呼吸的出入就好。不要嘗試去控制呼吸，只要自然並保持注意力即可。有一點特別重要，不要刻意把呼吸壓到小腹或身體的其他部位去，而是讓你的身體順其自然地呼吸。

有時候，如果太用力集中注意力，你的心念會從鼻尖跑到前額。如有這種情形，血就會湧到頭部，引起頭疼、暈眩或悶脹的感覺。這時，你最好暫停隨息，把注意力輕輕移動到——假設你是採蓮華坐或半跏趺坐——擺在上面那隻腳的腳底。如果你的專注力夠強，很快便能把意念同時集中在兩隻腳的腳底。首先試著用心念找到腳心的柔軟部位，然後從這個部位慢慢向上到湧泉穴的部位。把心念集中在腳底將可紓解頭部的不適，你每次吸氣時，會感受到腳上這個點有一種感覺慢慢成形。開始時那只是一個模糊、細微的感覺，但稍後你將明顯感到這種感覺與你的呼吸同時起伏。有時候你會感到暖和，有時會感到一種舒適的涼爽。有趣的是，當一個人生病或狀況不佳時，腳上的這個點會覺得痛或痠。透過觀想這個點有助於治療疾病。

如果覺得身體燥熱不舒服，可以把心念集中在吸氣上，因為吸入身體的氣比呼出的氣要涼，心念集中在它上面可讓身體變涼。反過來說，如果你覺得冷，把心念集中在呼氣上，會讓身體變暖和。

經過一段時間，你的呼吸就自然變深，並下移到小腹，這標誌著第二階段的開始。隨著呼吸下降到小腹，一種輕微起伏般的呼吸律動就會慢慢成形。這是一個自發的過程，你會感到它完全是自自然然的，如果你還沒有到這個境界卻蓄意去導引它，是很危險的。因為如果勉強把呼吸壓到小腹，你就會覺得胃脹而不舒服；如果打坐者是女性，甚至可能導致月經失調。把氣引導至小腹是一種很常見的傾向，因為打坐者覺得這樣做可以消除許多雜念。不過最安全的方法是將身體放輕鬆，讓它自然而然地呼吸，你只要把注意力放在鼻端就好。不要讓注意力隨呼吸遊走到身體的其他部位，至少在初期是這樣。

到了第三階段，呼吸就不再只是局限在鼻孔和小腹的位置。相反的，你會感受到呼吸深入到手指和腳趾。然後再進一步，空氣穿透身上每一個毛孔，流過全身的每一個細胞，就像整個身體都在呼吸似的。每次呼氣，你覺得排出了所有濁氣和滯塞；而每次吸氣，你會覺得清淨、新鮮空氣全都被吸入體內。達到這個程度以後，你自然感到非常放鬆和舒適。經過這種極放鬆的狀態，你就有可能進入定境。

意守丹田

人的身體有好幾個能量的中心，你把注意力集中在其中之一，就會產生異常強有力的感覺或體驗，例如我們先前已經提過把注意力集中在腳底有什麼好處。中國人把這種能量的中心稱為丹田，認為丹田分為上、中、下三個：上丹田位於眉心，中丹田位於橫隔膜上方，大致介於兩乳之間，下丹田位於肚臍的正下方，在這三個主要部位之外，還有其各別的附屬能量點。

打坐時，一個人可以按自己的情況，選擇其中一個丹田做為他注意力集中的部位。如果是剛開始打坐，覺得注意力難以集中，或是有昏昏欲睡之感，可以把心念守在上丹田。不過，這方法不適合用於太長時間的打坐，否則有可能引起不舒服的感覺。由於注意力守在上丹田頗為困難，不妨想像有一道清涼光從那兒放射出來。修習久了，你就有可能感到整個頭或身體變成光芒四射。

如果打坐時覺得疲倦和虛弱，或者難以集中注意力在呼吸上，那你可以將注意力守在中丹田。不要把它想成身體的一部分，而是把它想像成一個月亮。開始時，把它想像為一個遙遠而深藏在胸中的小月亮。修習久了，這月亮就會愈變愈大，最後充盈擴大到你整個胸膛和身體。到最後，它會大得把整個世界都包含在裡面，也就是說，這時打坐者會與四周的環境融合成一個月亮。但這月亮不是在你之外、某種你要外求的東西，相反的，應該讓這月亮或光從你身體裡面發出來。到最後，除了這種純粹的光以外，你身體的一切感覺都會消失，只有月亮放射出來的光芒繼續存在。

如果是選擇意守下丹田的方法打坐，男女在作法上有所分別。男性應該把注意力集中在肚臍下方三指寬的點上。不要把焦點放在更下面，因為那有可能會引起性反應。這種情形不見得會馬上發生，但隨著打坐的深化和打坐者健康的改善，這是有可能發生的。女性不要把注意力守在肚臍太下面，或集中在下丹田的時間太長，否則可能會擾亂月經的正常循環。不過，如果一天只打坐一、兩個小時，那是不礙事的。

使用這第三個方法時，小腹會很自然地放鬆，而呼吸也會很快就落到了小腹。這對打坐者的身體和個性都有很多益處（例如可以改善神經質、不安全感或極靦腆的性情傾向）。如果你的修習有所成效，一些現象就會發生，尤以意守下丹田的方法為然。首先，你會感到有一股暖流從下丹田流出，流向身體的其他部分。這種感覺也許會透過胸口傳到你的嘴巴，也許會從直腸回流，再沿著脊椎骨通到頭部，然後回流到胸部去。接著，你會感覺這股暖意不經過任何路徑，直接由丹田流布到身體的各部分。這暖意不像普通的熱力，因為它會給人一種豐富和滋養的感覺。在這個階段，你會覺得身體中的緊張和不適開始消失。但到最後，你唯一感受到的只是一種深深的舒適與輕鬆。你甚至有可能會渾然忘卻整個身體的存在，只有舒適與愉悅感還保留著。

這是意守丹田所能達到的最高層次體驗，它僅僅比「定」的體驗要低一層。如果想要修「定」，你就需要藉助更精細的方法。因此，數息和意守丹田雖然是修禪定打基礎的好方法，但如果你想讓修行臻於圓滿，就得應用「六妙門」的其他三個法門，和像「四念處」之類的其他方法。

不淨觀

所謂的不淨觀，是專注觀照身體的不潔或一具屍體的腐爛過程。我們的很多煩惱都是來自於把身體當成自己存在的中心，並視之為自我。這不是一種自覺的態度，卻深深根植於我們的本能和潛意識中。不難看出，很多跟身體相連的衝動和反應（如痛楚、飢餓、性衝動和侵略性的反應），都具有保存個體和集體功能。就像其他有情的動物一樣，這些本能性的態度從一開始就決定了我們與自己和世界的互動模式。不過與動物不同的是，我們還會再進一步在各種本能欲望中，營造了「我」的世界和我的性格：「我」身體覺得冷；「我」餓了；「我」渴望舒適；「我」需要性等，將非常具體的自我意識，投射在我們所有的行為中。因此，除了百般迎合身體各種即時的渴求，我們還經常環繞著它們，勾畫出了一個我的全然存在。我們注重外表，在意是不是被人接受，是不是跟得上潮流，也會為獲得財富和安定、安全的環境做規畫。以身體為基礎，我們希望把環境納入我們的範疇，而追求安定。

觀想身體的不淨，意味著深刻體驗身體的無常及不潔。透過這樣的觀想，可減少我們環繞著身體所築起的各種欲望，然後將我們從與這個身體相連的強烈自我感中釋放出來。

觀想身不淨有兩種基本的方法：一是觀想別人身體的不淨；二是觀想自己身體

的不淨。另外還可以就觀想的態度和觀想哪些方面的不淨加以細分，例如，你可以選擇觀想內臟器官的不潔，也可以選擇觀想身體分泌物的汙穢。不過，最一般的方法還是觀想一具屍體的腐爛過程。

由於想像自己身體的腐爛是很困難的，因此，以別人的屍體做為想像對象是比較容易的方法。進行此法時，先用打坐的標準姿勢坐好，接著全心全意去觀想一具屍體的腐爛過程。這屍體起初是完整無缺的，但隨著時間的消逝，它會產生變化。開始的時候它會浮腫和變色，由黃色變成紫黑色。然後，經過風吹日曬，它會腫脹起來，皮膚會裂開、剝落。這時候，蒼蠅會被它吸引過來，把整具屍體覆蓋起來。肌肉腐爛所散發的惡臭幾乎讓人受不了，比任何小動物的屍體都還要難聞。蒼蠅會在屍體上產卵，隨之長出蛆。牠們成群結隊地蠕蠕而動，起初是在五孔七竅的裡面和四周，最後布滿屍體全身。看牠們靠著吃腐肉慢慢長肥的樣子，加上聞到屍體的惡臭，你會倒盡胃口，失去食欲。尤有甚者，你會愈來愈認清一件事實，你的身體有朝一日也會經歷同樣的腐爛過程。

等蛆都吃飽以後，屍體上的肉所餘無幾。剩下的只有一堆骯髒的骨頭，靠著韌帶和肌腱相連在一起，上面零落地搭掛著一些腐肉屑。這堆骨頭，可不會像博物館裡陳列的骷髏骨架那樣井井有條，而是以恐怖而醜陋的方式，東分西散，扭曲折疊。然後，再經過雨水的沖刷，肌腱和剩下來的肉屑完全被沖走，只剩下一些白森森的白骨。最後，就連白骨也會裂開並消失。小片的白骨被動物叼走或埋起來，只剩下大片的雜亂地堆成一堆，頭骨在一處，腿骨在另一處。

當修行者把屍體腐敗的過程整個觀想過一遍以後，這些畫面就會深印在腦海裡。由於這樣的觀想是在很強烈的禪定狀態中進行的，隨著禪定的加深，修行者可以把整個過程在腦海裡重現一遍，就像看一部電影一樣。這樣，每當他坐下來打坐的時候（不管是白天還是晚上，也不管他前面是不是真的放著一具屍體），他都可以把整個過程觀想得極清楚。這樣觀想的次數愈多，一個人就愈能具體感受到自己的身體有朝一日必然也會經歷同樣的腐爛過程。這樣，一種對自己身體的疏離感就會產生，性欲、虛榮心和物質上的欲望也將減少。

但凡這一類欲望特別強烈的人，可以在觀想屍體腐爛的過程中，加強並停留在屍體腐爛之後令人噁心的感覺上面。這樣，人就會愈來愈不重視自己的身體，而對他人產生真正的慈悲和體貼。他們也會因此而更懂得珍惜生命，努力把有限的人生投入在最有價值的事情上。

不過也許有人會質疑，這樣的修行法為什麼會對培養定境有幫助呢？乍看之下，這樣的觀想過程，由於其中包含著紛紜複雜的畫面影像，似乎對促進一心難有助益。而且它顯然跟數呼吸之類的方法大不相同，因為後者是把心念固定在單一活動或單一點上。

不過事實上，在觀身不淨的過程中，視覺的內容雖然是變化的，但是既定的主題，又是持續性地觀照下去，這和一般的散亂心會任意從一個對象跳到另一個對象的情形大相逕庭。這種有特定主題的觀照過程可以讓人迅速進入禪定。在觀想到屍體腐爛的最後一個階段，修行者全神貫注於發光的白骨，接著他就只會看到純粹的白色。如果心夠靜謐清澈，這白色又會轉變成清涼的白光。到最後，他會覺得整個世界都消失了，只剩下向四面八方放射的白光。

然而在一個更深細的層次，就連置身在白光中的感覺也會消失，換言之，自我和世界都消失了。因此，在觀照屍體分解的過程中，是有可能體驗到「定」的，而如果修行者的善根深厚，甚至可以到達解脫生死的境界。

當然，在這個時代，碰到一具屍體的機會是很罕有的，更不要說每天坐在它前面打坐。然而在古時候很容易看見屍體，或是在有曝屍風俗之處，找一具屍體來觀察它的腐爛過程也較有可能。對著一具屍體打坐，在先進的國家是不合法的，而如果別人看見你日復一日坐在一具屍體前面打坐，也一定會把你送進瘋人院。不過，即使沒有真實的屍體擺在面前，你仍然可以透過想像來進行這種修行法。

另外，你甚至可以想像自己死後身體腐爛的情形。這個觀想的過程，基本上和上述的過程一樣。不必去想你是怎麼死的問題，也不用去想像死的感覺，就是簡單地觀想身體分解的過程。首先關注頭，然後再一步步擴展到全身，盡量讓腦海裡的畫面清楚明晰。如果你是坐著，就把你觀想的屍體想像為坐著；如果你是躺著，就把那屍體想像為躺著。這樣反覆從頭到腳觀想你的屍體，想像它開始變色的樣子。然後再進一步去想像腐爛的過程：腫脹、脫皮、分泌膿汁、發出惡臭等，直到骨頭彼此散開，坍塌為一堆為止。接下來，再想像有一場大雨把骨頭上所有的肉屑都給沖走。經雨水沖刷過以後，白骨會變得亮晶晶的，清涼而純潔，最後又會化作放射狀的光芒。就像之前的方式所體驗的那樣，這個光會慢慢擴大膨脹，直到最後光、自我和世界都消失為止。

當然，想要真正感受到身體是不淨、讓人噁心和無常是很困難的，要說服自己「這副身體有朝一日一定會經歷這樣的命運」更是難上加難。想要產生這種感受，可以運用一些輔助的方法，如回想自己身體的一些醜惡特徵和汙穢不潔。我們一般都會認定自己的身體既年輕又乾淨，但事實上，我們的鼻孔藏有鼻涕，耳朵會積耳垢，毛孔會排汗和排油，身體會排屎和排尿，如果不持續不斷地清洗，就會產生臭味和各種不適感。另外，我們也可以想像身體的某部位癱瘓不能動彈，繼而緩慢地萎縮和腐爛。再把這種想像放到身體的其他部分，這樣，你就會知道得了傷殘性疾病的人是什麼感受。但千萬不可想像自己的心跳停止或內臟器官功能失調，因為這有可能會在生理上造成真實的後果。這種方式的目的，是讓我們觀照自身腐敗的過程，如同觀照他人的軀體，然後體悟到我們這個身體其實也不是我們的。

念佛觀

雖然「念佛觀」（buddhānusmṛti）一詞的字面意義是對佛進行憶念與觀想，但它的對象也可以是大菩薩。「念佛觀」是大乘佛教最基本的修行方法之一，受到廣泛的運用和推崇，遍見於西藏和東亞。這是一種內容豐富的修行法，包含很多不同的層次和深廣度。

從最基本的來說，「念佛觀」分為兩種形式：（一）是稱名念佛，也就是念誦佛或菩薩的聖號。在中國，最常念誦的聖號是「阿彌陀佛」和「觀世音菩薩」；（二）是觀相念佛，觀想某佛或菩薩的形相。後者又可進一步區分為兩種方式：1. 觀佛相好，觀想佛的殊勝容貌形象；觀佛功德，觀想佛的美好功德。前者是觀想佛的色身（rūpa-kāy），後者是觀想佛的應化身（nirmāṇa-kāya）；2. 觀想佛為佛法示現身，也就是觀想佛的「法身」（dharma-kāya）。觀想佛的形相可以採取整體的方式（例如從佛的頭頂一直觀想到他的足部），但也可以把觀想集中在佛的某一項容貌或特徵上。在後者，修行者只要觀想佛的其中一項特徵就可以。由於念佛往往往是對著佛的聖像修觀，在某種程度上藉此尋求佛力的救贖，所以念佛通常都是在一個更大的宗教儀式中進行，而這個宗教儀範還包括了焚香、禮拜、繞行、懺悔和發願。

看過佛畫像或雕像的人也許會納悶，這些佛像對信徒到底有什麼幫助。這些佛像，有持火焰劍的，有長出數十隻手、各拿著一件駭人兵器的。他們的皮膚有些是紫色，有些是紅色，會戴著精緻的冠冕和首飾，四周有燦爛的光暈環繞。另一些則靜謐而不起眼，手擺成微妙而不尋常的姿勢。他們大都是人形，卻是非常有風範，而沒有人所具有的獨特個性。這些形相意味著什麼？曾經去過亞洲或看過東亞佛教影片的人，可能見過法會中有出家、在家人在這些佛像前供養、禮拜，這些人真的是把這些佛像當成活神或偶像，向他們祈求財富、憐憫與救贖嗎？

這樣的想法在西方人中也並不罕見。但事實上，這些形相都只是象徵，不是代表活神或偶像。你可以說，他們是一種視覺媒介，用來從不同面向來精細地傳達覺醒的心。因為，像阿彌陀佛、觀世音菩薩或文殊菩薩這些發心要救度眾生的聖者，怎麼會被一個形相所囿，又怎麼會需要別人的供奉？他們就像是覺醒的佛性那樣，是不可思議和無所不在的。傳統上那些形像和儀式並不是他們的本質。這些神像是他們慈悲心的一種功能，因為透過這些神像，他們那個已覺醒的世界才能觸動我們的生活、喚起我們的心，這才是念佛和拜佛的真正功能所在。它們是為激發我們的宗教情操和想像力而設的，要讓我們體認到佛的圓滿覺悟是活生生、存在的。

傳統上，佛被認為擁有三十二種殊勝容貌和八十種美好功德（即美德）。①這些體格和風範，是理想化的佛陀高尚表徵。不管是佛頭頂上隆起的肉髻、兩眉間的白毫、長耳垂、金色皮膚和足心的千輻輪肉紋，這每一個特徵都具有精神意義。當一個人在心中憶念這些特徵時，非常重要的是，除了清楚的看見它們的顏色形象，還需要清楚它們的意涵。

若說佛的外在形相乃是精神特質的表現，也等於是說，要想真正認識佛，就必須認識佛的心靈美德。大乘典籍常常把佛的特質形容為不可思議、不可度量和無限的，因此，佛的能耐和屬性，絕不是色身有限的特徵所能完整呈現的。大乘的經論為能界定佛的精神屬性，運用了林林種種的概念，其中包括「十力」、「四無畏」、「十八不共法」、「大悲」、「大方便」、「大智」等等。不過，如果要在佛的所有能耐與屬性中挑出最基本的（也是其他能耐與屬性的來源），那就是佛的不可思議和不變的法身。但佛的法身不外就是眾生本具的佛性，佛已經覺醒，而眾生未覺，所以不知道它的存在；但對佛來說，那卻是他實實在在的本質。因為他已經完全覺悟，實證了佛性。基於這個原因，很多大乘經典都稱佛的法身為「真身」。

就念佛觀討論的需要，我們僅從四個一般性的角度去討論佛的功德：（一）佛的大智；（二）佛的大悲；（三）佛的大願；（四）佛的大行。這四種美德又分別具現在四位菩薩身上：文殊菩薩（Mañjuśrī）、觀世音菩薩（Avalokiteśvara）、地藏王菩薩（Kṣitigarbharāja）、普賢菩薩（Samantabhadra）。

稱名念佛

誦念佛或菩薩名號的修行方法，其歷史就和念佛一樣古老。在最早期，這種誦念名號的方法（通常會一面念一面禮拜），和在腦海裡觀想佛相的方法是一體的。事實上，「念佛」這個詞，本身就包含著「稱名念佛」和「觀相念佛」的雙重意義。然而，自從淨土宗在中國流行以來，稱名念佛的修行法就凌駕於觀相念佛之上，為主要方式。淨土宗所崇拜的阿彌陀佛（Amitābha），是西方極樂淨土（Sukhāvatī）的教主。據《阿彌陀經》所載，阿彌陀佛曾發大悲願，要救渡所有虔誠繫念他和呼喚他名字的人。凡這樣做的人，不但可以除盡業障，生大功德，還會在臨終前看到阿彌陀佛的顯現，把他接引至西方極樂淨土。在西方極樂淨土，一個人很快就會開悟成為大菩薩或佛。

禪宗不贊同去西方淨土求重生，或者仰賴佛力得解脫。禪宗所強調的是不執著於任何東西，目標是透過禪法讓人人直接體現我們本具的佛性。儘管如此，禪宗的修行者往往還是會修習稱名念佛和觀相念佛的方法，目的是要牢記佛就是法身的體現，就是眾生本具佛性的體現，而不是為了可以在西方極樂淨土重生。正因如此，禪圈子裡流行一個說法：「自性彌陀，唯心淨土。」（自性就是阿彌陀佛，心就是淨土所在。）禪宗念佛，是為了直接體現我們內在的佛性。事實上，當禪宗的修行者念佛時，往往會進入話頭問自己：「念佛是誰？」此外值得一提的是，很多淨土宗的大師（如二十世紀的印光法師），都是深受禪宗修行者敬重的人。

稱名念佛可以獨自進行，也可以與他人一起進行。雖然稱名念佛可以默默地念，但最好還是念出聲來，心力更易集中。單獨一個人念時，應該把注意力集中在自己的聲音上；多人念時，則應該同時聆聽別人的聲音，以便與大家的聲音協調一致。

稱名念佛時，不必在腦海裡觀想佛相，只要全神貫注於念誦本身即可。有些人在稱名念佛時，會在佛或菩薩的名號前加上「南無」二字：如「南無阿彌陀佛」或「南無觀世音菩薩」，意思是「皈依於阿彌陀佛」或「皈依於觀世音菩薩」。重點是口、耳、心這三個部分應該是統一的。如果心不在焉，只有嘴巴在動，則不能算是稱名念佛。另外，最好是搞清楚佛號的念法，念的時候不要太快，不要太慢。念誦時保持韻律、專注而肅穆是很重要的，如果能夠把整個人投注在念誦中，那就有可能達到「一心不亂」的狀態。

念誦時，心中對每個字都應該是清清楚楚的。就像我們提過的所有修行法一樣，保持心平氣和與放鬆是很重要的。如果你覺得難以集中注意力在念誦聲時，不要過分焦慮或因此產生挫折感，尤其不要認為必須產生特別的熱忱或期望會出現什麼宗教、心靈體驗。強求有可能引起頭痛或焦慮等副作用，所以最好不要勉強。你唯一要做的只是繼續念下去，讓這個方法自己發揮作用。如果發現自己分了心，那把心收拾回來就好，不要擔心別的。這樣，專注力就會自然而然逐漸加強，最後甚至可能達於「定」的境界。

稱名念佛另一個常發生的問題是念誦流於機械化。有些人在意的是自己念誦了多少遍，而不是念誦的品質，他們會因為自己念誦的次數夠多（比方說一萬次）而沾沾自喜。這樣的念誦是了無用處的，因為這種人心中滿是散亂的思緒，永遠不可能達到「一心不亂」的境界，或體會到這種修行法所帶來的其他好處。

如果你覺得疲倦或念誦變得上氣不接下氣，也可以改採默念的方式。不過，由於默念比較微細，稍有鬆懈，心思就會遊走。因此，如果是初學者，稱名念佛時還是以大聲念誦為佳。

既然，專注是這種修行法的最大關鍵，有人也許會好奇，如果夠專注，念誦別的名字（如狗的名字），效果是不是跟念誦佛的名字一樣呢？答案是否定的。因為心靈的自然傾向是認同它所念誦的名字。因此，一個人在念誦佛號時，心中自自然然會導向於佛清淨而圓滿的特質，受到了這樣的宗教啟發，可以幫助修行者進一步深化修行。此外，由於稱名念佛可以喚起佛或菩薩的慈悲形相，我們的業障便能藉助佛力得到消除，甚至可以體驗禪定。

由於此法具有固定不變的焦點，並能產生豐富的宗教情操，所以是培養定境容易且有效的方法。那些覺得其他的修行法吃力或難度高，或是無法透過數呼吸之類的方法攝心的人，可以採取本法。即使實踐過程還是會被雜念困擾，但很多人在修習稱名念佛的過程中以及事後，都有非常好的感覺。常常，他們也會在夢中清楚看到佛或菩薩的出現，這讓他們的修行更加堅定。也許就是因為如此，淨土宗的信徒特別以信仰和決心堅定著稱。

觀想佛相和佛功德

觀想佛的殊勝容貌遠比稱名念佛困難。這有好幾個理由。首先，觀想佛相需要更大的心力，就像觀想屍體的分解過程一樣，觀想佛相需要觀想的內容相當多，包括了佛的三十二大相與八十小相，要從佛的頭頂一直觀想到他的足心。因為這種複雜性，想要在腦海裡建立一幅清楚的佛容圖像，需要非常多的時間和氣力。

再者，因為我們從來沒有見過活生生的佛，所以對於佛長得什麼樣子，缺乏一種真切感。要是我們親身見過佛，他的形相自然是會鮮明而深刻地烙印在我們腦海，等稍後我們要觀想佛相時，就容易多了。在密宗的一些傳統裡，弟子會把老師的容貌做為觀想佛相的藍本，但在大乘的傳統，這種作法並不普遍。因此，即使是我們已經知道了佛有三十二大相和八十隨形好，而且有佛像與佛畫可供參詳，佛的樣子對大多數人來說仍然是抽象的。我們就像一些沒見過顏色的瞎子，別人解釋得再詳細，我們對顏色也只有模糊的概念。因此，想要觀想佛相的修行法產生效果，需要很多的時間與努力。

想要觀想佛的功德和他的法身就更困難了。對大部分人而言，這些功德就像是霧一般的觀念。有一次我告訴一個學生，行事為人應該秉持更大的慈悲，但他卻告訴我，他不知道何謂慈悲。於是我又告訴他，行事為人應秉持對佛法的信仰，但他又說不知道何謂信仰。最後我只好告訴他，就如同對我的信心，這一次他同意了，但只是某種程度的同意。同樣的情形也適用於對佛功德的憶念。因為我們對佛陀的開悟內容缺乏具體的感受，所以只能依賴有限的想像力去揣摩。基於這個理由，想要有效地憶念佛的功德與法身，需要先有若干的禪修體驗。這就好比我們不可能指望禪的初學者從一開始就了解什麼叫「自性彌陀，淨土唯心」。

前面說過，我們把佛的功德歸納為四大項：大智、大悲、大願、大行。何謂大智？文殊菩薩就是大智的象徵，因為大智所指的是一種無我、無眾生、無相的智慧。何謂大悲？觀世音菩薩就是大悲的體現者，因為凡遇難眾生誦念其名號，菩薩都會聞聲馳援。大願的體現者是地藏王菩薩，因為他曾發大願，非度盡六道眾生不成佛。大行所指的是一個人願意做一切他該做的事，無論那有多艱鉅。某個意義下，大乘佛教的修行，正是一種為達成不可能任務所做不間斷的努力。它要求的是極大的奉獻與承受極大的苦。普賢菩薩乃是大行的體現者，著名的西藏修行者密勒日巴也可視為大行的榜樣。

在觀想佛相和佛功德時，有對、錯兩種方式。基本上，這是態度上的問題。錯誤的方式是抱著強烈自我中心和物質主義心態去念佛，而最錯誤的態度是希冀透過念佛獲得一些個人利益的回報。但試問佛又為什麼會回應沉溺於貪、瞋、癡人的要求呢？在佛教的修行裡，一個人的動機和態度是否與佛教的基本價值觀和諧一致，攸關重大。就算一個人表現得非常虔誠，有時也不過是驕慢的偽裝。不管是因為達成高難度的修行而沾沾自喜，或是因為達不到而傷心難過，都是自我主義的態度；它們都是以自我為中心的。

念佛的正確態度是希望可以透過憶念佛的功德受到啟發，而讓自己的功德有所長進。因此，念佛方式的正確與否，就在於你到底是為了一己之私、自我中心作祟，而占有這些利益，還是想要讓這些功能幫助你轉化為一個更真誠的人。事實上，大部分人都是屬於前者，這一點反映在他們都急於有所成就上。如果一直縱溺於這種貪婪的態度，則不管他們採取何種修行方式，永遠都不會有進步的。

四無量心觀

四無量心（apramāṇa-citta）又稱四梵住或四梵行（brāhmavihāra），是指佛為普度眾生所應具有的四種心，分別為（一）慈；（二）悲；（三）喜；（四）捨（平等對待眾生之心）。它們會被形容為「無量」有兩個原因。首先，它們不像數息或觀不淨這些修行法所緣的對象那樣，是具體的事物或感受，相反的，它們是一種抽象的心理態度。其次，由於沒有一個特定的緣點或焦點，它們很容易在觀想中擴張出去，最後充塞整個空間。

小乘和大乘都同樣認為，觀想四無量心是對治瞋恚（怒與恨）特別有效的方法。另外，大乘還認為，能夠對其他有情所受到的苦起悲心，是菩薩的最大功德之一，也是覺悟的核心部分。因此，儘管「悲」（karuṇā）列為四無量心之一，但它事實上是最核心的。實際上，四無量心觀的技巧雖然分為四個，但根本上都是為了產生更深且更真的悲心。在大乘佛教的經籍裡，常常會發現「四無量心觀」的方法用在這個目的上。

「悲」是一種怎樣的素質，而它又和另外三種素質（慈、喜、捨）有什麼關聯性呢？當我們看到一個有情處於痛苦中，很自然會對他產生憐憫之情，想要把快樂帶給他，減輕他的痛苦。這是「悲」的一個面向，但並不是全部，因為「悲」並不只是一種同情心而已。它還包含著「慈」，也就是想採取行動，把快樂帶給對方，同時也會無私心地隨喜他人的喜悅和快樂。

而快樂又可以分為兩類：一類是一般世俗意義的快樂，也就是日常生活中物質或心理需求的滿足；另一類是較深刻、屬於精神性的快樂。除此以外，還有一種最高境界的快樂。這種快樂來自於獲得解脫生死的智慧。這種快樂是清淨、無我、不可動搖的。那些以證菩提為出發點進行修行的人，固然都會希望幫助其他有情從日常的生理與心理煩惱中解脫出來，不過他們最希望的，還是能夠在因緣成熟的時候，幫助其他有情體現到那種只有透過佛法才能獲得更深刻的快樂。基於這個原因，「悲」自然而然就會總持「慈」和「喜」，並且把它奠基在完全的「捨」之上，這才是至上的快樂。

對「悲」的觀想可以分為五個階段。首先是觀想眾生，我們和其他眾生的關係有三種：第一種是那些我們認為會對我們有好處的人；第二種是那些我們認為會對我們有害處的人（例如敵人）；第三種是我們覺得無所謂的人，絕大多數人對我們來說都是最後一類。一般人的心態都是幫助或體貼那些對自己好的人，迴避或詛咒那些自己不喜歡的人。至於第三類人，我們大多數時候都當他們不存在。這些態度是不正確的，不是「悲」的真正精神。

觀想「悲」的第二個階段是體察自己與別人互動時的感受與動機。基本上，我們可以區分兩種情緒態度：一是以負面的情緒去與他人互動；另一是以正面的情緒去與他人互動，建立關係。當然還可以有第三種態度，那就是中性的態度，也就是一種沒有回應的態度，認為這個人與我沒有什麼關係。但由於這種感覺是不會產生任何牽繫的，所以這裡就略去不談。

如果仔細審視這兩種態度，就會發現它們和自我意識所認知的身、心緊密相連。我們之所以會喜歡一個人，正是因為他讓我們的身體、心理，感到愉悅有利，因此沉溺其中，樂此不疲，相反的，我們會討厭一個人，則是因為他讓我們的身體、心理，感到不悅或受到威脅，我們就憎惡他、遠離他。正是因為我們對身心的執著，才會有這些反應。但一個人應該要去體認，所謂的心，不過是一連串前後相續、變動不居的念頭而已，根本不存在一個恆常的心。同樣的，身體只是由物質元素組成，並不是固定不變的。我們對自己心靈與身體的看法，其實都是謬見。沒有必要執著它們不放，也沒有必要對有益或有害的人、事、物，固定採取喜歡或不喜歡的反應方式。

觀想「悲」的第三階段是要深入探究互動現象的本質。互動是從何而起的呢？當我們與其他存在發生互動時，到底是發生什麼事？事實上，不管別人是稱讚還是責備我們，我們聽到的都不過是一些聲音罷了。而如果別人對我們示意、微笑和鞠躬，同樣不過是一些進入我們瞳孔中的光線。同理，別人踢我們或打我們，不過是物質與物質的碰撞。根本上來說，這些經驗都不過是身體和覺受，與外在環境接觸的結果。接下來，身心與環境中的人、事、物繼續交會，所形成的認知，更是虛幻不實。我們應該努力勘破這一類喜歡和不喜歡的感受，以及它們的連帶反應。做得到這一點，我們就不會再用喜歡或不喜歡等主觀感受，來區分它們的存在，而會用真正的平等去對待它們。

但絕不可把這種平等誤認為就是慈悲。事實上，如果我們的觀想到此打住，就很難產生真正的慈悲，因為我們將會把萬物化約成一些不具有個別性質的物質。如果我們把一切都視為錯覺或幻象，慈悲之心又要從何而來呢？這一點把我們帶到觀想「悲」的第四個階段。在這個階段，我們會再一次把眾生做為觀想的對象，但這一次卻不把主觀的好惡投射在他們身上。帶著這種清楚而超然的立場，我們就能更如實地看出眾生的處境。

在這個階段我們致力觀想的是眾生所受的苦，並看透他們的行為乃是無知、虛妄和痛苦的產物。為什麼人們會有仇恨、忌妒、驕傲、暴怒這些情緒呢？為什麼人們會這樣沒有自制力？理由是他們對自己無知，只能任由極端強烈的私心與執著擺布。我們應該體諒和同情他們這種處境，因為在某個意義下，這些人就像小孩。小孩碰到陌生人時，有時會表現出粗魯的行為，但大人通常都不會生氣，因為他們明白小孩子是不懂事的。當佛陀被別人排斥和惡待時，他也沒有生氣。不但沒有生氣，反而心生悲憫，因為他明白那些人並不是真能主控自己。如果我們能夠培養出這種慈悲，就不會對別人的行為做出盲目反應，反而會採取積極的行動，幫助他們減輕痛苦，並且在能力可及的範圍內指引他們走向真正的快樂。

慈悲心還可以進入至更深的層次，例如，生命之所以是苦而且會將苦帶給其他人或其他有情，並不單只是社會或感情的理由。一般有情在身、心兩方面都有依賴性和局限性，這正是我們會受苦的原因。很多人知道他們不應該有某種想法或做某些事，卻約束不了自己。他們無法控制自己的心與身。雖然我們的身與心是虛幻不實的，是種種因素和歪曲幻相的結合，但我們卻主宰不了它們，也無法得自在。情形就彷彿有兩個自我，不停地在身心裡面戰鬥。當善良的一邊落入下風，人們就會被驅使去做有傷害性的事。

接著更進一步，我們必須體認，強烈束縛著我們的這個身體和心靈，註定是會朽壞的。這確實是恐怖又可憐的事實。這樣的生存，跟那些朝生暮死的生物又有什麼分別呢？生命非常短促，而在整個生命的過程中，我們又被各種的苦惱與難題所催迫著，這本身就是一件值得深深悲悼的事實。

到了觀想「悲」的第五個階段（也是最後一個階段），我們要把這種慈悲心擴大到所有時間（過去世、現在世與未來世）、所有類別（喜歡的、不喜歡的和沒有感覺的）和所有法界，三世一切有情眾生。我們要提醒自己一個事實，我們與世間一切都是相互關聯和相互依存的，要深切觀照眾生受苦的根本原因，並培養愛心，發願給予他們所需，並且最終在心中慶賀他們得到最圓滿的快樂。以這種方式觀想，就會產生一種真正無量的慈悲。當這種感覺與純淨、有力、專注的心靈相結合，就會趨向「定」的境界。

因緣觀

聽過佛教教理的人都一定知道佛教的核心觀念：一切萬有皆由因緣之聚散而生滅。「因緣觀」的目的，正是要觀照萬物這種關係與互相依存的特質。有些人聽到「因緣」一語時，會對「因」這個字有所誤解。事實上，「因」這個字只有權宜性的意義。如果認定在一個不動的「因」與它的「果」之間有著一對一的對應關係，就是誤解。例如，從佛教的觀點來說，如果認定存在是「果」，而它是由之前一個絕對的「因」所引起的，就是大錯特錯。因緣法則要告訴我們的事情恰恰相反：就實質來說，沒有因也沒有果，因為所有的「因」，莫不是諸「緣」的聚合。更重要的是，雖然一切萬有的產生，「緣」的角色更甚於「因」，但事實上也不存在所謂的「緣」。因緣觀的目的就是要訓練修行者，學會以「緣」——彼此的關係看待一切存在。

「因緣觀」和上述的其他觀想法之間存在若干差異。不管是「數息觀」還是「不淨觀」的方法，都是以小我為觀想重點。它們都是要幫助修行者透過專注在一個單一對象（如呼吸、身體的不淨等），讓心平靜下來。修行者也許可以透過這些方法而體悟到定境或大我，卻未必可以到達更高的境界。相較之下，「慈悲觀」對體驗大我以及體驗萬物一體更有助益（「念佛觀」也是如此）。

與前述方法不同的是，「因緣觀」更直接處理那些會帶來生死輪迴的妄見和煩惱（在某種程度上，下一節要介紹的「界分別觀」也是如此）。就此而論，它們所包含「觀」的成分要多於「定」的成分。然而，這並不表示「因緣觀」是更深入的修行法。就像「五停心觀」的其他方法一樣，「因緣觀」並不適用所有的人，而是特別適用於在某種情緒狀態中的某一類人。如果這個方法用在不適合的人身上，就可能會產生一些負面效果，諸如讓修行者產生無目的感、沮喪或誤認為自己可以不負責任地生活等。

「因緣觀」可以分為四個部分：（一）觀想假有與真實有；（二）觀想三時；（三）觀想空間；（四）觀想來去。

觀想假有與真實有

此觀法的目的是要讓修行者體認沒有所謂的「存在」。它會分析兩種對存在的觀點，並將其推翻。第一種對存在的觀點是一般人的觀點；第二種是哲學與宗教的立場。

大部分人都不會刻意去思考存在的問題，然而，某些關於存在的假設，卻貫徹我們一生的每一刻。一般都相信，我們是具有持續同一性的個體，而那些決定我們與四周事物關係的價值觀是不變的。我們單純地依這些觀念做出行為及反應，很少會去質疑它們的有效性。舉例來說，我們一貫認定，我們的配偶、家庭、工作、錢財和個性等等，都是真實和有意義的。這是個人和社會共享的信念，而且會互相強化。但事實上，這些態度都是我們造作出來的，離開我們所賦予它們的真實性以外別無真實性。這也是為什麼佛教典籍喜歡把有關存在的觀點，比喻為一場夢。身在夢中的人，會毫不猶豫地認定夢境的真實性，只有醒來以後才明白它是虛幻不實的。同理，那些在我們生活中被認定為真實的東西，其真實性並不比夢境多。

另外，有關存在的那些假定，是以自我為中心的。但如果自我不是我們所想的那回事，那外在的事物和我們所加諸它們的價值就了無意義。因此，對自我所持的那些信念，乃是我們對待外物態度的基礎。反過來說，如果能看穿自我觀念的虛假性，就能醒悟我們對一切存在的看法是謬誤的。

不過，說要比做來得容易。很少人會願意費事去探問自己的存在，因為自我感是那麼的根深柢固，去質疑它的真實性看起來是愚蠢的。即使有少數人直覺到這個自我的虛幻，但有迫切感想要進一步追根究柢的人，仍屬鳳毛麟角。大部分人依舊繼續生活，把任何質疑存在的努力，視為一種反常行為。

事實上，一般人對存在的觀點是很容易加以推翻的。因為根據定義，任何內含不穩定性而有變化可能的事物，都不能視為擁有持續的存在，恆常的「有」。用這個定義來衡量自我，就可知道它是虛假的，因為自我不外是由一連串前後相續、變動不停的念頭和感官印象所組成。再者，由於外物的存在是以自我的存在為前提，因此我們就可以得出結論，說外物是不存在的，不是真實的「有」。由此觀之，執著於自我和外物是相當無謂的。

要推翻一般人對存在的觀點比較容易，要推翻哲學或宗教關於存在的觀點則比較難。哲學家假定，有一種存在是永恆不變的，可以稱之為「真實的存在」。對於這真實的存在，不同的哲學家賦予它不同的名稱，有稱之為「實相」的，有稱之為「本體」的，也有稱之為「上帝」或「佛」的。神祕主義者和宗教領袖也肯定有這樣的真實存在，但他們根據的不是思辨，而是冥想體驗。不過，如果哲學家和神祕主義者執著於這樣一個終極的存在，那他們充其量只能到達大我的境界，而永不可能超越於自我之外。

哲學家透過推理過程獲得結論，因此，不管是論證還是所獲得的結論，全都是一些概念。相同的，神祕主義者相信世界上有所謂的真實存在，是因為在冥想中體驗過這東西；不過在這樣的體驗中，心靈雖然變得深細，但仍然在作用，因此，他們的冥想體驗是奠基在心靈作用上的。然而，我們從前面的討論已經得知，哲學家和神祕主義者的親身體驗，也不過是種心理活動，都不過是因緣的產物，因而非實有、不具實在性。而如果思想沒有實在性，那「真實存在」這個觀念就不能成立了。

觀想三時

此觀法的目的，是要透過證明時間的不存在，去否定有所謂「存在」這回事。第一步是揭示時間乃是存在的前提，第二步是否定時間的存在；既然時間是存在的前提，那時間受到否定，存在自然也就被否定掉了。

一切事物的存在，都是以它們能在時間中持續為前提。離開了時間，就無所謂的存在。不過，我們對時間的觀念——過去、現在、未來——是不符合實際的。因為如果「過去」已經過去，那就代表它已不復存在；而「未來」既然尚未來到，它自然也是不存在的。但沒有了「過去」和「未來」，「現在」也無從界定，它既沒有來處也沒有去處，所以是不存在的。

不妨把時間比喻成一條線，線中央的一點代表「現在」，這一點的前面部分代表「過去」，後面的部分代表「未來」。如果我們把線從代表「現在」的中間那一點剪斷，那請問「現在」何在呢？因為時間的三個時態都是不能成立的，所以時間本身也不能成立。由於存在是以時間為前提，時間既然被否定，存在也自是要被否定的。

這個觀念對修行有一個有趣的意涵。有一次，一個女弟子問我，她覺得自己的修行進步得很慢，要怎麼辦？我告訴她，因為時間是沒有局限、無始無終的，所以不必憂慮。說時間是無限，等於說它是不存在的，因為時間的一個特徵就是局限性。如果時間並不存在，那我們就不用怕它溜走，我們擁有的是全世界的時間。

觀想空間

空間是由點與點或物與物的關係來界定的。舉例來說，我們之能夠說房間裡包含一個空間，是因為房間有四面牆；如果沒有牆，就不會有房間，也不會有由房間構成的空間。又例如，我們說有一個外太空存在，是因為那裡有行星與天體，如果沒有這些東西，我們就無從界定外太空的範圍。因此，空間的存在，是靠著一些不動的點或移動的點來界定的。這些點提供了我們可以界定空間的座標。另一方面，點與物體本身，又必須以空間（也就是其他的點）來界定。因此，空間與其參考點是互為依存的。這樣，我們就可以證明萬物是空。

觀想來去

第四觀的目的是要顯示運動主體是不存在的。我們會有自我的觀念，是因為在時間與空間中，我們連續不停地移動。但如果我們能證明動不能成立，那就能證明

「我」——動中的主體——是不存在的。

此觀法分為兩部分：（一）檢視那個從過去來到現在的心念；（二）檢視那個從現在走向未來的心念。前者又可以分為三個可能：1.已經到達現在；2.尚未到達現在；3.即將到達現在。「來」定義為「我」從過去進入現在。讓我們一一檢討這三種可能。

如果我已經從過去到達現在，那它就好比一列已經駛過站的火車，「我」已經不存在了。又如果我尚未到達現在，那它也是不存在的。過去沒有，未來也沒有，那「我」從那裡來呢？再者，會有所謂的「即將到達」狀態嗎？因為它無處可來，無處可去，所以這樣的我是不存在的。由於我在這三種狀態下都不可能存在，因此一個從過去來到現在的我是不可能存在的。

現在再來研究那個從現在走向未來的我。人們可能會認為，儘管從過去來到現在的我是不能成立的，那最少從現在走向未來的我應該是可以成立的。但我們的考察再次證明這是錯誤的想法。從現在走向未來一樣有三種可能：1.已經去了；2.尚未去；3.即將去。

如果我們把自我或主體想成是「已離去了」，那它就像一列已經開走的火車。但既然已經開走，它就不復存在。如果我是「從現在去未來」，它同樣是不存在的。相同的，「將要去」的狀態也是不能成立的。因此，我們唯一得到的結論，就是不可能存在一個可以從現在去到未來的我。

一言以蔽之，根本不存在一個有來有去的我。

界分別觀

中文裡「界」這個字是翻譯自梵文的 dhātu，在佛經裡有塵、層面、界別、種類、分類範疇等不同的意義。在「界分別觀」這個用語裡，「界」指的是分類範疇與構成要素兩重意義。而所謂的「界分別觀」，是指要用一組六個的基本分類範疇來分析身、心和世界。這六個範疇可以分為兩類，端視它們是意識性的還是物質性的而定。物質性的又可分為內和外的身體和環境。

這六個範疇（即六界）是：（一）識；（二）地；（三）水；（四）火；

（五）風；（六）空。其中的「識」是屬於意識性的，其餘五個屬於物質性。此觀法的目的，是為了證實我們平常對周遭環境與自我的看法皆屬虛幻。將我們的心理和生理經驗分解為上述六個範疇，便得出這個結果。乍看之下，我們會覺得這是一種學術性的思辨而不是心靈體驗。不過，如果能有長時間的禪定工夫加以配合，「界分別觀」的方法就可以具體影響到我們看自己和看世界的方式。

我們對自我和對世界的看法是不可分地密切相連。我們會把生理上的身體或心理上的人格視為自我；有時還會把我們在周遭世界所努力築造的王國，視為廣義的自我。自我的領域甚至會透過我們的感官，擴大到外在的環境去：舉凡我們所看到的、聽到的和摸到的，甚至想像得到的，都會被視為是自我的一部分。不過如果能根據六界來解剖這些外境和內境，我們就能重新檢視和轉化由狹義和廣義的自我觀所導致的不實看法。隨著這種轉變，一個人就會減少對實體自我的執著；而隨著我執的減少，一種深邃的精神成熟就會浮現。「界分別觀」所追求的，正是這種整體、系統性的認知改變，而不是分析性知識的增加。

觀想六界的時候，我們可以分別從四個不同的角度切入：（一）依自相觀想六界；（二）依共相觀想六界；（三）依異相觀想六界；（四）依滅相觀想六界。

這四個切入點，是按照先後順序去分析我們與存在相關聯的各個方面。第一個觀法只是簡單地用六界來分類事物；第二個觀法是要用第一個觀法得到的洞察，去審視我們對存在的基本認定（即認為存在是常、樂、我、淨的）；第三個觀法是分析這些觀點對我們行為的意涵；第四個觀法是討論行為在時間中的延續性。

依自相觀想六界

此觀法的目的，是要讓人體認到，不管是身體和世界都是由六大基本元素（即六界）所構成。

先說身體。身體沒有一個部分不是由地、水、火、風、空這些元素構成。肌肉、骨骼、牙齒、頭髮、指甲和身體上其他堅硬的東西，都屬於「地」的範疇。血液、體液、分泌物、尿、和其他具有流體性質的東西，都屬於「水」的範疇。體溫、能量、精力屬於「火」的範疇。呼吸、血液循環等等，則屬於「風」的範疇。

這個範疇之所以被稱為「風」而不是「息」，因為強調的是動態的一面。「息」是靜態的，「風」是動態的。「空」的範疇在身體上更是無處不在，包括了口腔、血管、骨頭、細胞、肺和其他有洞孔的東西。因此，不管是整個身體還是任何一個部分，無非都是六界所構成。

同樣的，外在世界也是由「六界」所構成。例如，像金錢、汽車、男朋友或女朋友這些東西，分析到最後，都不過是地、水、火、風等的聚集。既然如此，你苦苦追求這些東西又擔心受怕，所為何來？

第六個範疇「識」是一個特別的範疇，它遍布在覺知的每一個剎那，無分內外，但這個世界又沒有任何我們所經驗到的東西是在意識之外的。例如，一般所說的身和心，無非是我們對身和心的意識；而對任何外物的判別、認知和掌握，本身也只是意識的一種作用。因為一切都是要透過意識才能領會，形成概念和經驗，因此在某個意義下，沒有任何東西獨立於「識」的範疇之外。

依共相觀想六界

此觀法的目的，是要讓人明白，由六界所構成的所有東西，莫不具有以下四個特質：（一）不淨；（二）苦；（三）無常；（四）空（或無我）。之所以稱此觀法為「依共相」而觀，是因為上述四個特質都同樣適用於六界的每一界，是它們的共相。

此觀法是透過觀想內、外兩個領域來進行。儘管習慣上會把身體和世界視為是清淨和吸引人的，但仍然有可能把身體的器官和某些感官對象，觀想為不淨與令人噁心的。另外，反省我們的身體和它跟環境互動的方式，就會發現，它總是趨樂避苦。由於這種追求是不停歇，即便本是愉悅的，也變成了痛苦。透過反觀我們與由六界構成領域之間牽扯，就會體認到苦是無所不在的。

我們會發現由六界所構成的東西都不是持續不變的，因此無常是無所不在的。再進一步反觀，將可以體認到由六界所構成的物體，無一是可以長存的，因此它們無一例外都是無常的。然後，進一步觀察六界的剎那生滅，我們就能明白，六界中沒有一界有持久、恆久的自我存在。它們是空的，無有自性。至此，你根深柢固的精神苦惱幾乎就會全部消失，儘管身體的障礙和不適仍是存在的。

依異相觀想六界

依異相觀六界，是要觀察業（karma）的產生，是對於不同所緣境的回應和對現象的看法。我們首先必須明白的一點是，一個人的行為會帶來善報或惡報，至於是善報還是惡報，也就端視行為本身，個人心態和對現象的認知所引生的動機。此觀法的目的是要揭示並消滅「黑」業及其惡報，讓人只做「白」業或善業。

由於行為與它的回應都和動機緊密相連，因此，一個人只有在體認到身體、世界和意識是無常時，才能確保所做的是善業和善報。能體認到身體、世界和意識是無常，就能從我執與愛欲中解脫，因為這時候，從不可動搖的經歷中，這個人深知，一切意識和物質的現象，都是六界暫時的聚合，只有在因緣允許的情況下，才得以繼續存在。用這種觀想法去對抗邪惡的動機和衝動，自我放縱就會為慈悲心所取代，而我執也會被更高的價值觀所取代。一旦因緣成熟，一個人就可以更進一步，全心全意投身於履行自己的心靈責任。如此，他就會產生善業，並在最後獲得解脫。

依滅相觀想六界

我們所說的身體與意識，都是由六界的聚合的暫時現象，不過，六界是聚散不定的；它會在這一剎那聚合（生），又在下一剎那散開（滅），形成另一個新的聚合。因此，六界雖然會在時間中持續，但它們本身並不是恆常的。而由於一切皆由六界構成，所以沒有一物是恆常不變的。準此，我們可以說，持續不變的自性是不存在的。無生、無死、無我、無存在；一切都不過是六界的聚集，而這聚集本身是虛妄的。用這個方法，我們可以具體地感受到萬物的無自性。

第五章　修慧：四念處

在佛教的經論裡，不同的「停心」方法都是為了移去粗重的情緒覆蓋，幫助修行者收攝散亂心，培養定力。但做為一種修行的方法，它卻不是用來促進解脫智慧並獲得悟境的（儘管根器夠深的人不無可能單憑這種修練就迅速達到悟境）。

不管是印度還是中國的各宗派教下系統都認為，「五停心觀」的方法只是「四念處」的前導，後者才是專為讓人產生「無我」或「空」的解脫智慧。但反過來說，如果不是先有「五停心觀」讓我們修習純淨的心和定力，則「四念處」鎖定和拔除妄見的功能也將無法有效地發揮。

為什麼定力是有效發揮「四念處」的先決條件呢？因為定境可以清除那些平常糾纏內心的粗重雜念與情緒覆蓋，讓心變得銳利而清澈。這種清明本身就是一種智慧或慧力，它與日常知覺的不同在於，它可以直接切入經驗的肌理。它被稱為「觀慧」或是「有漏智」（sāsrava-jñāna）。之所以用「有漏」二字來形容它，是因為這種智慧還是不圓滿的，不能和那種可以了悟「無我」的真正智慧等量齊觀。而它之所以被稱為「觀慧」，則有兩個原因：首先，它的清明與精準是從定而來的；其次是因為，這種清明與精準是深度探究心與存在所不可少的。而「四念處」中的「念」字，指的就是這種「觀慧」。

「四念處」的對象都是很深細的。如果一個人以平時的散亂心和混濁心去觀想它們，將毫無作用，只會讓自己更加疲倦和混亂。即使一個人已經有了心專注和心清明的定的工夫，但如果他停止了修行，並在隔了很久以後才開始修「四念處」，那修行一樣是徒勞無功。必須趁定力還新鮮和強烈的時候就進行「四念處」，而且應該不間斷地修行，直至有所得為止。否則，清明和精準的定力就會消退，而修行也得從頭來過。

禪修中培養了知、辨別能力，同時也培養了專注、安定的能力，這與前面談過修「止」與「觀」是「鳥之兩翼、車之兩輪」的想法互為呼應。五停心觀主要是培養「止」的技巧，雖然其中一些方法可以用於培養觀「慧」。反觀「四念處」主要是培養清楚了知和觀照的技巧，儘管持續觀身也可以帶來「止」的效果（特別是配合呼吸方法）。

根據傳統佛教的「止觀」觀念，禪定的專注與清明狀態是深入修觀所不可或缺的，否則，將無法揭發並根除心的根本煩惱與虛妄煩惱。因此，「止」常常被比喻為門窗密閉而無風的房間，而「觀」則被比喻為在空氣中穩定燃燒的燈焰；「止」是鬆解汙垢的肥皂，「觀」是沖走汙垢的水；「止」是攥住一把野草的手，「觀」是割掉野草的鐮刀；「止」能挖開泥土、暴露出樹根，「觀」則能把樹根拔起。

沒有由「定」帶來的專注和清澈，「觀」將是浮面的。它所得到的任何洞見都是淺薄而一閃即逝的。你始終只是個玩弄文字遊戲的哲學家，而你所獲得的洞察，無法對整個身心產生革命性的變化。另一方面，一味地追逐「定」而忽略「觀」和「慧」，也會有沉迷於寂靜與身體輕安之虞，甚至會成為一種癮頭，讓你永遠無法得到解脫，因為單憑專注與世間的禪定，是無法開悟的。你會一直停留在一心和大我的層次，除非你有幸得遇一位名師，或是刻意去修習佛教觀空性和無我的方法（如「四念處」）。

中國的虛雲老和尚（一八四〇～一九五九）自受戒後就住在山洞裡，過著苦修的生活並且勤念佛號，因此體驗到奇妙的喜樂和心靈的清明。不過六年後，他偶遇一位天台宗的得道高僧，才知道自己犯了錯誤，並開始鑽研禪宗公案，糾正錯誤。①因此，對於佛教的修行者來說，了解「五停心觀」、「四念處」和禪宗「參公案」與「默照」這些方法背後的「止觀」或「定慧」原則，是很重要的。

四念處做為一種禪修的方法

「四念處」的「處」，是指對四種對象的觀想：（一）身；（二）受；（三）心；（四）法。其中，「身」是指我們的身體，「受」是指我們身體對外界種種刺激的「感受」，「心」是指心靈對於這些感受所產生的反應與執著，「法」是指由「身」、「受」與「心」產生的一切生理及心理反應的元素。這四者會被稱為念（smṛti）的「處」（upasthāna），是因為在「四念處」的方法中，行者會按次第一個一個觀想這四個層面，由淺到深、由粗到精，就像造訪一個一個處所。

「四念處」的用意，是對治和根除四種基本錯誤的觀念，也即是「顛倒見」，即四種對一切人、事、物的謬見：（一）以為世間是清淨的，實則它是不淨的；（二）以為世間是快樂的，實則它是苦的；（三）以為世間是永恆常住的，實則它是無常的；（四）以為我們和世間有情都有不變的自性，實則並非如此，而是無我。這四個謬誤之所以被稱為「顛倒」，因為實際情形是相反顛倒的：事實上，世間是不淨、苦、無常和無我的。

這四個謬誤，在我們對於世間的所有誤解裡，是最根深柢固和隱伏的，而且深深影響著我們對自己和周遭世界的看法。事實上，它們就是無明和煩惱的主要根源，因為有無明和煩惱，才會產生生死輪迴和循環不息。因為，要不是相信世間是「淨」，就不會認為我們的身體是清淨的；要不是相信世間是「樂」，就不會天真地以為我們的感受是快樂的；要不是相信世間是「常」，就不會以為自己的心靈和人格是恆常不變；要不是相信我們（和世間）被賦予了一種獨立的自性，就不會產生一種堅定的自我感，以為有一個恆常而堅實的「我」是一切經驗、決定與行為的主體。這四個謬誤都或多或少涉及一個「我」，因為它們全都是以一種自我指涉的方式，去組織周遭的世界。可以說，這四種「顛倒」，乃是自我感存在的基石。

「四念處」是用來揭發和對治這四種基本「顛倒」的，所以它們會在修行者身上激起對身、心與世界革命性的新體驗。人都有一種把身體等同於自我的傾向，另一方面，我們的自我感也從來不會只局限在身體的範圍，而是與不停歇、變化不斷的感受相關，使得我們的身心在與環境互動時產生苦樂之感。事實上，深入一層考察，就會發現我們對身體的體驗，全都是由這一類的感受構成。正是這種與外境互動時所產生的感受，構成我們對身體存在的感受。

更進一步說，我們對心念和自我意識，要比身體來得深。我們對身體的看法和對待方式，常常將其視為環境中的一個物體。例如我們說：「我的手受傷了」，或「我的頭髮很好看」等等。我們固然會覺得身體和自我有關聯，但終究來說，我們會覺得有一個更深更真的「我」在裡面。這也是我們所謂的「靈魂」或「真我」的意義。

在定境中，我們會體驗到身體的局限完全消失了。我們會覺得身心消失了，向外擴大，與萬物融為一體；會覺得自己與宇宙合而為一，而這個一就是純然、真實的存在、上帝或是絕對真實。很多宗教與哲學都是從這一類的體驗中得到啟迪的。然而，佛教認為，這種體驗其實也是一種自我，只不過它比我們日常熟悉的那個自我精細罷了。這時候，你不過是用一個大我來取代原來的小我，在大我裡，身體平常所感受到那種粗重的苦樂會消失，而由一種微妙而遍在的喜樂與能量所取代。

不過只要自我還在，煩惱就還在，只是以不同的形式出現罷了。透過「四念處」的方法，我們才可揭發和拔除那些會帶來自我與一切人、事、物體驗的頑愚之見，為自身引發一場革命性的變化，這種變化是從體認到「無我」、「無心」或「空」而產生的。「四念處」就是小乘和大乘為達此目的而開發出來的觀法之一。

身念處（觀身不淨）

「四念處」的「身念處」和「五停心觀」的「不淨觀」有著表面的相似性，因為兩者都是要讓修行者明白身體是不淨的道理。然而，兩者實際上有著根本的不同，不應該混為一談。因為做為五停心觀的方法之一，「不淨觀」是用來對治貪欲和身體的執戀的。其方法是觀想一具屍體逐漸腐爛的整個過程，這方法需要專注的心理演練，觀想逐漸腐爛屍體的畫面，最後是停留在光澤四射的白骨上。它觀想的對象是想像出來的、經過主題化並有固定的內容。那些透過逐步作觀組織起來的畫面，既是用來對治身體的執著，也為修行者提供一個集中心念的對象，以便培養出心一境或禪定的境界。

「身念處」雖然也像「不淨觀」那樣，可以帶來禪定的體驗，但無論是它所觀想的對象還是使用的方法，都與「不淨觀」大不相同。它所觀想的對象（也就是它所「念」的「處」），乃是如其本然所呈現的身體和它的行動。進行這個方法時，修行者毋須刻意去把身體和它的行動想像為清淨或不淨、苦或樂、聖或俗、存在或空虛，而是觀察它們從這一刻到下一刻的變化。無須去預想身體是做什麼的，這個方法的目的是直接、新鮮地體驗身體，仔細地觀察身體在我們生命中的體現和影響，從而對身體有更深的熟悉、更徹底的認識。這種對身體活動與感受的靜默觀察，用不著在事前做出一些獨斷的預設，很自然就會帶領我們認識到身體的不淨與約束性。透過純粹的觀察，身體本身就足以充當我們的老師。

「身念處」是建立在禪定的基礎上，但它的最終目的，則是要引發無漏智慧——也就是讓我們可以明悟「四諦」和「無我」道理的解脫智慧。經由禪定淨化和深化的正念，可以揭露出身體乃是眾多煩惱與執著的本源，每個人都根深柢固地視身體為我。每一刻，我們都環繞著身體，本能性地保護它並滿足它的各種物質欲望，而完全察覺不到，我們以身體為基礎所衍生出來的業與名色諸法，正是把我們捆綁在生死輪迴裡的繩索。

在某個層次上，我們固然可以因為身體的汙穢（它會分泌各種髒東西，需要不斷地清洗才讓人受得了），而認定它就是不淨的。不過，「身不淨」的觀念事實上還有更深一層的涵義：它之所以不淨，是因為它有著各種醜陋的習性，例如虛榮心、侵略性的性欲望、情欲執迷和暴力傾向等等。這是一種比汙穢更深細的醜陋。因為我們對身體的無知認同，正是帶來這一籮筐惡性的罪魁禍首，所以在一定程度上，「以身為我」（身見）乃是生死輪迴的根源。

受念處（觀受是苦）

如果我們進一步觀察我們的「身體」、體驗身體，就會發現，它主要是由感受所構成，而受在性質上是心理性的。我們之所以會把身體執為「自我」，以及相信身體和一切的存在整體都是清淨的，是與身體所產生的感受緊密相連。佛教的典籍把感受分為三大類：（一）樂受；（二）苦受；（三）不苦不樂受。根據傳統佛教「五蘊」和「十二因緣」的架構，當我們的感官接觸到一個對象時，馬上會生起樂受、苦受或不苦不樂受（六入緣觸，觸緣受）。也就是說，不管經驗到什麼東西，我們馬上會根據樂受、苦受或不苦不樂受做出評價與反應，而沒有經過「想」（saṃjñā）與「行」（saṃskāra）的過程。

事實上，我們對四周的世界是採取一種防衛性的態度。第一個會在心裡閃過的念頭就是：它是不是可以滿足取悅我們，或是會威脅傷害我們。在意識的底層，認知本身便充滿迷惘、喜悅與恐懼。我們會「注意」到某些事物，是因為它們威脅或有利於我們，令我們討厭或喜歡。對於習以為常或中性的感受，引不起我們興趣的，我們都「不注意」。

我們就這樣透過每一個感官（即六根），從自我利益出發，以我／他、樂／苦、威脅／有利等二分法，「塑造」出自我與世界。我們都習慣性地追求快樂，盡力忽略、迴避或減輕痛苦。樂受變成我們最著迷的事，飢餓時吃東西、口渴時喝水、熱天裡吹風、骯髒時洗澡，無疑都是可以帶來很大快樂的事情。人們珍愛這些快樂，盡力保留它們並且迴避相反的感受。為了這個目的竭盡所能追求快樂，我們甚至會去壓抑痛苦的經驗和回憶。在努力擴大和掌握快樂的同時，我們竭盡所能去少注意那些會干擾我們的事物。

然而，那些讓我們不快樂的事物總是持續不斷地穿透保護的高牆，帶來痛苦的經驗。努力抵擋不快樂事物的侵擾也許會成功，但這種嘗試，會帶來慣性的驚慌與無盡的精力耗損，本身就是令人感到壓迫與痛苦的。更糟的是，在追尋快樂的形式中，我們已經為自己播下了失敗的種子。因為樂也是無常的，總有一天會消逝。無論是樂受或苦受，都受制於無常法，會帶來痛苦。就像會令人上癮的毒品一樣，短暫的快樂只是為它消退後的痛苦鋪路，我們愈執迷於它，就會愈痛苦。尤有甚者，此生養成的心理慣性，會帶到來世去影響來生，因此這種二分法囚籠般的苦果，是沒完沒了的。

如果能鮮明回憶起我們所壓抑的那些不快樂感受，並沉思世間的快樂有多麼易逝，將對自己的身體與感受產生相當不同的觀感。有些人說佛陀「諸受是苦」之說是錯的，態度太過消極。就連佛陀本人也說過，他有關苦的說法，是與世間法相違背的。但不可否認的，不快樂或痛苦是我們經驗的一部分，若想泯除它們「悲觀」的色彩而迴避它，是不切實際的。更糟的是，大部分人避談這個議題，並不是出於真正的哲學反省，不過是一種驅逐不快樂或痛苦的習性使然。

要想變得明智、快樂和充實，就應該去面對自己的處境，接受它，而不是千方百計逃避它。我們應該透過正念，接受一切感受，讓自己深入觀察樂與苦的生起與變化。透過這樣的觀察，我們會進一步了解它們是如何相互影響，而輾轉形成劇苦。分析到最後，「受念處」這種方法將會直接產生一種洞察，覺知到苦、樂和不苦不樂受這三者的循環本身就是苦的。只有在深入了解它的過程並放下對覺受的執著時，才可能得到真正的平安與快樂。

心念處（觀心無常）

在前面有關身體與感受的討論中，我們已經從「以身為我」的經驗，提昇到一個較微細的層次，將觀察從粗重的身體，移到身心的感受上。在受的觀照中，身體的迷思被解開了，顯示出它主要是內心的建構。在接下來的這個心念處中，覺受進一步放入總體心理與生理的架構，也就是受、想、行、識的遷流過程中去檢視，了解我們主觀認定的心。這樣，「心」的架構或「以心為我」就成為了觀察的焦點。

就像對待身體那樣，我們也會把很多無稽的想法加諸「心」上面，認定它是一個持續的實體。很多人也許不會反對，身體和環境會隨著時間發生改變，但他們仍然深信，人格特徵即心理層面是不會變的。他們以為，構成人格的那些情緒和心靈特徵基本上是持續一生的，因此執持這個內在人格為不變的實體。中國人在示愛時有一種說法：「海可枯，石可爛，此情永不渝。」但真有一種永遠不會變的感情嗎？還是說這只是一廂情願的宣言？我們真的是那麼一貫的嗎？心到底是怎麼一回事？

如果我們近距離審視我們所謂的「心」或「個性」，就會發現它不過是一條極為湍急的溪流，由此起彼落的念頭、感官印象、感受和驅力所連接而成，不斷受外在刺激和內在思緒的影響而起伏不定。日復一日，我們都站在一個絕對主觀的實體基礎上，評估和操控四周的世界：「我」感知到「世界」、「思考」著某個「想法」，並決定採取某個「行動」。同時，我們認定，這個過程是獨立而持續自我的一部分，且是可預測的，是全然處於我們意識的控制之下的。制式的想法與反應強調一個絕對的主體性，一切差異被視為偶發性，或基於策略而做的改變。就這樣，我們認定「心」是真實而獨立的，就和我們認定「身體」的情況一樣。

如果仔細探究或觀察這個「心」，就會發現，它最缺乏的恰恰是實體性和統一性。思想之流有自己的生命，與其說是「我們」在思想它，倒不如說是它在「思想」並主宰我們！事實上，它充斥著相互衝突的感情和想法，是自我認同和自我利益不斷拉扯的戰場。究極來說，在這個心念相續和強化自我的過程之外，並不存在一個不變的「心」或「性格」。只要你敞開胸懷，敢於提出「『我』是誰？」這個問題，必然會發現，它是善變與短暫的。就和「身念處」之於身體一樣，「心念處」也會逼著我們拋棄心是不變的天真假設。

法念處（觀法無我）

揭示過「身」和「心」的虛假以後，兩者間的界線就此消失，連帶消失的是內在與外在、自我與世界、心靈與物質這些次一級的二分法。它們不過是持續變動的相續體，或者說是身心感受、思想與意識行為等的聚會所。由於注意到這些內心活動有某種一貫性，所以佛陀和後來的修行者，就把這些身心經驗的因素歸納成具啟發意義的範疇，名為「法」。因此，除了我們所熟悉的「身」與「心」兩個範疇以外，我們的生理和心理經驗還可以透過「十二處」（āyatana）（即六根加六境）和「十八界」（dhātu）的架構來加以分析。不過，最有名的分類法，大概就是五蘊了，即色、受、想、行、識。有關五蘊（skandhas）的討論，在大部分的佛教入門書裡都可以找到。

法念處可以讓我們以諸法為參考架構，對身心相續的經驗進行微觀分析，它們正是自我、心和身等概念的出處。任何一個時間的感受，可以從「識」的角度來看，也就是根與塵（境）接觸後的識。或許我們也可以從因果、前後的關係來看，心理活動可以用五蘊來解析，「色」塵與根接觸，產生了「受」，接著經過「想」，而有了「行」的反應，最終形成了「識」。

修法念處的目的，在於處理最細微和最麻煩的「我」（ātman）——這個導致我們生死輪迴的錯誤觀念。如果我們看出法是無時無刻不在遷流變動的，哪有「我」呢？這個知覺和組織經驗的「我」又是誰或是什麼？它是和這種經驗一體嗎？還是先於這種經驗？還是跟這種經驗絕對地分開？如果更深入檢視這個問題，會為我們對待自己和世界的方式帶來什麼樣的影響？

一個常見的錯誤觀念就是相信身和心是我們的。所以我們才會說類似這樣的話：「我的身體感覺……」或「我的心正在想……」，這兩句話的根本都是那個主觀的「我」。正因為這樣，我們才會把自我等同於「身體」、「心理」或一些個人的思想、意念，再加上超越的「靈魂」。但如果我們如實觀察那些心理、生理的體驗本身（也就是說那些在心裡剎那生滅的念頭），就會看出，它們不過是複雜的因緣關係剎那下的產物。

「我」或「自我」不過是一個思想、一個心靈虛構物，它是與其他的心靈虛構物一起產生的。因此，沒有其他的因素，它是無法獨立存在的，它也無法約化成其中任何一個因素。在任何一個「法」（經驗的基本元素）裡，都找不到一個持續和可以認定的自我。「我」是由因緣所構成，是沒有根本的，只是一個空洞的虛構物。這種體認，相當於小乘所說的「空」，即「人無我」（pudgala-nairātmya），即人的生命存在由五蘊假合而成，並無實在的自性。

更進一步說，同樣的道理也適用於所有經驗構成的元素本身：法的生、住、滅都是相互依存的，它們無一是永恆絕對的，或是獨立實存的。因此，我們在自我身上發現的空和無我，同樣可以在「法」上面找到。在輪迴的俗世中，我們對因緣構成的物體有了錯誤的認識，才會認為它是實有的；我們經驗到的法，也因為錯誤的認識，而被認為是實有的。不過，如果再深入觀察，就會知道，這兩者都是由其他因緣匯聚而成的結果。它們都是空的，恆常變動，無有自性。這就是大乘所說的「法無我」（dharma-nairātmya）。誠如中觀派（Madhyamaka）的龍樹大師在《中論》(*Mulamadhyamaka-kārikā*)開篇裡所說的:「諸法不自生,亦不從他生,不共不無因,是故知無生。」②

以上,我們逐一討論了四念處的方法,把它們一一跟不淨、苦、無常、無我或空相對應。對初學者來說,這也許是修慧的最好方法。然而,隨著修行深化,單憑四念處的任一個,都有可能培養出不淨、苦、無常和無我這四種智慧的全部或任一個。因此可以說,四念處和它們對應的智慧是相互滲透的。

四念處與四諦及不同層次空性的關係

「四念處」的最終目的是要讓人體悟四諦,洞見無我,從生死輪迴中解脫出來。在最高的修行階段,觀想四諦本身會與「四念處」整合在一起,以至在身、受、心、法任何一個念處,都會充分感受到四諦的真諦,反之亦然。這樣的體驗發生時,對無我的體證可以說是發展到極致,它能帶來小乘所說的聖位四果:預流果、一來果、不還果、阿羅漢果。

不過，除了能夠達成小乘道路的最高目標以外，「四念處」（特別是法念處）還可以幫助修行者體證大乘佛教所說的空性。因此，「四念處」是佛教不同派別與教義系統所共享的技巧。它是一扇共通的門，可以讓人通達無我的空性、諸法的真實空性即如如實性，以及最高與最不可思議的空性。

愛與慈悲是大乘佛教菩薩道的根本。當然，這些美德也受到其他宗教的珍視。然而，佛教與其他宗教不同的是，佛教認為只有當修行者對一切事物的存在具有正確的洞見時，才會生起真正的愛與慈悲——也就是只有當修行者體悟到，一切自性是「緣起」（pratītyasamutpāda）和「無自性」（niḥsvabhāva）時，愛與慈悲始克生起。我們可以從兩個角度來了解這個觀點。

首先，是從相互依存的角度。我們可以看到，世界上沒有任何事物——不管物質還是心理的——獨立存在於其他事物之外。所有生命和事物都是彼此緊密相關的。所有看起來由獨立個體所發起的活動和過程，事實上都與其他個體所發起的活動和過程相關，或受它們的影響。所有一切，若離開了這個龐大的關聯網絡，將不會有任何存在可言。

從日常個人的尺度觀之，沒有一個人可以完全獨立生活在社會或其他人之外，相互依存的道理由此得到印證。我們生來這個世界上，早年受到別人（親生父母或養父母）的哺育。我們終其一生依賴別人的幫忙，才能得到需要的一切：從食物、衣服、房子這些最基本的生活必需品，到各種賴以謀生的知識、技術。就連語言和溝通的能力，都是從別人那裡學來的。我們很幸運，生活在一個穩定富足的環境，但如果有朝一日我們失去了現有的安定，就會知道，當下所享受到的平安有多麼的珍貴，而它又是多麼的不牢靠。

從一個更大的尺度來看，我們會發現有數不盡的其他存在（包括有情與非有情），都對我們的福祉產生直接或間接的影響。當我們意識到人類與其他形式的生命或物質存在關係密切時，又怎能不對萬物產生同情心和關懷呢？正是從這種了解，再加上同情心與關懷伴隨而來的感受，讓我們對其他存有和整個世界形成一種責任感。我們渴望幫助他們，以我們能力所及的方式促進他們的和諧與快樂。

由於佛教相信，每個人都有無數的前生與來生，因此我們曾經跟每一個有情關係緊密地生活在一起。他們可能曾經是我們的父親、母親、兄弟、姊妹。所有的有情都曾經有一段時間是我們快樂的來源，意識到這一點，我們就會對他們產生深深的感激之情。也許我們曾經帶給他們悲哀和憂傷，想到這一點，我們也會產生深深的懊悔。對於自己與別人這種緊密結合的感受，我們會生起真正的關心和愛，它超越家庭、種族、階層或國家的關係。這種擴及所有地方一切生命的慈悲，來自於「我們其實都是一家人」的深刻洞見。這就是佛教慈悲的基礎。

從第二個角度來看，萬物的相互依存讓我們可以說它們是共同性的。當我們把焦點局部化或「窄化」在由生物與無生物交織而成巨大連鎖的一部分時，就會把存在設想為由一個個獨立的「個體」或「自我」所構成。然而，所有的個體或自我，事實上都是彼此相關，也和大環境接壤，所以沒有一個是永久和獨立實存的，它們都是「空無自性」的。這就是「空」（śūnyatā）的本質，它是離不開緣起的，它就是緣起。如果我們透過大乘「慈悲」與「智慧」的修行，深入了解緣起，就會切身而直接地體認到萬物都是無自性的。「空」與「緣起」相互證實了一切萬物的共同性。明白了萬物相互依存的道理以後，就會進一步體認到存在非二元的、平等的本性。這種體認是真正智慧的開端。

這就是我們所處世界的深刻本質，也是每個人生命的深刻本質。我們與其他人和其他事物（不管是有生命的還是無生命的）密切相關，擁有這種體認，一個人就會感到與世界有直接的關聯性。他會發現，無邊的慈悲心是離不開空慧的。要想真正自在地過「無我」的生活，並不是要離開世界，而是要以開放的心，當下慈悲地生活在這個浩瀚、互相滲透的整體之內。當你擁有無邊的智慧，能夠去包容特殊與普通、空與有的萬物時；或者當你擁有無邊的慈悲與方便，能夠像對待身體一樣，去包容萬物與環境的時候，你就是一個修得無上正覺的佛。

在大乘的傳統裡，眾生本性上都與佛不二（連草和葉也是如此）。眾生都有潛力可以覺悟成佛，因為眾生皆有佛性。走在佛道上的人必須培養自己的大智慧與大悲心，體會眾生與自己原是一體的道理。這並不是一廂情願的想法或只是哲學上的思辨，而是一個真誠的動機，可以激發我們行動和驅使我們以人的方式生活在世界上。更重要的是，那是一個透過修行和身心逐漸轉變得來的真切體驗。它不是來自外部，不是一種自外而內加諸我們的東西，它來自於當下對於自我存在本質的切身洞見。這個轉化的智慧，是驅策覺者的動力，也是菩薩內在力量的動機和泉源。

第三部

禪宗的頓法

第六章　禪宗與頓悟法門

頓悟與漸悟

在第一章裡，我們已經介紹過直接修的頓法與次第修的漸法的分別。我們指出，禪的傳統是向頓法認同的，但仍然保留著漸法的一些基本原則。然後，在其後的章節，我們又大略介紹了漸法中的戒、定、慧這三無漏學。現在，讓我們把焦點轉向禪宗的概念與修行法。

佛教頓法與漸法之間的分別，可以透過幾個不同的觀點加以說明：時間的觀點、空間的觀點、辯證的觀點。從時間過程的觀點來看，所謂的「頓」，是在那一瞬間一次完成所有的轉化；「漸」則意味轉化是透過一步一步、循序漸進完成的。

從空間的觀點來看，頓法沒有從「這裡」到「那裡」的移動，沒有從某一領域到另一領域的轉換——不管是從生死到涅槃，還是從妄到覺。事實上，在頓法中的譬喻——「虛空粉粹」，就是當下體驗到「這裡」就是「那裡」，「那裡」就是「這裡」。相反的，漸法不只設定空間上的分別，而且把修為的前進歷程理解為：一個個領域或觀點的辯證取代過程，例如從有轉向空，繼而又從空轉回有，接著同時肯定二者，再來是同時否定二者。

最後還有辯證的觀點。某個意義上，這個觀點和空間與時間的觀點並無多大差異，因為在辯證的觀點裡，時間與空間被設想為心靈的構造。漸法認定，有一系列各自獨立的主題位置，是以辯證的方式互相成立或互相取代的；要等到最勝義的覺性或空性顯現，這個辯證的過程才會停止。

例如，《心經》裡說：「色即是空，空即是色；色不異空，空不異色。」要體證這種完全的同一性（也就是要體證佛的圓滿智慧），可以從「色法真實存在」這個偏頗的觀念展開。這是我們習慣認定的世界觀，然而佛教卻主張，存在是苦的、假的，究極來說是空的。透過色法的思維，一個人就可以拔除各種妄見，體認到萬物並無自性，皆是因緣而生的道理。不過，在看到萬物並無自性的同時，人卻有可能犯上一個相反的毛病，那就是把空或相的泯滅執為最高真實。在大乘佛教看來，這是一種有所偏以及不完全的體證。為了矯正這種對空的執著，我們就必須否定空，證明它是離不開色（即存在），證明色是完全參與空性中。這樣循序漸進，我們就能到達圓滿而無雜染的「中觀」——一種能真正代表菩薩道或佛道的動態觀點。

但根據頓法的觀點，完整而無雜染的正覺是瞬間呈現和瞬間領悟的，毋須求助於辯證性的轉換或時間上的進程。沒有從一種狀態到另一種狀態的傳送，也不必有主題操控或概念架構的轉換；唯一需要的只是視野的直接擴大。色即是空，空即是色，生死本是涅槃，涅槃本是生死。一個人唯一需要做的，只是放下這種被執為實的二元性，讓它們自行安頓在因緣整體應有的位置上。事實上，就連這種二元性也不足以表述「中道」無雜染的整體性。

根據傳統印度和中國佛教的構思，菩薩想要證得無上覺，必須歷經三大阿僧祇劫始克完成。菩薩首先要發菩提心（bodhicitta），然後實踐六波羅蜜，以便體證空的解脫智慧；之後，他要努力貫通勝義與凡俗的兩重觀點（也就是涅槃與生死的觀點），最後達到「不退轉」的階段和「中道」的正見。在中國一些發展成熟的系統裡，認為這條道路包含五十二個階段，每個階段各有其所需要修的智慧與功德。

這種觀點在大乘經典裡相當常見。然而，也有些大乘經典主張，成佛是可以迅速或即時體現的。像《涅槃經》就認為，佛性是眾生所本具，即心是佛，而眾生之所以昧於這個事實，只因明覺受到幻見與煩惱的客塵所覆蓋。①如果一個人聽了佛性的觀念，而且決心要重回到原來的明覺狀態，那他當然是可以採取對治妄見的修行方法，一點一點解開妄見，直到佛性完全顯露出來為止。不過，因為開悟本來就是具足的，因此理論上，一個人也是有可能馬上認知並會同內在的佛性，把本覺的心靈顯現出來。

理論上，把修行理解為一個漸進還是即時的過程，端視你怎樣理解未覺的狀態以及究竟實相兩者的性質。但在實踐上，到底應該採取頓法還是漸法，更重要的關鍵是修行者個人根器與能力的深淺。那些特別有慧根的人，或是曾經在前幾生經過長時間修行而讓心變得相當清淨的人，是有可能在今生迅速理解頓法的意義並加以有效利用的。但如果一個人資質魯鈍或受到複雜的情緒所束縛，那他即使是應用頓法的修行，恐怕仍進步得相當緩慢。

這幾乎是通則：資質愈魯鈍和情緒愈複雜的人，所需要使用的修行方法就愈複雜迂迴；反之，根器愈銳利和性情愈單純的人，需要使用的方法就愈簡單直接。至於那些根器極端銳利的人，有可能單憑一句話就達到深邃的開悟。像是禪宗的六祖惠能，據說就是因為年少時偶然聽到一句《金剛經》的偈語，就體驗到極深的悟境。

尤有甚者，在佛道與修行的路上，我們還必須問自己，「開悟」這個詞的精確意義何在。定義開悟的方法有很多種，而大乘也有很多分類開悟的架構。有些架構把任何種類的實質進展（甚至包括了道德轉化在內）都稱為覺，但也有些架構規定，只有到達佛性的完全展現或不退轉（avaivartya）的菩薩階位，始可稱為覺。一個人要是喝過一滴河水，自是知道水的滋味和感覺如何，但這種對水的體會，是和他在河裡游、飲盡百川的水，或與汪洋合而為一時的體會大不相同的。

就算是在頓法的路數裡，開悟也可以（更精確地說——必然會）有不同程度的深淺。但怎樣理解這種頓與漸的互涉關係，端視怎樣理解這條道路以及修行者所要達成的目的。為了說明這個過程，讓我們回到前面提過的一個比喻。假設你被困在井裡，井口覆蓋著木板，而木板上又堆著厚厚一層沙土。自然，井裡面是一片漆黑。不過有一天，風卻把蓋在木板上的沙土吹走了一些，讓一絲陽光透過木板縫隙射入井中。這一剎那，開悟就發生了：光在黑暗中出現，讓你明白了光與黑暗的分別。稍後，如果你有辦法把沙土再多挖掉一些，射進井裡來的光線就更穩定，又如果說你有辦法移開木板，那整個井底就充滿了陽光。用來比喻開悟的話，那就可以說，你的開悟更深了。再來，如果你能夠離開井底，自由地走來走去，或是飛到天上，與太陽合而為一，那你的開悟就更深切了。

你最初在井底看見的一絲光線和你後來與太陽合而為一所體驗到的光，其強度的差異不可以道理計。不過從質上來說，這兩種光是沒有分別的：一模一樣都是陽光。從這個觀點看事情，可以說，你在井底第一次看到微弱光線的時候，就已經明白了光的本質；只不過，想要讓光達到全面強而有力的幅度，卻還是要透過修行與精進的。同樣的道理也適用於佛性或開悟的智慧。當你第一次瞥見法的剎那，你事實上已看到了佛性的本質。但這時候，你仍然不是一個道道地地的佛。只有把井口的木板和沙土移開，你的修行才有精進可言。

所以從實踐的層面來看，不管是頓法與漸法，都會因為側重點的不同而有不同的層次。惠能把頓法和漸法的關係概述如下：

> 法無所謂頓漸，但人卻有利鈍之分。魯鈍之人宜修漸法，明悟之人宜修頓法。認識本心即是悟見本性。一旦開悟，即知二法原無差別；不悟者則長為輪迴所困。②

頓法和漸法的基本觀念從一開始就存在於佛教，不過，一直要等到佛教在中國落地生根，它們才獲得更系統性的闡述。事實上，以頓／漸的架構去分類佛法，乃是東亞佛教的正字標記，因為不管是哪個東亞佛教的系統（包括了華嚴宗、天台宗、三論宗和禪宗），都有這種二分法。只不過，色彩鮮明地向頓法靠攏者，則僅禪宗一家而已。

禪宗

很多人都知道，「禪」這個中文字是梵文 dhyāna 的音譯。而我們也在前面的章節指出，傳統上，dhyāna 是指禪修。它更多時候是指由禪修所達到的深邃專注狀態（如四層次的禪定），但有時也可指這種修行所使用的方法。在這兩種情況下，「禪」是「世間」的現象，因為即使達到高度專注或統一心的狀態，仍然不代表一個人就已經產生出無我的智慧。而只有包含無我智慧的狀態，才可以被稱為「出世間」的。因此，特別是在小乘的系統裡，「禪」在本質上是有別於「覺」的，等級也要在「覺」之下。

但在大乘的佛經裡，「禪」的意義有了一些改變：它被提昇為六波羅蜜之一，因而可以兼指世間與出世間的禪定（或已覺與未覺的禪定）。禪宗的「禪」字，取的就是這個意義，只不過，禪宗又把這個字的涵蘊更向前推，把它用作為開悟的同義語。靠著這個方法，禪宗凸顯出自己是最強調開悟的傳統：一個傾全力於培養和體驗活潑佛心的禪修傳統。

至少從宋代開始，禪宗就以四個原則來表述其自成一格頓悟法的特色。這四個原則是：（一）不立文字；（二）教外別傳；（三）見性成佛；（四）直指人心。這四個類似於禪宗宣言的原則，是我們理解禪宗——一種制度傳統與個人修行法門——極有用的切入點。

「不立文字」的觀念對佛教徒並不陌生。從一開始，釋迦牟尼佛就把開悟形容為一種非日常態度所能理解的體驗。開悟之所以是「不思議」和「不可說」的，不只是因為它極其神聖莊嚴，也是因為要獲得開悟，必須對日常的認知進行一場徹底的革命。除了這種區分以外，佛陀也區別了言說教誨的佛法和開悟智慧的佛法；後者是從修行得來的，也是一切言說教誨之本。正因為如此，佛經和各宗派對佛經的闡釋常常被比喻為「把人渡向彼岸的擺渡」、「指月的手指」和「治病的藥方」，意指它們只是幫助人達成覺醒和轉化的「工具」，而不是「目的」本身。

禪宗比任何宗派都要更強調這種二分法，而且把它推至一個極致，認定個人的開悟體驗是至高無上的權威，凌駕一切，甚至凌駕於佛陀本人的言說教誨。當禪宗誓言「不立文字」時，「文字」二字所指的是以佛經為基礎的各種有關佛法的觀念和義理。而「不立」二字則包含兩個意義，一是要求禪修者不應該沉迷於對佛經的文字研究，而忘了把文字轉化為實踐，因為沒有經歷開悟的全面轉化，一個人對佛經研究得再多，仍是解決不了任何問題的。另一方面，「不立」又要求禪師不可為佛經所囿，而應該靈活使用任何可以幫助弟子到達開悟的方法。換言之，修行與教誨的最終目標應該是直接活潑的開悟智慧，其他作法都是不被接受的。

禪宗的第二個原則「教外別傳」只是第一個原則的延伸，也就是把對佛經的不依賴，擴大到對歷史上佛教各宗各派義理的不依賴。「教」這個字是指「經義教理」，在中國特別是指華嚴宗和天台宗，因為這兩派都自詡自己所發展出來的精密教理與修行系統，是根植於佛經的。而禪宗強調自己是在「教」之「外」，正是為了表示自己有別於其他以佛的言說教誨為依歸的傳統。各宗派的「教」都是把自己的權威奠立在對佛經經義的傳承上，禪宗則把自己的權威奠立在「以心傳心」，也就是活潑開悟智慧的直接傳承上。這種「以心傳心」的方法，也被稱作「傳燈」或「傳正法眼藏」。禪宗聲稱，它所傳的法，乃是直接上承佛陀的開悟智慧，經一代又一代的禪師相沿下來。也是基於這個理由，禪宗認為自己是站在「教」的傳統之外並且優先於「教」的傳統。

以歷史的形式來表達，禪的傳統是由一系列印度和中國的「祖師」前後相續而成，其源頭可直接回溯到佛陀本人。就像佛陀曾經為禪宗的印度初祖迦葉授印可一樣，迦葉及其後繼者也為各自的弟子施訓和授印可。首先把禪法帶到中國的是印度第二十八祖菩提達摩，其後，隨著禪法的逐漸廣被，禪宗在中國又分支成為多個法脈。直到今天，禪宗的傳承仍然以「禪師」的形式和「師徒」關係繼續持續著——事實上，禪宗得以發展為一個傳統，靠的正是「師徒」這個核心的組織原則。

從制度面來說，所謂的禪師，乃是曾經經由禪修而悟見自己的佛性、並獲得一位禪師正式認證的人。禪法的傳承同時需要三個條件：師父的開悟智慧、弟子的開悟智慧，以及做為這兩者基礎的佛法的活潑實相或佛心。三者只要缺一，那開悟和傳承就無法視為有效的（至少依禪宗的標準是如此）。不過，對開悟和傳承來說，正式的認證同樣是不可或缺的，因為禪修的基礎和禪宗做為一個宗派的完整性，都仰賴一個前提：釋迦牟尼的「心法」在傳承的歷史過程中一直保持著原貌。禪修者致力於自己心靈裡「點燃」和印證的，正是這種認證過的智慧；因為禪師是這種智慧的體現者，所以一個禪修者應該以他們為師。

第三個與第四個原則關係到的是禪修本身。禪宗主張眾生本具佛性，眾生的心本覺和清淨。甚至可以說，眾生不只擁有佛性，而且是直接參與佛性中。換言之，生死的癡迷和苦，並不是某種離開開悟獨立存在的東西，它們是直接而完全地參與在佛性裡的，就像水波之於水。當禪宗說「見性成佛」時，指的是一個人體認到煩惱與佛性本質上不二的一剎那，就是他的佛性全幅展現的時刻。因此，禪的開悟常常可以用「見性」二字來總括。而「直指本心」所指的，就是一個禪師為了讓弟子直接面對佛性所使用獨一無二的方法。

禪宗的歷史：禪宗的分支、學說和禪風的發展

禪宗為本身所勾勒的歷史，與歷史證據所顯現的禪宗史（特別是現代歷史學家重建的禪宗史），不免有不一致之處。中國禪宗傳統上都尊印度的菩提達摩為其初祖，而據傳說，他是在六、七世紀之交來到東土的。自菩提達摩以後，禪法有一段

時間都是一脈相傳：菩提達摩傳慧可（四八七～五九三），慧可傳僧璨（卒於六〇六），僧璨傳道信（五八〇～六五一），道信傳弘忍（六〇一～六七四）。這五個人物，一般都認定是中國禪宗的五位祖師。

由於，在禪宗以外的文獻也可以找到菩提達摩和慧可的記載，因此應該是確有其人。不過，他們對一、兩個世紀後成形的禪宗是不是有那麼直接的影響，以致有資格被尊為「祖」，則不無疑問。禪宗四祖道信的真實性更為可靠，因為他是第一個安頓在禪寺裡，並且身邊有大批徒眾環繞的禪師。道信的禪法又稱為「東山法門」，後經弟子弘忍的發揚而更加光大。

自弘忍後，禪宗的法統就變得相當複雜，因為出現了許多不同的分支，而每一分支，都聲稱是源自弘忍其中的一位弟子。根據較晚的禪宗文獻認定，自弘忍以後，禪宗最重要一次分裂發生在惠能（六三八～七一三）與神秀（六〇五～七〇六）兩人之間。西元八世紀，在惠能的後繼者荷澤神會（六八四～七五八）與神秀多位後繼者之間掀起了一場大爭論，而爭論的焦點則是到底惠能還是神秀才稱得上是五祖弘忍的真正繼承人。不過，有關惠能的歷史記載相當稀少，以致有些學者相信，關於惠能的故事和他的教誨（主要記載在《六祖壇經》中）乃是後來的禪門子弟編造出來的。③

不管事實如何，惠能所分裂出來的派系（自稱為禪門的「南宗」）確是把頓悟的觀念推得更遠。同時他們也攻擊以神秀為首的「北宗」是一種漸進主義。不過，北宗過沒多久就式微了（其理由與頓漸之爭完全無關），只剩下惠能的「南宗」一支繼續流傳，成為主流。讓事情更複雜的是，由神會所領導的南宗，也沒有能傳上很多代。相反的，禪宗的重心很快就轉移到興起於中國南方的一些新支派，而它們都聲稱是直接上承惠能的心法的：其中一支以江西省的馬祖道一（七〇九～七八八）為首，另一支則以湖南省的石頭希遷（七〇〇～七九〇）為首。接下來的兩個世紀，禪學運動蓬勃發展，出現了一大批出類拔萃的禪師（他們後來都被認定是傳統禪文化的締造者）。在禪宗的歷史上，由於這些人物具有開創性的地位，所以他們所活躍的晚唐時代，長久以來一直被視為禪宗的黃金時代。

在禪宗文獻裡，這些禪師和他們的弟子大都被刻畫為根器銳利的人物。也就是說，他們都是精神天分非常高的人，用不著太多修行，很快就可以達到深刻開悟。

他們擁有與生俱來極深邃的智慧，而他們的師父看出這一點，所以捨傳統的漸進式修行法，而採取一些更簡單直接的方法，以配合他們的天分。等這些弟子日後成為禪師，也使用相同的方法來教導弟子。就這樣，靠著自己以及源自師父的活潑智慧，新一代禪師為佛教的修行做出新的貢獻。

這些禪師並不強調印度佛教所主張或見於佛經漸進式的自律法或修行法。相反的，為了能夠「直指本心」，他們會使用尖銳的言詞或者行為迫使弟子「放下」妄念，讓佛性自己的開悟功能充分展現。在禪宗的語彙裡，「放下」的意義相當於「丟掉！」、「把它放下來！」如果是在適當的環境用在適當的人身上，往往單是這種教法就已經足夠讓弟子開悟了。

隨著這種特殊修行法的成形，漸進式的修行法就愈加陷入四面楚歌的境況。如果一位禪師交代弟子採取前面章節提到過修「止」和修「觀」的方法，往往會招來猛烈的抨擊，認為他把一些無意義的累贅加諸弟子身上，甚至是在誤導弟子。一般會認為，傳統的漸進式修行法只是在持續妄惑和業，讓人繼續困在生死裡。相反的，強調「放下」的方法則被認為直切要害，讓人不再墨守成規或在精神上自艾自憐。

關於曹洞宗開創者洞山良价的弟子雲居道膺（卒於九〇二），有一則有趣的故事。話說有一次，雲居為了修禪定而跑到深山閉關，一待就是好幾個月。回到禪堂來時，洞山問他：「你為什麼這麼久才出來，難道你不需要補給些食物嗎？」雲居答說他並不缺食物，因為每天都有天神為他送食物。聽到這話，良价不以為然地嘆一口氣說：「我還以為你是個真人呢，現在才知道你可能根本不是個人。如果你帶領別人，你能把他們帶到哪裡去呢？如果你欺騙別人，又能欺騙多久呢？」

雲居回答說：「我明白了。那我應該怎麼做呢？」

洞山說：「你晚上過來，我會告訴你。」

晚上，等大家都就寢後，雲居前去找師父。洞山告訴他，不妨試一試六祖惠能所傳下來的方法：「不思善，不思惡，當下，你在哪裡？」

雲居回到山中，一連三天都一直坐著。他既不想善，也不想惡，也不執著於任何方法，直到整個頭腦空空如也，不留一物為止。那個每天會給他送飯的天神要找他，卻遍尋不著。雲居去了哪裡呢？他仍然在那裡，但靠著遺忘一切神通和福報，天神再也無法找出他的所在。④

據說惠能曾勸告弟子應該「無念」，應該要「不思善，不思惡」，只去想自己未出生時的本來面目。⑤馬祖道一則說過「平常心是道」，主張「即心是佛」，以「無門為法門」，又說「夫求法者應無所求」⑥。為了加強弟子的印象，馬祖道一常常會使用各種奇言怪語和打破迷思的行為（包括棒打和訶斥）來對待弟子。當時很多禪師也採取類似的方法。

然而，這些教學法並沒有被視為明確的方法。事實上，早期的禪師似乎竭盡所能要去顛覆對於方法的依賴。由此不難想見，弟子們在面對這些教法時會有多困惑。據說，馬祖道一不管在哪裡聚眾說法，都會吸引三百到五百的聽眾，但大部分人對他說的話和做的事都覺得莫名其妙，有能力接受他傳法的弟子實屬少數。另一位名叫丹霞的禪宗人物，因把佛像劈來生火而知名，吸引到很多弟子前來，不過丹霞對他們卻極盡嘲諷之能事，以致大多數人最後都離他而去。還有一位叫石鞏慧藏的禪師，永遠在身邊備著弓箭，弟子每次走進房間，都會看見師父拉弓瞄準自己眉心。哪怕只是提到石鞏慧藏的名字，都會讓人膽顫心驚。

在唐朝滅亡至宋朝重新統一中國這段期間，禪師的故事和言行愈來愈廣為流傳，讓很多人受到禪宗的吸引。在這樣蓬勃發展以致於充滿競爭的刺激下，各個禪宗派別爭相要建立自己的特殊性和歷史傳承。不多久，一個有組織以及特色鮮明的禪學派就成形了。早期重要禪師的語錄經彙編後出版，整理出了「燈錄」和各個派別的宗譜，以「清規」的形式明定禪寺的儀軌與日常生活規則，而不同派別的教學風格也趨於定型。也許是擔心制度化會導致墨守成規，也許是出於競爭的需要，又也許是厚古薄今的心理，所謂的禪門「五家」於焉形成：溈仰宗、雲門宗、法眼宗、曹洞宗和臨濟宗。這五宗，各代表禪宗的一個分支法脈，各以過去一、兩位傑出的禪師為中心人物，並各有其特殊的教法與禪風。

在興起於唐末宋初的禪門「五家」中，除臨濟宗與曹洞宗以外，其餘的最後都衰微了。從十三世紀至今，我們在中國與日本看得到的禪學派，都是以臨濟宗與曹洞宗為基礎。臨濟宗的開創者是第九世紀的禪師臨濟義玄。他是黃檗希運的弟子，而後者的法脈又可以回溯至百丈懷海（七二〇～八一四）和馬祖道一，再上溯至六祖惠能的弟子南嶽懷讓（六七七～七四四）。除臨濟義玄本人以外，宋朝的汾陽善昭（九四七～一〇二四）和大慧宗杲（一〇八九～一一六三）被認為是臨濟宗禪風最重要的塑造者。曹洞宗則可上溯至洞山良价（八〇七～八六九）及其弟子曹山本寂（八四〇～九〇一）。而他們的法脈，則可以透過石頭希遷（七〇〇～七九〇）和謎樣的人物青原行思（六六〇～七四〇），上溯至惠能。就像汾陽善昭之於臨濟宗一樣，宋代的宏智正覺（一〇九一～一一五七）也是曹洞宗宗風的重要塑造者。

這裡所勾勒的禪宗法系，本身就是一種禪宗的歷史敘事方式，而這種敘事方式源自於禪宗自視為一個傳統的基礎。位居這個傳統的中心的，是眾生皆本具佛性、皆可直接開悟的觀念；但對這個傳統來說同樣攸關重要的，是強調開悟必須在正式的師徒關係裡經過印可。事實上，兼具修行傳統和宗教傳統的禪宗，正是在這種師徒的傳承關係中建立起來的。

第七章　參公案與看話頭

臨濟義玄是禪門臨濟宗的開創者。在號稱如實記載其訓誨的《臨濟慧照禪師語錄》一書中，可以找到好些臨濟義玄本人及其法嗣用來訓練弟子的手法，①其中包括了「四料揀」、「三句」、「四賓主」、「四照用」、「四喝」、「八棒」等。但由於《臨濟慧照禪師語錄》在西元十世紀以前都是以不完整的面貌流傳著，因此，它的內容很有可能經過後人的發揮。儘管如此，書中所見的教法仍然是臨濟宗所固有的，足以反映出該宗在禪門五家興起時期獨具特色的訓練風格。

在禪宗的文獻裡，臨濟宗被形容為一個愛使用「棒喝」的派別。整體而言，臨濟宗以使用逼拶的禪修方法（主要表現在師父與弟子峻烈機鋒的回應上）而馳名。這種凶猛的、近乎好鬥的特質，不僅見於臨濟義玄本人，而且類似的方式也可以從他的師父黃檗希運一直回溯到馬祖道一。例如，義玄曾經三次大膽向師父求問「如何是祖師西來意？」」，但都是以挨打收場。在禪宗的文獻中，馬祖道一被描繪為性情暴躁的人物，動輒扭弟子的鼻子或施以一頓拳打腳踢。很多人都被他的暴力行為嚇倒，感到不解，更不明白他為什麼解釋說，這些行為跟提昇弟子的修為有關。

不過，這種作法，真的是和禪宗的「頓悟」思路相一貫的。臨濟義玄喜歡說無造作的警句，如「放下」、「當個平常無事人就好」、「無位真人」，而這個教誨，又與他的另一個觀念「殺」相呼應。所謂的「殺」，是指「殺掉」任何會讓你生起虛妄期望或變得依賴的東西。

> 道流（各位學道者），爾欲得如法見解，但莫受人惑，向裡向外逢著便殺。逢佛殺佛，逢祖殺祖，逢羅漢殺羅漢，逢父母殺父母，逢親眷殺親眷，始得解脫。②

臨濟義玄當然並不是真的鼓勵人去殺佛、殺父母和殺老師。但這麼激烈的一番話，其要義又何在呢？真的可以將它視為培養開悟和慈悲的有效方法嗎？是的，真的是這樣。義玄的重點是要我們去「殺」那些會令我們產生執著和自我期許的東西。他認為，我們必須要保持自信，斬斷心中一切攀緣，直至斬無可斬為止。只有當各種分別心念——也就是塑造小我和它的世界的那些頑固觀念——消滅，我們才會真真正正是個「平常無事人」。在其中一個訓誨裡，義玄這樣說：

古人云：「路逢達道人，第一莫向道。」所以言，若人修道道不行，萬般邪境競頭生。智劍出來無一物，明頭未顯暗頭明。所以古人云：「平常心是道。」③

（這意思就是，古人說：「如果在路上遇見得道者，他會告訴你，若想得道，最要緊的是不要去求道。」所以說，人若刻意修道，是不會成功的，反而只會讓萬般邪境競相生起。如果能用智慧之劍把一切尋覓斬斷，就什麼都不會剩下。不用等光明展現，黑暗本來就是光明的。因此古人才會說：「平常心是道。」）

因此，義玄所說的「當個平常無事人就好」以及「殺」所有攀緣，乃是同一個方法的一體兩面。不過，要實踐這個方法談何容易。因為我們是人，而人是無比複雜的，所以要殺掉我們的執著與自我中心思想，是極端困難的，更別說要做到完全放下了。我們大部分人甚至不知道什麼叫完全放下。尤有甚者，當我們嘗試要把它付諸實行時，往往會因為情緒失衡而引起各式各樣的誤解及濫用。正是為了防止這些流弊的發生，義玄才會強調師父與弟子間緊密互動的重要性。

師父與弟子間的高張力對峙（通常是透過棒喝來體現），並不是出自對於懲罰或痛苦的反常偏好。師父會把這些方法用在弟子身上，目的並不是要折磨、打擊弟子，或為弟子洗腦；反過來說，弟子會應用這些方法，也不是為了反抗師父或宣洩隱藏在心中對師父的不滿。它們單單只是為了讓那些焦點不對或沒有充分力量的人能夠找到恰當的整合與決心，讓他們的修行產生效果。師父固然可以幫助弟子把身與心調整到最適當狀態，但訓練到底能不能得出效果，最重要的關鍵還是弟子本人。情形有點類似雛雞要破蛋而出，當雛雞在蛋殼裡掙扎著要出來時，母雞會從外面啄蛋殼，以助牠一臂之力。如果能在適當的時候使用適當的方法，雛雞就更容易破殼而出。

事實上，師父方面所採取的這一類策略，正是臨濟義玄「四料揀」所要涵蓋的：師父會視弟子的狀態，或用語言行動去「奪人」，或去「奪境」，或「人境俱奪」，或「人境俱不奪」。關於這個方法的功能，他的解釋如下：

如諸方學道流，未有不依物出來底。山僧向此間，從頭打——手上出來手上打，口裡出來口裡打，眼裡出來眼裡打。未有一個獨脫出來底，皆是上他古人閑機境。山僧無一法與人，只是治病解縛。爾諸方道流，試不依物出來，我要共爾商量。④

（也就是說：從四面八方來到我這裡的學生，沒有一個不是依賴著某些東西的，所以我從一開始就會打他們。如果他們是帶著手來的，我就會打他們的手；如果是帶著嘴巴來的，我就會打他們嘴巴；如果是帶著眼睛來的，我就會打他們眼睛。他們沒有一個是真正獨立的自由人，全都只會把古人一些無用的機鋒警語掛在嘴邊。至於我這個山野僧人，則無一法可以給予他人。我唯一能做的只是提供治病藥方和解除束縛。汝等學道者，試著不依賴他物來到我面前吧。這樣，我就會好好與汝商談。）

正是為了達到這個目的，臨濟義玄才會使用像「棒」和「喝」這些高張力、富挑釁性的方法。通常，這種師徒間的對峙，是環繞一些取自古代禪師的問題或軼事而展開的。不過，對峙也可以是由禪師因時制宜所說的話或所做的行為而引起。但不管是兩種情形中的哪一種，弟子都會因為深受刺激而進入極專注的狀態，拚了命想去回答從內心自然生起的疑問或是師父向他提出的問題。

有些師父通常不會為弟子解疑，反而是使用打或罵的方式做為回應。如果弟子再去問師父為什麼這樣做，只會再挨打。有時，這樣的對待方式會持續到弟子不再發問，從「戰場」上退卻為止。不過，弟子固然可以迴避師父，但心緒總不得安寧。如果弟子到最後決定要再次與師父討論原來的問題，或者給師父一個回答，那有可能會再挨一次打而陷於更困惑的狀態。

到了這時候，一個人就會全身心投注於思考師父為什麼要這樣做的理由，以致於他對師父舉動感到的好奇，勝過了對原先問題的好奇。這樣的情形有可能會持續好些年，直到弟子覺得自己徹底地困惑，沒有任何事物是可以確切把持住的。不過如果他決定要離開原來的禪寺，改投另一個禪師門下，那他有可能只會遭到另一次打。然而，就像有人不斷猛拉你腳下的毯子，這樣經過好幾年，你有可能會變成一個真正的「平常無事人」。事實上，這剛好就是臨濟義玄本人的體驗。他在師父那裡挨過三頓打以後，就灰心喪志地離開了黃檗希運的禪寺，到大愚禪師那裡求教。聽了義玄敘述，大愚說：「黃檗老頭心切，只為你能夠大疑大悟，你反倒來問自己有過無過！」義玄頓時大悟，便回到黃檗處「捋虎鬚」去。

公案的用處

大部分熟悉日本禪的人都知道，使用謎樣的禪師軼事或話語（被稱為公案）參禪，乃是日本禪（特別是在十八世紀經白隱禪師系統化的日本臨濟宗）的一種修行法。參公案和由它衍生的方法「看話頭」，最初是由中國的臨濟宗發展出來的。雖然所有禪宗派別都會彙集與使用公案來參禪，但最重視此法的首推臨濟宗。臨濟宗的大慧宗杲更是賦予它一個特別崇高的地位，把它發展為一種特殊的禪風，稱為「看話禪」。當曹洞宗和臨濟宗的思想在十三世紀被引入日本時，參公案的方法也一併傳至日本。接下來幾個世紀，日本的禪師自己發展出一套參公案的禪修法（以白隱的系統為集大成者），至今還在日本臨濟宗的禪寺興盛不衰。

「公案」這個詞源自於古代的法律訴訟。在司法的領域，公案是指一些重要司法判決的記錄，其中詳細載明控辯雙方的陳詞和法官斷此案時的考量。在禪宗的用法裡，公案則是指古代禪師生活片段的記錄，而且通常是這位禪師幫助弟子開悟的記錄。就像法官在判案時會參考從前的著名案例，禪的修行者也是想透過古代禪師的公案，去測試和促進自己的修為。大部分的禪宗列祖最少留下一則公案，有時則留下三、四個，甚至更多。一般來說，它們都涉及一師一徒間或兩位著名禪宗人物之間互動的關鍵時刻。有些公案記錄了某個弟子因為得到來自師父強有力的激發而頓時開悟的情景，有些則描述兩位禪門中人機鋒相接，互相測試對方修為的高低，但也有些公案記錄弟子碰到印心開悟的機會卻擦身而過的情況。

在禪宗的文獻裡，有一個關於菩提達摩與梁武帝對話的著名故事。梁武帝是個虔誠的佛教徒，推動許多支持佛教的計畫。故事中，他問菩提達摩：

「朕即位以來，造寺寫經度僧不可勝紀，有何功德？」

菩提達摩回答說：「並無功德。」

武帝問：「何以無功德？」

菩提達摩答道：「此但人天小果有漏之因。如影隨形雖有非實。」

武帝又問：「如何才是真正功德？」

菩提達摩答道：「清淨智慧奇妙而圓滿，它的本質是空與寂。這些功德都不是世間方法可以求得。」

武帝又問：「什麼是最勝義的究竟實相？」

菩提達摩答道：「沒有這種東西。」

帝曰：「現在站在朕前面的這個人是誰？」

菩提達摩答道：「我不認識。」

武帝不明其意。菩提達摩知道武帝沒有接受禪理的慧根，就離開了。⑤

有一次一位名叫定的長老問臨濟義玄，佛法的要旨何在。義玄聽後，從座位站起來，走到堂下，一把抓住定長老的衣襟，給了他一巴掌，再粗魯地把他推開。定長老呆若木雞，但他旁邊一個僧人卻說：「定長老，你為什麼不鞠躬致謝呢？」定長老照辦了，而就在他鞠躬的一剎那，忽然大悟。⑥

一個僧人問洞山良价：「怎樣才能避開冷和熱？」

「為什麼你不到既沒有冷也沒有熱的地方去呢？」禪師回答說。

「什麼地方是既沒有冷也沒有熱的？」僧人再問。

「冷的時候你會冷得要死，熱的時候你會熱得要死。」⑦

有一次一個弟子問曹山本寂：「現象背後那個究竟實相是什麼？」

法師回答說：「現象本身就是實相。」

弟子又問：「要如何得知呢？」

法師的回應只是舉起自己的茶盤。⑧

以上不過是著名禪師公案的寥寥數例。從唐代的下半葉起（這時期通常被視為禪宗的黃金時代），禪弟子開始收集其所屬法脈的歷史傳承和著名禪師的言行（前者稱為「燈錄」，後者稱為「語錄」），他們在收集到了很多公案後，就依不同的宗系加以組織。今天，我們在道原所撰的《景德傳燈錄》和臨濟、大慧、雲門、洞山、曹山這些影響深遠禪師的語錄裡，都留存著源自於禪宗始創時期的豐富公案。

隨著時間的推移，部分公案已是禪修者所耳熟能詳的，它們經常被提到或拿出來討論，日漸成為禪文化的共同語言。在宋代禪師（如臨濟宗的大慧宗杲和曹洞宗的宏智正覺）的語錄和作品中，我們經常可以看到師父拿出一則公案來考問弟子。事實上，禪師們從不同的禪語錄中挑出他們認為最重要的公案，然後編為一書，這種情形到了宋朝已經非常普遍。通常，這些編者還會為每則公案附上自己所寫的偈或評論。像圜悟克勤（一〇六三～一一三五）的《碧巖錄》和無門慧開（一一八三～一二六〇）的《無門關》這兩本中國和日本最流行的公案集，就是這種風氣下的產物。

不管是在過去還是現在都證明了，參公案是一個有效的禪修方法。起初，這方法受到禪宗各派的廣泛應用。人們常常誤以為曹洞宗獨尊「默照」或道元所創的「只管打坐」，這是不正確的。不過隨著時間的過去，參公案的方法就愈來愈成為臨濟宗的獨家標記。

禪師常常會從上述一類的公案集中挑出某一則公案，要求弟子加以回應。而有時，弟子即使做出回答，師父也會加以否定，甚至把弟子摔出門外，以迫使他做更深入的思考。然後，師父會告訴弟子前代禪師對同一則公案的回應給弟子參詳，或是給弟子另一個相關公案去參究。不過，如果我們考察中國禪師的語錄或作品，就會看到這種使用公案的方法是相當有彈性的，往往是禪師認為時機適當才會加以運用。不過，師父直接講解一本公案集（如《碧巖錄》和《無門關》）的內容，或要求弟子把裡面的公案依先後順序一一參完，也並不少見。這種作法，後來在日本的臨濟宗更成了常規。

這種方法，偶爾會受到批評，認為易於流入空洞的形式主義或心靈修行的唯物主義，因為它容易讓人誤以為，所謂的禪修，不過就是通過一組既有公案的考核，就像把四年的大學一年一年念完就可以畢業一樣。另外，在鑽研祖師的榜樣時，禪修者也可能誤以為，所謂的禪修，不外就是模仿公案中人物的言行，這些無疑都是嚴重的流弊。據說，大慧宗杲就是看到禪門中人嚴重濫用他師父所撰的《碧巖錄》，怒而把這本書連同它的活字版給送到火裡去的。

然而，參公案的修行方式，就其本質來說並不壞。人們會去收集公案，基於兩個原因：讓自己所屬的法脈留下歷史與文獻記錄，並做為幫助修行者修行的方法。這兩個理由中，後者尤其重要。而圜悟克勤和無門慧開之所以會分別編撰《碧巖錄》和《無門關》，就是因為發現它們對弟子特別有助益。若想要正確理解公案的用途，就必須先明白它們在禪訓練上所發揮的真正功能何在。

正如前述，公案乃是師徒間活潑對峙的記錄，而這個對峙，通常發生在弟子修行的一個轉捩點上。對其原初的參與者而言，這個對峙的背景都是直接而鮮活的。不過一旦成為記錄或故事以後，它們就只是一些死文字。日後，當某個修行者看到這則故事時，原初的背景已不復重現，想要回到或重新經驗公案的原來背景是不可能的。因此，一個人參公案時，不應該以模仿或變成故事中的師父和弟子為目標。不過，故事本身卻可以做為一種工具，因為它所產生的推動力，可以讓人創造出新的情景和個人的活「公案」。簡言之，一個人之所以要去參古代的公案，為的是創造屬於自己的因緣，當它發生時，就成了一則活公案。

我們從禪宗的燈錄與語錄可以得知，有很多不同時代的修行者都努力想要參透趙州「狗子有無佛性」的公案。不過，他們並不是想要回到過去，去重新體會公案裡那個僧人的經驗。不管趙州或那個僧人說過什麼，都和現在無關。在思索這則公案時，歷代的修行者也許會對公案裡那個發問的僧人——甚至趙州本人——產生親切感，但他們對公案的理解卻是自己的。他們的掙扎與開悟，都是從各自的情境裡產生出來的。因此，雖然公案所包含的是一個過去的場景，但做為一種修行的工具，公案的推動力卻是來自此時此地。總之，如果你關心的只是古代禪師說過什麼話（臨濟義玄所謂的「古人閑機境」），而忽略了「耕耘自家花園」，那就是一個錯誤。

在禪修過程中所體驗到的悟境是可深可淺的。這種深淺的產生，和方法本身無關，而與參禪的個人有關。這種差異性，不但反映在公案本身，也反映在它所產生的智慧上，這是因人而異的，最主要的關鍵還是個人所處的環境與慧根高下的問題。

就公案本身而言，它們有些較淺，有些則相當深奧。此外，還有一些相當難以捉摸的公案，修行者對它們的理解，會隨著自己修為的增加而愈加深入。因此，對這一類公案的反應，可以有很多不同的層次，不是一次兩次就能「通過」的。有時，即使是同一則公案裡的不同語句，其層次也會完全不同。

修為淺的人無法測度深的體驗，而即使他們在參公案時有所體驗，也只是模模糊糊，缺乏明確的掌握。涵義直接的公案對這些人來說也許不成問題，但碰到真正深奧的公案，他們就會一頭霧水。有時候，也會自以為已經參透了一則公案，但事實上卻是對該公案的真正精神完全缺乏了解。

相反的，有深邃體驗的人會馬上抓住其精要所在，自然而然就可以體認到，不同公案所包含的體驗和智慧層次的高低。即使這些公案裡的事件都是過去的，但對這些人來說卻是活生生的。讓公案活過來的正是他們自身的體驗，而且也是因為這種活潑的智慧，讓他們知道一則公案到底想表達些什麼。這與傳統佛教修「定」的情形很類似：如果一個人已經體驗過最深的定境，他自然而然就會知道一些較淺的定境有什麼樣的特徵，而無須自己親身經歷過。

因此，對於有高深體驗的人來說，參公案不再是必要的。但對沒有體驗或體驗淺的人而言，參公案相當有幫助。沒有受過參公案訓練的人，可以多讀一些公案集。當碰到一則吸住你、黏住你的公案時，所產生的疑情將是修行有力的催化劑。疑情就是參公案的根本目的，不管你的參法是系統性的還是非系統性的。能讓公案活起來，成為有生命力的議題的，就是這種疑情。而不管修行者對一則公案的「回答」是什麼，那都必須是從他與禪修和這種大疑情的拚搏裡直接引生出來的。

為達這個目的，有經驗老師的從旁指導是不可或缺的，因為老師可以幫助他們讓公案活起來，並防止他們誤入歧途。在為學生選擇公案時，老師有許多種不同的方法。他可以由淺入深的方式，要學生參一些較淺的公案，然後才要求他們參較深的公案。他也可以先用較深的公案測試學生的功力，見學生應付不來，再要學生參較淺的公案。至少在中國禪宗的傳統裡是如此。

有時，學生會因為運氣好而做出正確的反應。老師想知道學生是不是真的懂，還可以拿同一個層次的其他公案去測試他。這一類誤中的情形，特別容易發生在那些讀過或聽過不少公案而且又有表演天分的學生身上。公案都有一定的模式以及典型的行為特徵，如果學生讀過的公案夠多並加以模仿，在面對一則公案的測試時，就容易做出一些看起來相當適當的反應。不過，這種把戲雖然騙得過一些人（特別是初學者），卻難逃有經驗老師的法眼。

當然，玩這種把戲對自己的修行並沒有好處，一個人的真實修為不會因為外表或說話裝得像而提昇。事實上，一個弟子在參公案時，他是不是有進步，自己可以感覺得出來；而且，不管是師父或弟子本人，都會明確知道他是不是真正跨出一步。因此，不懂而假裝懂，只是在浪費自己的時間。想要從公案中獲益，需要極大的誠實正直，也就是說，對一則公案的反應，必須是真心且發自本身的修行涵養。不過由於人是情緒極其複雜和善於自欺的動物，因此想做到這一點並不容易。這也是需要一位經驗豐富的老師從旁協助的原因：如果學生做偽造假，他即時就可以察覺出來。

做為一種禪修技巧，參公案的目的是要製造一股極端強大的壓力，讓修行者把他平日隱而不知的心靈力量給逼出來，以達到最完全的運用。這跟身體的力量一樣，我們知道身體隱藏著巨大的能量，遇到緊急受迫的狀況時就能發揮出來。譬如說，一個人平常跳不遠，但如果有老虎追他，他會突然產生一股力量，跳得比想像中所能跳的還遠。這樣的經驗，幾乎人人都有過。你根本不知道這力量發自哪裡，但在攸關生死的場合，你就是會有力量做到必須要做到的事。參公案和看話頭的功能也是一樣，它們就是要把一個人逼上絕路，迫使他發揮潛在的心力以自救。當然，這時候你要做到的就不單單是跑得快些和跳得遠些，而是找出克服生死輪迴問題的解答。

古代的禪師對修證勾勒出多種不同的次第，有些人認為修證要通過三重障礙，有些人則認為要通過四重，公案的層次也會依此區分。但這只是一種粗糙、權宜性的分類方式。因為一般來說，修行者在其一生的歷程中，往往需要經歷數十個乃至數百個可以引起壓力的疑情或危機，最後才有精神上的大突破。有些人的精神突破來自正式的參公案，有些人的精神突破則來自日常修行中自然產生的困境。因此，最後對修行者來說，重要的是有沒有進步，而不是公案的形式或文獻。

參公案應該做到的是人與法的契合。什麼是法？法就是釋迦牟尼在菩提樹下體驗的開悟，而這種開悟，又為後來歷代禪師所體驗，並一直相傳至今。表面上看來，公案的內容可能是荒謬的，甚至是非理性的。然而，它們卻是真正對應於法，並且是自法中流出，因為禪宗列祖的心與法是一不是二。在參公案時，一個人如果想從中得到力量或能量，就必須達到心與法的和諧一致。這也是為什麼修行者需要有一位老師指導的原因。老師可以修正錯誤的態度，幫助修行者迅速與法達到和諧。當法、師父和弟子和諧一致時，也就是說當他們渾然一體時，就是體現開悟與傳法的時刻。

話頭的用處

話頭在很多方面與公案緊密相關。「話頭」一詞，字面的意義就是「話語的頭」或「話語的關鍵」。一般來說，它是指一則公案最關鍵的短語或問題。因此，所謂的話頭禪，就是把一則公案最重要的元素或議題單獨抽出來，反覆思考它，而把公案的其餘部分擱置一旁，例如，最著名的話頭之一就是從「趙州公案」引生出來的。在這則公案裡，唐代禪僧趙州從諗被一個僧人問到狗是否有佛性的問題，趙州的回答是「無」。「什麼是無？」就成了一個話頭。

話頭一律都是這類簡潔的問題，雖然它們常常是取自公案，但也有例外的時候。像：「我是誰？」、「未出生前的本來面目」、「修行的是誰？」、「萬法歸一，一歸何處？」這些全都是話頭，就連「先有雞還是先有蛋？」也可以被視為話頭。如果你是淨土宗的信徒，希望往生後可以到達西方極樂淨土，因此勤念阿彌陀佛的名號，那你就可以問自己：「念佛是誰？」此時，這問題也是一個禪宗的話頭。

與公案相比，話頭顯得切要而簡潔。因此，它們是喚起巨大能量的有力工具，也容易讓人迅速把焦點集中在修行的關鍵議題上。做為一種禪修的方法，參公案和問話頭的功能是要產生所謂的「大疑情」。這種疑惑反映著一種內在的不安與焦慮：就像你感覺生活裡有什麼不見了或晦暗不明，急著想要把它找出來。那是一種感覺到「有什麼是我們需要知道、一定要知道，而事實上我們又不知道」所產生的高度張力。由看話頭所引生的疑惑並不單單是一種不可知論或懷疑論，也不是日常生活裡因道德立場與人格認同所引起的短暫困惑。「大疑情」是一種會吞噬一切的置疑狀態，它是最深邃、不可抗拒、無休止的，非等你窮究底蘊，否則你不會有所解答。歸根究柢，這種疑惑所致力要解決的是「生死大事」。

當然，疑惑的程度可能深淺不同。在小疑裡，你也許會瞥見或淺嘗到在大疑裡那些議題的迫切性，不過這種狀態是稍縱即逝的。中等程度的疑情會持續得久些，但它卻缺乏可以讓自己繼續增長的能量與深度。過了一段時間以後，它同樣會消散掉。不過，到了大疑的程度，疑團會不斷膨脹，直至吞噬一切，僅留下完全的疑惑為止。到了這個時候，要停止疑惑是不可能的。接著，大爆炸就會發生，那是一種開悟的大爆炸。所以說，在參公案和看話頭的實踐中，疑惑與開悟是緊密相連的，也因為這樣，禪宗才會流行一個說法：「大疑大悟，小疑小悟，不疑不悟。」

由於話頭可以提供這樣特殊而強烈的專注焦點，所以一個人即使是第一次用話頭，也能有好的效果。反觀參公案則是相當枝蔓的，因為公案通常都包含複雜的情節，所以容易讓心思變得散漫，或只圍繞在一些旁枝末節。如果一則公案是很長的話，那參究這則公案有時相當累人。僅僅用理性的方式去思辨它的特徵或意義，將會完全錯失主題。基於這些理由，沒有禪修基礎的人想要從參公案中獲益，是極端困難的。沒有這種基礎，一個人想要參透一則公案，根本毫無著力點。在日本，一個弟子在還沒有體驗過初步的突破（也就是「見性」）以前，師父通常都不會要他去參公案。但有了初步的突破，參公案就能進一步加深修行者的修為。

另外，公案裡的歷史脈絡和意象都是來自中國的唐代和宋代，因此對現代人來說，會顯得略有隔閡。對中國人、日本人，或聽過相當多公案的西方人而言，公案的語言是有意義的。但若是沒有同樣的文化背景，參公案卻有可能導致不正確的結果。例如，參公案本是為了讓人參透生死的問題，但在一些人手中，這種方法卻有可能變成一種對古文化的研究。又例如，有些公案裡的人物會表現出非常古怪和脫軌的行為，於是有些學生會誤以為，模仿或沉溺於這一類行為就叫禪，基於這個理由，我一般都不會要西方學生去參公案。如果我這樣做，也會利用現成的情境去製造一個突如其來的刺激，換言之，我是要給他們一則活的公案去參。

話頭禪

在古代，師父要弟子看話頭之前，是不會讓他們有心理準備的。師父不會告訴弟子什麼是大疑情和它的運作方式，也不會教弟子看話頭的程序。師父只會給弟子一個話頭，要弟子去努力參。有時候，想要參透一個話頭需要歷經十年、二十年，甚至三十年。雲棲袾宏（一五三五～一六一五）所編輯的《禪關策進》中，選錄了楚山紹琦（一四〇三～一四七三）所說：「莫論長期短期，百日千日，結制解制，但以舉起話頭為始。若一年不悟，參一年；十年不悟，參十年；二十年不悟，參二十年。盡平生不悟，決定不移此志，直須要見個真實究竟處。」⑨太虛禪師則說：「如未了悟，須向蒲團上冷坐。十年二十年三十年，看個父母未生前面目。」⑩

這種需要極大耐性和長時間投入的禪修法，在中國古代是司空見慣的。曾經有一個禪僧離開家裡，跟隨一位禪師學習禪的精義。但師父只是要他做一些雜事，沒有教他任何修行的方法。這樣經過了一段很長的時間，最後，這個僧人終於按耐不住。他鼓起勇氣，跑去找師父，說明想要知道修行的方法，並聲言得不到答案，就會另覓可以為他解惑的人。但師父只是回答說：「那個需要指引的人是誰？你找得到他我就會給他指引！」這個問題本身就是一個話頭，而那個僧人因為受到多年積累下來的疑惑和焦慮所驅策，馬上就被它深深迷住。

用這一類的方法，疑情需要醞釀很長的時間，不過疑情不出現則已，一出現就是非常深刻直接的。在這樣的情況下，大疑情與開悟的「大爆炸」只需要出現一次就夠。如果一個人的修為夠徹底，已經「熟」了，就毋須要更進一步的開悟。

但今天時代不同了。在這個現代世界，生活不再簡單規律，人們有更多的關注，也更加緊張而匆忙。這是一個微波爐的時代，很少人願意或能夠付出時間和耐性，用文火來慢熬自己，因此，無視於古代無言和純真的禪風，看話頭的方法反而更加流行。強調看話頭的方法有一個目的：它可以讓人在短時間內淺嘗到禪的滋味，如此一來，就可能願意發心進行更長時間的禪修。

前面曾指出，看話頭的目的，是要讓人產生一種深刻而強烈的疑情感。哪裡有巨大和吞噬一切的疑情，哪裡就會有大悟；小疑只會帶來小悟，不疑只會帶來不悟。似乎只有極少數人天生就是有大疑情的。例如明朝的法師憨山德清（一五四六～一六二三）在自傳中記載，才三歲時，他就因為看到過世叔叔冷冰冰的屍體而滿腹困惑。稍後，他一個姑姑生了小孩，當他問媽媽這小孩子是哪裡來的時候，得到的回答是：「你以為你是哪裡來的？」憨山指出，這問題一直縈繞在他心裡，直到二十七歲那年得到解答為止。⑪

然而，大部分人不會明顯感受到這一類的疑情。即使感受到了，也會千方百計去忽略它，讓它趕快消失。而話頭的功用恰恰是去產生或擴大這種疑情，讓人專注在它上面，受其滋養，直至產生大疑情為止。有些人認為，話頭的關鍵在於其文字形式，因此是不是能參透一個話頭，端視你是不是找得到正確的文字組合。有這樣想法的人，可能會把一個話頭的文字排列不斷變來變去，希望可以找出正確的魔術組合。無疑，老師要學生去參一個話頭時，一定會考慮到該話頭是不是能夠與學生的深層精神渴求相應。但終究來說，話頭的力量是來自參話頭的那個人，而非話頭本身。

如果一個人覺得自己生活過得很好，或是對生命的重大問題只有低度的興趣，那再高遠的話頭都觸動不了他。這些人不會在意自己出生前是怎麼回事，死後又會發生些什麼。不管他們多努力，都不太可能從話頭的運用中有所得。反觀像憨山德清這一類根器很深的人，卻有可能把任何事情轉為一個有力的話頭。即使是日常生活裡最平凡無奇的事情，都會在這一類人的心裡激起深深的疑惑以及求解若渴的感受。

對大部分應用話頭的人來說，最重要的問題是怎樣在沒有疑情的情況下，利用它來產生與維持疑情，也就是怎樣讓一個話頭成為「活的」。如果一個人是在參「我出生以前的本性是什麼？」這個話頭，他就應該廢寢忘食去找出自己在沒有俱生習性、後天的熏陶之前的本來面目。但如果一個人缺乏這種嚴肅和關鍵性的疑問，那麼，面對的即使是一個最強烈的話頭，他關心的往往是怎樣去體驗大疑情，而非大疑情的體驗本身。這樣，他就會更加遠離真正的疑惑，對話頭的專注也會變得造作和時斷時續。任由自己陷入這種泥淖，你將會花費許多年時間而毫無進展。然則，在參話頭的時候，人應該怎樣培養真正的疑情呢？

話頭禪的進程，很多方面都跟第二章所勾勒修行發展的原則相似。首先，你應該從散亂心和造作的發問態度，轉移到單純和統一的心靈。隨著強烈而專注的發問，所有疑惑和問題就會被收攝到單一深邃而吞噬一切的疑中。當這種疑到達了極點，變得巨大而自動地持續著，最後就會發生開悟的大爆炸。簡單來說，佛教修行就是要把人從散亂心的狀態帶入單純心的狀態，再將單純心帶入統一心，最後到無心（又稱無念）的境界。話頭的進展次第與此相似，所不同的只是它專注的是問和疑本身，而非禪定或禪觀法所專注的對象。

剛開始用看話頭來修禪的人想要體驗到大疑情是極端困難的，即使是小疑情也不容易產生。雖然我們聽過有些禪者可以一下子就生起大疑情，但對大部分的人來說，剛開始時想有一點點疑情也是不可得的。所以，想要生起真正的精神渴求，並使話頭成為活的，事前需要有相當多的修行。

在體驗到疑情以前，對一個話頭的專注，不管是步驟上和功能上，都與傳統佛教用來安心、調心的方法（如「五停心觀」）相似。修行者必須努力驅除心的散亂與昏沉，把心念專注在單一的對象上，也就是話頭上。一遍又一遍反覆念話頭，心就會變得警覺而清明。如果注意力減弱，心就會變得遲鈍和昏沉，這時，可以用力念話頭，並集合因這障礙而引起的憤怒和挫折，所產生的力量來念話頭。不過，讓自己過分激動或無動於衷，也是不妥當的，因為這種情緒也可能變成障礙。

最重要的是，不應該預期自己一定可以體驗到疑情或開悟，也不要透過人為造作的方式去促進它們。雖然憤怒總比懶惰好，但最好還是能夠保持平常心，只管讓心念完全專注在話頭上，不要去跟散亂的思緒打激烈的仗。當你發現有散亂的思緒生起，應該快快放掉它們，馬上把注意力移回到話頭去。假以時日，心不在焉的情況就會愈來愈少，而你對話頭的專注也會變得像一道平穩的溪流，與你的整個存在融合並統一在一起。這才是最有利於大疑情產生的狀態。

有些人質疑，用語言來問問題是不是必要的，因為文字有可能會引起思辨或流於機械性的重複，而不管是思辨或機械性的重複，看來都對話頭想要喚起的疑情不利。但事實上，語言的應用是絕對必要的。如果你不用語言來問問題，而只是坐在那邊，睜大著眼睛，腦袋一片模糊空白，自然不能產生疑情。

虛雲老和尚把「話頭」一詞解釋為「一切話語的源頭」。因此，話頭禪實際上就是去追溯所有語言與意義的源頭，也就是去探究所有語言和分別心未生起以前那個自心本性。⑫

但你也許會反駁說，話頭的精髓是超越文字的，因此一個人應該不要去問問題，並且要忘掉一切由語言引起的分別。不過，如果想要追溯「話語的源頭」，你就必須有個特定的話頭為起始，一直追溯到它的源頭。我們必須有個具體的東西可以掌握，而話頭便是我們要把握的。如果沒有握住具體的東西，那麼我們的心便無法集中，於是疑情便失去生起的基礎。所以由語言文字組合的話頭，是非常必要的。

修行者必須記住的是，話頭是修禪的一種方法，而不是目的本身。看話頭就像要解開糾結在籃子裡的一團毛繩。你不知道它有多長，但你卻想把它全部拉出來，看看它有多長。你握住繩子的一端，不斷地拉，直到拉出另一端來。因為這繩子是有彈性的，你只要鬆手，它就會回到籃子裡去，因此你必須持續不斷地抽，不容中斷。即使偶爾停下來，也不能把繩頭放開。雖然那繩子看來像是無限的長，然後有一天你突然觸到底——喔！——沒有什麼東西好再拉了！

這看起來似乎是愚蠢的，因為有什麼必要為自己設定一個最終是無意義，而且最後會消失的問題呢？那跟狗追逐自己的尾巴有什麼兩樣？當你拾起那團毛繩，開始用話頭時，什麼都沒有；當你工夫完成，話頭不見時，最終也是什麼都沒有。但這過程並不愚蠢。在你未通過這個過程、未採用這個方法前，你的內心是混亂的，你的智慧尚未顯露。但用了話頭，經過這個過程後，混亂就會消失，智慧就會顯發。

就像任何修行的方法一樣，當你的心念開始安頓下來，身心統一起來的時候，就會感受到一股異乎尋常的能量。在話頭的用功過程中，這股能量又會伴隨著一種想知道答案的強烈渴望，就像是一個人第一次感受到這個問題的迫切性與重要性。這種感受的持續因人而異，但最後都會因為腿疼、筋疲力竭、用餐時間的來到而被打斷。當修行者再度用這個方法來參禪，它就會再回來。這是小疑情。

因此，話頭乃是修行者問自己的一個問題，是一種修行的手段。開始的時候，疑情是不存在的，小疑情就足以刺激修行者不停地問自己問題。如果心能夠繼續不斷地問問題，就會產生新的力量，而一個人也會進入疑情的中間階段，這時候，疑情就會更深與更穩定。關於這種中度的疑情，一個人平日在家裡修行時也許可以有若干程度的體驗，但只有經過一段較長時間的密集用功（例如禪期），它才會產生夠大的力量，讓人進一步去體驗大疑情。當大疑情產生時，它的力量是很巨大的，當事人不會再意識到自己的身體、世界以及宇宙間任一物的存在。只有疑問本身會繼續留著。

到了此時，修行者可以說已進入了統一心的狀態。事實上，那吞噬一切的疑情已經把修行者的身與心凝聚為單一的心念，把他帶入了「定」的境界。然而，基於探究和疑情的本質使然，修行者又無法深深安頓於定境的寂靜之中。相反的，疑情的專注集中力會讓修行者一頭栽到開悟的大爆炸去。因此，參話頭方法的邏輯雖然與傳統修禪定的邏輯相似，但它們的長程目標卻相當不同，有別於五停心觀。

禪宗有一個比喻是說，達到開悟的過程就好比把一隻駱駝推過針眼。還有一個比喻說，若想要進入禪的世界，一個人必須一絲不掛，完全的赤裸。這是說，為了要實現禪心，一個人的心靈必須是赤裸裸的，不容許有一絲執著或顛倒。它不容許抓住或保留任何的東西，其中包括了心的形相。這種心靈徹底赤裸的狀態，與處於開悟大爆炸邊緣修行者的心靈很相似。疑情會吞噬或撕去一個人身上的一切，乃至他本人。

事實上，大疑情又常常稱為「大疑團」。當一個人被大疑情吞噬一空時，他會覺得，包圍在他四周的一切盡是疑惑，自己與世界的所有關係都被切斷了。這種狀態，你既無法置之不理，也無法把它扔掉；既無法吞進去，也無法吐出來；你就是沒辦法消解它。到了這個近尾聲的階段，即使引磬聲響了，也可能會聽不見；到了吃飯時間，也許還是會去吃飯，卻是食不知味；即使晚上就寢躺在床上時，心思也會完全被疑團吸住。這樣的情形有可能不間斷地從白天持續到黑夜，自己就像是個失心的機械人。不過，幾天之後，一個大爆炸肯定就會發生。

一個修行者會多快或多容易產生大疑情，端視他的根器深淺而定。根器深的人，有可能一參話頭就產生大疑情和開悟的大爆炸。這種人即使在沒有老師的指導下，一樣可以快速到達大疑情和開悟的境界。換成是根器平庸的人，如果能持之以恆，假以時日也有可能會產生大疑情，不過如果沒有老師從旁指導，他們很容易走火入魔。至於根器鈍的人，想要產生小疑都是極端困難的。

由於話頭對於集中心念非常有效，所以理論上，它幾乎適用於任何人。但一個人如果心思散亂，是很難透過話頭產生力量的，所以我通常不會一開始就教學生去用話頭。相反的，我會指派他們採取一些傳統的修行方法（例如數息），好先把心沉澱並凝聚起來。等他們靠這些方法產生專注力以後，我才會分派話頭給他們參究。如果事實證明他們無法從話頭獲益，我就會叫他們回到先前的禪修方法。

在為期一星期的禪七中，一般學生通常都沒有辦法靠參話頭喚起足夠的力量和智慧大爆炸。不過，老師還是有可能幫助學生體驗到小疑情和小爆炸，儘管那是微弱的和斷斷續續的。雖然這樣的體驗不能跟完全看到自己的本性相提並論，但它仍然可以帶給修行者很大的裨益。這是因為在我們這個時代，大部分人都沒有時間、環境和動機去投身於固定的禪修，而小疑情雖然不完整，仍然可以讓人對世界有煥然一新的看法，這將加強修行的信心與熱忱。

溫和的方法和強力的方法

一般而言，話頭可以是長期的修行方法，它的方式可以分為兩種：一種是「溫和」的方法；一種是「強力」的方法。

溫和的方法適合那些心靈粗糙不馴的人。透過一種柔軟的聲音，和溫和的態度，反覆對自己念話頭，一個人的氣質將會變得安定，而心也會專注而柔韌。這樣的修行方式，與念咒或稱名念佛的方式很相似，可以透過字詞或音節，把心帶入專一狀態。這些方法，就好比在你的心上綁上一塊大石頭，再把它扔到一個很深的池塘裡。透過輕柔而持續地專注於話頭上，心靈就會沉澱到一種深深的清明與寧靜狀態。

強力的方法則剛好相反，修行者會把全部的力量都投注在話頭上。因為強力的方法要動用的能量極為強烈，所以它對那些心靈不穩定或情緒起伏得厲害的人來說，可能會帶來害處。他們可能會把自己逼得狂亂，甚至萌生殺人的念頭，或是變得暴怒，一面敲頭、搥胸、踢桌子，一面大吼：「我是誰？」這種極端的反應是錯誤的，應該加以避免。因此，看話頭的強力方法用在不對的人身上，有可能會為他們帶來情緒的問題，而逼迫一個人走向相反的道路，甚至發瘋。因此，強力的方法不是什麼人都可以使用的，應該在有嚴格控制的環境下進行。此法只適用於那些心性本來就穩定平靜或透過修行得到這種穩定平靜的人。

對大部分人而言，特別是對初學者而言，溫和的方法是較適合的，至少起初是如此。不過，溫和的方法是無法產生大力量的，不管你花再多的時間和再大的努力，其效果都無法和強力的方法相比。固然，溫和的方法也能讓人淺嘗開悟的滋味，不過長遠來說，這種開悟的力量和深度都有局限性，完全無法與強力方法所得到的開悟相提並論。在平常或平順的環境中，一個人不會感覺到溫和方法帶來的只是小力量，一旦有事情發生，真正的考驗來到時，他就會馬上察覺到，從修行所得到的力量有多麼的不足。在那些非常需要道德感與意志力的情況下，特別是生死攸關或涉及名聲、財富或男女關係的狀況，一個人往往沒有力量去做正確的事，哪怕他心裡很清楚怎樣做才是對的。這種自制力的缺乏，反映出他在修行時並未獲得真正足夠的力量。

因此，靠著看話頭的溫和方法得來的安詳與自在，有可能是騙人的，特別是當修行者處於衣食無憂、不太需要與外界互動的環境中時，尤其如此。這種人雖然每天修行，整天修行，早上定時起床，開始修行，然後「啊！午餐的時間到了。」於是便停下來，用過午餐後休息一下，再開始用功。接著，到了洗衣服的時間，就洗衣服，吃晚餐，或做其他例行的事務；晚上，可能看點書或者再修行一下，然後就去睡覺。

第二天，繼續採取這種方式修行。連續這樣地修行了十年八年，其他人便會認為他們是經過長期鍛鍊的大修行人。他們看起來莊嚴而穩定，從不會為任何事焦慮。他們的情緒之所以這麼穩定，是因為他們不必為任何事或任何人煩心；一整天都是坐著，不需要從事任何工作或捲入任何紛爭或危機中。這些修行者看來是沒有煩惱的，但卻不是因為他們的心真正自由，只不過是適意的環境讓他們碰不到煩惱。這樣的日子當然可以過很久，而他們也自欺欺人，以為自己真的是在修行並且進步不斷。

我曾經遇到過這樣一位僧人，他告訴我：「當我閉關時，我得到了大自在、大解脫，什麼煩惱也沒有。」我就問他，他閉關時需不需要為衣食的事情擔心。他說沒有，因為別人會把食物和衣服準備好，讓他無牽無掛。我問他有沒有跟別人吵過架。他回答說，根本沒有別人可以吵架。事實上，他之所以感受不到煩惱，只是因為他所過的輕鬆生活並不會引起煩惱。而事實上，他所有的煩惱一直存在著，只不過是暫時睡著了。最後他告訴我，他出關以後，就碰到不少困擾，覺得情況很糟。我就說：「如果你當時真的開悟了，那現在怎麼還會有煩惱呢？」

他說：「是因為環境不對的關係。我看我最好還是再去閉關。」事實上，真正的重點不是環境，而是心。因為如果一個人真的是到達了禪的最高境界，那他不管是身處何種環境都是完全自由的；不管在任何環境下，他的心都會不動如山。

相較於溫和方法所產生的智慧，由強力方法所引起的開悟大爆炸，力量要強大得多。如果能夠成功地使用強力的方法，你就會成為一個能扛大責任與大重擔的人。即使你的正義感要你去面對的是最重大的危險，你也不會有絲毫猶豫。你會有這種勇氣，因為你原來對自我的執著，已經轉化為智慧與深深的慈悲。在禪的傳統裡，這樣的人（不分男女）被稱為「大丈夫」。

話頭的強力方法，要求人進入一種異乎尋常的心靈狀態，這種心靈狀態極其強勁，所以並不適用於一般的日常生活，也不能漫不經心地採用。它必須運用在一個小心控制的環境裡，並由有經驗的老師來監督。最適宜的環境是禪期中，因為規律的活動有助於禪定，讓人能夠與外界保持適當的隔絕。禪期一開始，老師就會告訴學員，在為期七天、十四天、二十一天或九十天的禪修期間，他們必須丟掉一切對世俗的關心。

師父會說：「忘掉你們是健康還是生病的，甚至不要害怕死亡。事實上，應該把自己看成是已死之人，是完全孤獨的。不管你們是否對這個禪七做好了心理準備，從這一刻起，要把全部的生命放在修行上。不管是行、住、坐、臥，每一刻都要完全投入話頭。如果參的話頭是『我是誰？』那就該一次又一次地以最大的熱情問自己這個問題，熱切的程度就像要變成該話頭一樣。不容許自己想別的事情，哪怕一剎那都不可以。」如果能培養出這種熱切的精神，根本就沒空怕死。如果繼續精進，到達開悟，無論在任何情況下，將再也不會害怕死亡。

在古代中國，禪期中的禪修者幾乎都採取這種強力的話頭方式。但這種高壓強烈的方法只適合那些心穩定寧靜的人。對那些未達適當狀態的人，這方法不但不會有多大用處，甚至會造成危害。所以，哪些人有資格採取這種方法，都是經過事先篩選的。像虛雲老和尚就非常嚴格，雖然向他申請閉關的人非常多，但只有最堅定的人才會獲得批准。如果一個人在閉關期間行為不妥、適應不良，或是未盡到最大的努力，就會當場被驅逐。

不過今天，在沒有佛教修行傳統的地方，則又另當別論。如果我在禪七採取和虛雲老和尚一樣嚴格的要求，那學員肯定會成群地離開。這對學員來說並不是一件好事，所以採取折衷的作法是必要的。一般來說，我在禪七所訂定的規則和功課仍然會很嚴格，卻不會一視同仁地使用參話頭的強力方法。除非認定某一個學員已經培養出夠穩定寧靜的心靈，足以適應看話頭的強力方法，否則我不會把這種方法用在他身上。另外，我只會在禪七的場合使用這種方法，因為那是唯一適合的場合。當禪七結束，情境回復到平常狀態，一般來說，最好是提醒學員中斷強力的方法，等下一次禪七的時候再運用。

使用看話頭的強力方法時，除了必須有一個適當的環境以外，是否有一位夠能力和夠細心的老師從旁指導，也是同樣的重要。帶領禪修的老師必須對每個學員的身心狀況有清楚的認知，他要熟悉每個學員的人格特質，知道他們修為的層次，更重要的是在禪修期間，全程注意發生在每個學員身上的變化。他要問自己：每位學員都知道怎樣有效使用這個方法嗎？每位學員都有盡全力並處於最恰當的狀況嗎？儘管交給三十位學員去參的可能是同一個話頭，但基於個性和能力的差異，這三十個人無可避免會把看話頭發展成三十種不同的方法。

他們有的會全程反覆念誦話頭，就像一個對自己唱歌的小孩；有的會把話頭當成類似數息的方法加以運用；有些會在複誦話頭時閉氣；有的則乾脆放棄努力，等別人來解開答案，並對自己說：「嗯，反正我怎麼參也是參不出答案來的。」所以雖然也會在心裡反覆默誦話頭，但腦袋卻是一片空白。再來還有一種學員非常有自信知道答案是什麼，因此，每重複詰問自己一次，他就會覺得已經到達開悟。不過接著，他的懷疑就會生起，於是他再提起話頭，話頭本身便又暗示了另一個新的可能。當然，也有些人是用看話頭的時間來打盹或是企圖以理性思考來破解它。

在所有這些情況中，學員都被各自的妄念和習性束縛而不自知，所以，必須有一位夠了解他們的老師從旁指導，將他們引導至恰當的狀態。不管是溫和還是強力的方法，如果缺少有經驗老師的指導，修行者幾乎都會誤入歧途。這時，方法不但不能扭轉癡迷，反而會反過來為癡迷所扭轉。沒有經驗的修行者要能看穿習性的力量，實在是難之又難。到頭來，只會把多年來的時間白白浪費在洋洋自得上。

第八章　默照禪

默照禪的歷史淵源

前面第六章已經談過，禪宗「無門之門」的特色，是禪宗在唐末宋初制度化發展時所確立的。隨著宗派主義之風日盛，禪宗各派別都致力於將其繼承自諸祖的修行方法和宗風正規化，並建立獨具一格的特色，以確保自己的傳承。就像大慧宗杲把參公案和看話頭的方法提昇為臨濟宗教法的心要一樣，宋代的曹洞宗禪師也把默照禪逐漸提煉成為曹洞宗修行法的主軸。這個過程，以宏智正覺為其高峰，他是大慧宗杲的同儕。大約一個世紀以後，日本僧人道元（一二〇〇～一二五三）從天童如淨（一一六三～一二二八）——他是宏智正覺法兄真歇清了（一〇八九～

一一五一）一系的禪師——繼承了曹洞宗的法脈，並把此宗帶到日本。本章將要討論曹洞宗所倡導的默照禪法。

強調參公案和看話頭的禪修法，傾向於使用逼、喝、打等高壓方法，把學生逼得走投無路而又非走不可、無開口處而又非開口不可。透過把全身心投入於公案或話頭的參究，一個人會被帶到大疑情的狀態，最後到達開悟的大爆炸。這種修行法是很激烈的，其效果則是驚天動地並且容易確認。得到這一類突破的學生，都會對什麼叫「無念」或「無心」有清楚的概念。

默照禪的方法則不同。它是較為被動性的，目的是培養出一種既完全放鬆而又開放明覺的心。透過把妄念雜念全部沉澱下去，讓覺心可以自然浮現出來。這樣的心，被形容為平靜如鏡、清明如月、沉寂如潭。但這並不是說曹洞宗不使用公案。恰好相反，歷史資料顯示，即使是默照禪法出現以後，公案繼續在曹洞宗裡扮演重要角色（大部分的禪宗法脈皆是如此）。不過，參公案在曹洞宗裡的功能，似乎有別於臨濟一系，而且因為默照禪是曹洞宗禪風的標記，所以參公案就位居其次。

就像參公案和看話頭的方法一樣，默照的方法並不是一夜間在宋代迸出來的，而是曹洞宗的禪師在探索曹洞宗本質的過程中逐漸摸索出來的。事實上，有關默照禪的見解，不但可以在曹洞宗始創禪師的語錄中找到，也可以在唐代初期的禪宗列祖的記載中看到。當然，有鑑於後期的禪師喜歡在早期禪宗人物（往往是傳說人物）的談話裡找根據，這個現象是沒有麼好驚訝的。像是菩提達摩本人，就被認為說過這樣的話：「捨妄歸真，凝住壁觀，無自他，凡聖等一，堅住不移，莫有違離。」①另外，被認為是三祖僧璨所作的《信心銘》裡，則有這樣的話：「二由一有，一亦莫守；一心不生，萬法無咎。」又說：「無不包容，十方智者，皆入此宗，宗非促延，一念萬年。」②

六祖惠能在《六祖壇經》裡說：

世人離見不起於念。若無有念，無念亦不立。「無」者無何事？「念」者何物？「無」者離二相諸塵勞。真如是「念」之體，「念」是真如之用。性起念，雖即見聞覺知不染萬境而常自在。③

惠能的一個弟子永嘉玄覺（六六五～七一三）在其〈奢摩他頌〉裡說：「忘緣之後寂寂，靈知之性歷歷。無記昏昧昭昭。契真本空的的，惺惺寂寂是。」④

所有這些引自早期禪師著作的段落，都可以視為是默照禪法的先聲。大可以說，曹洞宗就是依著這個傾向，持續演化而成的。洞山良价（他是曹洞宗的兩大開創者之一，曹洞宗的「洞」字就是由他而來）有一次表示，一個人在禪修時，應該什麼都不去想：「兄弟秋初夏末或東去西去，直須向萬里無寸草處去始得。」⑤

心裡哪怕有最少的念頭或執著，都等於是有「寸草」的存在。因此，所謂的「無寸草」，是指全無分別心念，而「萬里」二字則是形容這種空境的廣大浩瀚。當洞山的同時代人石霜慶諸法師（八〇七～八八八）聞此言時，評論說：「出門便是草。」也就是說，只要你的心念一生起，或「心踏出了門之外」，就會到處都是差異與分別。一旦心固著於某些形相實體化，便會排斥其他相，那「無心」、「無念」的靈活功能，與無邊無際的開闊，就消失了。⑥

洞山也在其〈玄中銘〉說過：「是以用而不動，寂而不凝。清風偃草而不搖，皓月普天而非照。」⑦在一句類似卻更謎樣的話裡，他又這樣開示：「欲知直須如枯木生花，方與他合。」⑧洞山另一個同時代人香嚴智閑（卒於八九八）有一次被問及道在哪裡的時候回答說：「在枯木裡的龍吟。」又說：「在髑髏裡的眼睛。」

「枯木」是絕對沒有活動、沒有生命的東西；反之，「龍」則一向被認為是生命力和水的象徵。因此，「枯木裡的龍吟」與「髑髏裡的眼睛」，乍看之下都是自相矛盾的意象。對於這兩句話，石霜慶諸的解釋是：枯木而有龍吟，是因為「猶帶喜在」；髑髏而有眼睛，是因為「猶帶識在」。洞山的繼承人曹山本寂稍後則有如此的解釋：「枯木龍吟真見道，髑髏無識眼初明，喜識盡時消息盡，當人那辨濁中清。」⑨這兩個例子都說明了「照中之默」和「默中之照」對曹洞宗的根本重要性。

在石霜慶諸的學說裡，「默」與「照」的觀念第一次被發展成為一個初具輪廓的修行法。據說他會要求弟子變得槁木死灰，或把心變得像一泓不間斷的泉水，另一個石霜慶諸喜歡用的比喻是破廟裡的冷香爐。據說，他鼓勵弟子動也不動地長時間打坐。也是因為這個原因，他的徒眾被稱為「枯木眾」⑩。

不過，石霜慶諸的教法在曹洞宗裡是不是典型的，我們不得而知。就像同時期的大多數禪門人物一樣，有關石霜慶諸修行方法的記載寥寥無幾，而就連僅有的記載，因為是出自較晚時期人之手，可信度也不無疑問。不過，我們卻知道，第一位把輪廓鮮明的默照禪法拿來教導弟子的，是十一世紀的投子義青（一〇三二～一〇八二），他也是重振了曹洞宗的功臣。自投子義青以後的曹洞宗禪師，都喜歡以「默」與「照」的比喻來形容曹洞宗的本質。最後，在宋代著名禪師宏智正覺（一〇九一～一一五七）的大力提倡下，「默照」終於成為曹洞宗獨具一格的修行法。

除了著名的〈坐禪箴〉與〈默照銘〉以外，宏智正覺也寫過很多有關默照禪的偈頌。⑪在其中一個著名的段落裡，他這樣說：「大休大歇底。口邊醭生，舌上草出，直下放教盡去。洗得淨潔，磨得精瑩，如秋在水，如月印空。」⑫（大意是：你的身體應該默坐，心應該靜止不動，靜得苔蘚會在嘴邊四周生長，青草會從你的舌上冒出。不要停止，心經過持續不斷的淨化，最後就會清澈得有如秋水，明亮得有如長空上的朗月。）

使用這些比喻，宏智正覺是要教導弟子把心放下和沉澱下來，斷離所有糾葛狀態和依賴，直接達到一種完全而無拘束的寧靜境界。但這並不代表心會因此變得昏昧，正好相反，被止靜的只是虛妄思想所帶來的扭曲，而不是心的清澈明照。隨著這種靜默，心本具的智慧就會無所遮蔽地閃耀著，因為已無一絲塵埃覆蓋在它上面。宏智正覺說：「淵源澄照之底，能發光、能出應。歷歷諸塵，……一切處用無痕鑑無礙。」⑬（大意為：在這種默坐的狀態中，心可以歷歷分明地照見對象的每一個細節，就像它們是透明似的，與此同時又不會有虛構的假象產生。）

在默照的狀態中，萬事萬物會安歇在其原來的位置上，如如安住其位。只要一個人不是錯誤地固著於靜默，那麼隨著心沉澱得愈深，它本具的覺照就會愈來愈明亮和有穿透力。當心到達絕對的寂靜，沒有抓取或停留在任何事物上面，它的自然覺照在範圍和深度上都將是無邊的。宏智正覺把這樣的心比喻為一個可以恰恰好套在護鞘裡的箭矢。因為在明靜的覺照中，能照的心和所照的境是那麼的密合無間，以致於所有主與客、能與所的分別都告消解了。明靜空寂乃是眾生本有的覺悟的狀態，而它的實現就是大解脫。因此，默照的境界乃是禪宗所主張的那種最圓滿、最直接的親證佛性。以下是節錄自宏智正覺作品中論默照境界的兩段文字：

田地虛曠，是從來本所有者。當在淨治揩磨，去諸妄緣幻習，自到清白圜明之處。空空無像，卓卓不倚。唯廓照本真，遺外境界。所以道：「了了見無一物。」箇田地是生滅不到，淵源澄照之底，能發光能出應。歷歷諸塵，枵然無所偶，見聞之妙，超彼聲色。一切處用無痕、鑑無礙。自然心心法法，相與平出。古人道：「無心體得無心道，體得無心道也休。」進可寺丞，意清坐默。游入環中之妙，是須恁麼參究。⑭

真實做處，唯靜坐默究，深有所詣，外不被因緣流轉，其心虛則容，其照妙則準。內無攀緣之思，廓然獨存而不昏，靈然絕待而自得。得處不屬情，須豁蕩了無依倚；卓卓自神，始得不隨垢相，箇處歇得。淨淨而明，明而通，便能順應，還來對事，事事無礙。飄飄出岫雲，濯濯流澗月，一切處光明神變，了無滯相，的的相應，函蓋箭鋒相似。更教養得熟、體得穩，隨處歷歷地，絕稜角，勿道理，似白牯貍奴恁麼去，喚作十成底漢。所以道：「無心道者能如此，未得無心也大難。」⑮

做為修行法的默照

默照是一種簡單的方法——太簡單了，以致它的簡單反成為一種困難。歸根究柢，它是一種無法之法，修行者只要拋卻一切尋求、一切執著、一切期望，直接生活在禪裡就可以。修默照，就是要擱下一切忙亂和分別心，明靜地觀照萬物，讓事物如實呈現並全然接受，不要渴求什麼或固著於什麼。這就是禪本具的寂靜與明覺。因為只要有分別心與執著，這種奇妙的寧靜與明覺就會受到妨礙。心本來是靜默而又湛然的，不需要花力氣去打磨它。從原理上說，默照是非常簡單的，但由於我們是非常複雜的動物，使得默照反而成為一種非常難掌握的修行法。我們最大的問題是太賣力，做什麼事（包括修行在內）都習慣太賣力，所以需要相當多的前導工夫，才能讓自己變回單純，以便有效地使用修默照的方法。

如前所述，宏智正覺要求我們在修行時，身體要靜靜坐著，心則完全敞開。透過這樣的修行，心就會自然而然淨化自己，最後達到「清澈得有如秋水，明亮得有如長空上的朗月」的境界。宏智正覺又進一步指出：「便是耕破劫空田地底。卻恁麼來，歷歷不昧，處處現成，一念萬年，初無住相。」⑯

在修默照時，不該運用眼、耳、鼻、舌、身或心。如果你發現念頭停駐在某個視覺、聽覺、嗅覺、味覺或觸覺的對象上，就應該把它放下。但這樣還是不夠的，你還應該放下任何妄念。你應該放下所有分別性、所有期望與懊悔、所有喜歡與不喜歡，以及所有渴望與目標。你甚至連「放下」的念頭也要放下。不要想你是個未覺的凡人，也不要想你必須努力祛除所有煩惱，追求成佛。不應該有開悟的念頭，不應該有禪的念頭，不應該有獲得任何東西的念頭。甚至努力追求「無念」的念頭也不應該有。

默照中的「默」並不是一種積極的靜止或壓抑作用，而是意味著放下，讓事物可以各自在其位上安歇。我們需要做的，只是把憂慮和牽涉放下來，平靜，沒有念頭，無事可做。起初這很困難，但隨著修行的深化，靜默就會變成是深邃的靜默，一切的分別心都會停止，而不再有動靜之分。那些體驗到深邃靜默的人，會覺得好似眼睛萌生出野草，大石頭塞住耳朵，舌頭上長出苔蘚。所有複雜的人為造作都會消失，大自然會接管一切。

但這並不是說你的感官不再作用：眼睛會看不見，舌頭會感受不到滋味，耳朵會聽不見聲音。如果是這樣，那你體驗到的靜默就不是深邃的靜默，因為這時候，你的心仍然惦記著「靜默」的觀念，並費力去壓抑活動。這不是上述比喻想要傳達的那種身與心的完全虛靜。在深邃的靜默與單純裡，一個人不是無知無覺的，而是銳利和無所不覺的。不需要有任何懸念，萬物就會朗朗在你之中，而你也會周流在萬物之中。

有人可能會納悶，體驗到這種深邃靜止的修行者，和木頭般的無生物有何不同。乍看之下，你會以為這樣的人應該是完全沒有意識活動的。然而，默照的深邃靜默和沒有意識活動的靜默，有一個基本區別，而且也是因為有這個區別，我們才會在「默」字後面加一個「照」字。事實上在默照裡，「默」是離不開「照」，而「照」也是離不開「默」的；它們是同一件事情。即使所有的意念和心靈活動都靜止了下來，覺識仍然是極端直接、銳利和有穿透力的。換言之，明覺的產生是離不開深邃的靜止的。

為什麼是這樣？因為當心沉澱並靜止下來時，分別的念頭就會消失，而隨著分別心的消失，過去／現在／未來、內／外、彼／此／、人／我這些分別也會消失。由於在默照的狀態中，沒有任何指標可以量度時間的逝去，因此時間是不存在的。同樣地，默照中沒有邊界劃分，沒有你我、自他、彼此，所以沒有任何參考點可以丈量攻堅，因此空間是不存在的。默照狀態的明覺不受任何事物的限制，因為其中並無自我也無任何執著，可以將心與環境分離。這時候，一個人的心就如無邊明鏡，雖然一動也不動，卻能夠把一切如實照映在其中，沒有一個細節被排除，沒有一個物體被遮蔽。心對世界的映照是那麼的徹底，以致於兩者已交融為不可分的一體。

宏智正覺把這種狀態比喻為秋天的池塘和秋天的天空。因為，在蕭瑟的的秋天，池水會變得靜止而清澈，讓人看得見在深處慵懶優游的魚兒；秋天的天空高曠清朗，讓人看得見在天際輕快翱翔的鳥兒。宏智正覺也把默照清澈明亮的境界比喻為秋月，因為就像高掛在天上的秋月一樣，以其清涼柔和的光，清楚照亮著地上的一切事物。

在某些方面，「默」與「照」的分別會讓人連想起傳統佛教的「止」和

「觀」。天台宗的智者大師在其《摩訶止觀》中說：

唯信此心但是法性。起是法性起，滅是法性滅。……還源返本法界俱寂，是名為止。如此止時上來一切流轉皆止。觀者觀察無明之心，上等於法性，本來皆空。下等一切妄想善惡。皆如虛空無二無別。⑰

（大意為：一個人唯應相信此心就是「法性」自身。心念起就是「法性」起，心念滅就是「法性」滅。……歸根究柢，「法性」是全體虛靜的。這就是所謂的「止」。當人依此方式修「止」，一切意識的流轉就會停止。而一個人修「觀」法，為的就是明白：無明心與「法性」原是不二的道理。無明心既與「法性」不二，故其根本為空；一切源出於妄念的善行和惡行，同樣皆是空。因此，「止」與「觀」兩種修行是不二的，無有分別。）

在印度佛教的系統裡，「止」和「觀」常常是分開來培養的。例如，像「五停心觀」的方法就是用來培養深邃寧靜與專注的禪定狀態。等禪定確立以後，才會再使用像「四念處」之類的觀法來修慧。漸漸的，隨著定力的深化和慧力的增長，它們的功能就會融合在一起，帶來深刻的開悟。在大乘佛教裡，這樣兼含慧成分的定境稱為「無漏真定」或「無上出世間禪定」。只有極深邃和極完全的開悟才能到達這樣的境界，一閃而過的開悟是無法造就它的。雖然通向定的道路十分漫長，但一旦到達終點，就不會發生退轉。定會不間斷地在一個人身上發生作用，再加上從定所生的慧，一個人就可以擔負救度其他眾生的菩薩使命。

上面我們區分了默照的兩個方面，以釐清它的作用方式，但如果因此把「默」和「照」看成兩種分離的東西，則是不正確的。這樣做，是對默照禪法與禪宗頓法道路的錯誤表述。首先，「默」與「照」是不可分離而且必須同時出現的：在「照」的當下，對意念和感受的執取丟棄了，直接攝取事物，也因此把心帶到一個完全的靜默狀態。與此同時，「默」的作用可以平息念頭，對具特定表徵對象的執取遺棄了，讓「照」可以無阻礙地普照萬物。因此，「默」和「照」在覺知的當下，是同時作用的。

以為一個人修默照時應先培養出寧靜，然後再去培養觀照，乃是錯誤的見解。

因為，隨著心愈來愈清澈，它就會愈來愈空寂和靜謐；而隨著心愈來愈空與靜謐，它就會愈來愈清澈。一個人愈是不刻意去培養「默」與「照」，心就會愈發靜默和明覺。同樣必須謹記的是，根據禪宗的看法，心本質上就是寧靜、空寂和明亮的。換言之，這些特質根本用不著去培養！花太多力氣去停止心念和磨光心靈，只是在妄念上再增加一層妄念。如果有什麼默照的「技巧」可言的話，那就不會是默照，而是貪著心、分別心。這就是默照禪法的真正信息：它是一種無法之法。做為修行法因地的默照和做為開悟果實的默照最終來說是不可區分的。

《金剛經》裡有一句話很能反映出默照的觀念和修行法的精神：

應無所住而生其心。

在修默照時，一個人必須自我克制，不去抓取或停留於身、心或世界的任何方面。《金剛經》所謂的「無所住」，就是這個意義。但如果修行者只是重視修行「無住」這一面，他也許可以可以安定心，進入小乘四禪天的統一境，在這些境界中，非常寂靜，但照的功能很少，甚至沒有。因為這個時候的心，仍然牽繫於特殊的行相，也就是牽繫於靜止與無相。它觀照萬物的能力仍然受到執著於空的妨礙。想要修得真正的默照境界，修行者是不能執著於靜止或空的，必須放下一切「取」與「不取」、「放下」與「不放下」的想法，這才是真正的「無所住」。「無所住」的意思並不是要向世界背過身去或關上大門，而是意味放下偏頗的執著，自由自在地如萬物原有的樣子全然照徹。因此，《金剛經》上才會說：「無住生心。」

惠能在《六祖壇經》裡對這種修行法與禪宗的關係提出了如下說明：

迷人著法相，執一行三昧。直言坐不動，除妄不起心，即是一行三昧。若如是，此法同無情，卻是障道因緣。道須通流，何以卻滯？心不住法，道即通流；住即被縛。⑱

（大意為：癡迷的人執著於事物的表相，執著於要修渾然一體的三昧定境，以為只要坐著不動，就會妄念不起。他以為這種狀態就是渾然一體的三昧定境。這種修行方式，等於把自己矮化為無情之物，並為「道」帶來妨礙。「道」必須是通暢流行的，為什麼要去妨礙它呢？如果你的心不繫於一切現象，「道」就會是通暢流行；如果你的心繫於任何現象，就是作繭自縛。）

在修默照的開始階段，「放下」和「觀照」都是一種念頭，因此都是刻意的，是心的分別機能的產物。這樣子，修行者就像執著於其他妄念一樣，仍然是有所執的。不過隨著修行的成熟，這種對修行的執念就會消失。當我們真正變成我們自己，而無法之法也真正變成「無法」時，真正的「默」與「照」就會出現。這時，心不會再有任何起伏與分別心，而默照也會成為純粹的默和照。這就是禪。

修默照的先決條件與提醒

想要修默照修得有效果，必須滿足幾個重要的先決條件。第一是要有一位有能力的老師從旁指導，否則，你很容易就會受到障礙的攔截。因為默照不費力和無形式的方法，很容易讓人沉湎於壞習慣中而不自知，反而以為自己的修行是正確無誤的。其實，修默照固然是要避免施以刻意的努力，但這不代表你愛怎樣就怎樣。真正對默照下工夫的人會很清楚知道自己正在修「無法」，而且精確知道這個「無法」涉及什麼。沒有老師指導，一般人會以為「無法」兩個字就代表一張通行證，可以愛怎樣就怎樣。事實上，知道何謂默照和修默照牽涉些什麼的人，少之又少。有鑑於此，採取默照的修禪法時，最好有一位有經驗或修為高的老師，一直從旁邊觀察指導。

第二個條件是，修行者應該花一段較長的時間進行密集的修行，而修行的地點，又以隔絕或仔細安排的環境為佳。這一點，同樣也適用於參公案和看話頭。其理由不難理解，過去修默照的人所面對的環境與今日大不相同。在以前，通常會把一切雜事先安排好，以便一整天心無旁騖地投入修行之中。另外，以前的生活也不像今天那樣複雜和步調急促。

現代社會除了帶來所謂的便利以外，生活中的是是非非，常讓人分心並感到壓力沉重。如果我們老是自滿於每天修行一、兩小時，而把其餘的時間用在其他的追求上，那我們永遠不會醞釀出足夠的力量精進禪修。因為，從這樣的修行所獲得的寧靜與清澈都太稀薄了，根本不足以對抗一天其餘時間的活動所帶來的混亂。因此，一個人若要修默照，就必須把他的輕重緩急順序完全調整過來，並選擇適當的環境，最好是孤立的環境。不過，這裡所謂的「孤立」，並不一定是指遠離人煙的地方。即使在鬧市，如果你的禪修環境足以讓你心無旁騖和遠離干擾，一樣也是可以的。

理論上，任何修為層次的人都可以修默照。事實上，根據古代曹洞宗的觀點，任何修行者（包括初學者在內）都應該修默照。不過，由於默照禪是很精細和不易捉摸的，如果一個人的心很躁動，或集中力很差的話，那麼修默照難以有多大的進展。因此，如果一個有禪修經驗的人從學於我，但我發現他的心不夠穩定或開放的話，我是不會教他這個方法的，不管他從前修行過多少年。反之，即使是一個初學者，如果我發現他的心夠寧靜和穩定的話，仍然會一開始就要他去修默照。適不適合修默照的關鍵，不在於一個人從屬禪宗的哪一派或有多少年的修行，而在於一個人的專注力是否足夠、心是否夠單純和對修默照的方法是否夠了解。在一個人開始修默照以前，他必須先對何謂放下，有堅定而直接或經驗性的了解。

一條通則就是，像「五停心觀」之類的具體方法，更適合經驗較少的人。一個人的能力與修為愈深，他可以使用的方法就愈簡單和直接。對於心靈複雜和混亂的人來說，默照的方法因為太過無形無狀，想要用來對抗排山倒海而來的情緒，是無濟於事的。因此，開始的時候，這一類人適合使用一些漸進式的次第修定方法（像是「五停心觀」），讓心可以安靜和專注下來。然而，對較有經驗的修行者而言，這類方法反而容易造成分心，因此不但沒有幫助，反而是個負累。總之，修行的方法要配合個人的個性與能力。禪宗的頓法適合根器銳利的人，不管是參公案還是修默照，都需要高度專注和統一的心靈，才能行之有成。就這一點來說，曹洞宗的修默照和臨濟宗的參公案是很相似的。

一個人剛開始修默照時，最容易碰到的就是雜念四起的問題。當你察覺到這些雜念生起時，應該盡量避免與它們發生牽扯，別讓自己的心思被它們抓住或帶走。你要做的只是清楚知道，並馬上讓它們離去，盡量觀照念頭和感覺的生滅，不斷地從這一刻到下一刻。不過也不要刻意去迴避、壓抑它們；反之，你應該讓「照」自由馳騁，不去干擾它，讓它就像一條溪流那樣，雖然途中會碰到各式各樣的障礙物，卻仍然能夠無所窒礙，自由流淌。

另外，你也要千萬小心，避免掉入另一個陷阱，那就是過分賣力去「照明」事物。實際上，默照的「照」字並不是「光照」，它不會像太陽或月亮那樣主動放射出光線，它只是表示「覺察」。心本來是明覺的，也因為這個緣故，任何把自己呈現在我們覺知前面的事物，馬上會為我們所覺察。這種在反應之前的覺知就是照，它的活動就只是：放下與知道、放下與知道、放下與知道。某個意義下，我們可以說「放下」就是「默照」中「默」的部分，而無所障蔽地把覺知擴散到萬物，就是「默照」中「照」的部分。然而我們也必須記住，嚴格來說，「默」和「照」是一個單一和同時的過程，並不是分離的兩個部分。更重要的是，所謂的「照」，並不意味容許心去追逐任何它渴望的對象。這樣子的心只是散亂心，而不是一個穩穩立足於「默」，而被「照」調伏的心。

在由道元開創的日本曹洞宗裡，默照的方法被稱為「只管打坐」。實踐「只管打坐」時，一個人要管的就只是打坐，別無其他。當一個雜念生起時，修行者會對自己說：「我只是打坐罷了，沒有其他事要做，沒有其他事要成就。只管打坐。」

因為他只管打坐，什麼都不管，就連雜念也是不管的。同樣的，在從事其他活動時（如走路、站立等），一個人也只專注於現前的活動中，心中再無其他思想。最後，這種活動本身就是開悟，沒有需要再往他處另覓開悟。

另一個常見的誤解是以為修默照就是要讓腦袋進入一片空白或恍惚的狀態，不去照映任何東西也無物入心。這是一種沒精打采和散漫的狀態，不過又跟昏沉與睡眠有別。那就像是在一個灰濛濛的雨天站在海邊，眼前什麼都看不到。沉迷於這種狀態時，人們常常相信自己的心是沒有活動的，認為自己真正在修默照，不過事實上，根本不是這麼回事。

在某些方面，這個誤解也是由於太賣力去壓抑思想和感官知覺所造成的。它把重點放在默然不動上，或者說「默」的觀念上，認為先「默」才能「照」。其錯誤不在於太賣力，而是在於把「默」或「放下」誤解為一種漠不關心的無念狀態。然而，正如我們前面說過的，默照中的「默」並不是指一種無知無覺的狀態。在真正的默照中，感官知覺仍然是歷歷分明的，念頭仍會流淌，唯一不同之處只在於它們是沒有障蔽的，而且以精細的形式出現。因此，代之以避開思想和環境，覺照直接穿透現象的中心。會隨著靜默而減少的並不是我們對世界的覺識，而是那些會妨礙我們去覺識世界的執念與情緒。雖然腦袋空白的情況不同於昏沉的狀態，不過靜坐的時候渾渾噩噩，很容易滑入昏沉狀態。耐力差或集中力差的人也容易有這種現象。如果習而不察，昏昧的空白狀態會成為修行的一大障礙，而默照也就變成一種懶散和漠不關心的麻木。

也許修默照的最大困難就是如何去評估自己的進展。由於要斷定心是否真的一動不動和完全開放是很困難的，修行者往往會高估自己。另外，由於修默照是漸進的，不存在清楚的進步指標，以致修行者很容易以為妄念已經全部消失，而實際並非如此。這種情形，特別容易發生在那些從未體驗過「無念」的人身上。

例如，假設有一個人為了加快修行的步伐，跑到一個與世隔絕的環境去生活，把全部力量投入默照的修行中。隨著修行的深化，他會感到心靈開始遼闊、變得清澈和明亮，到最後，他甚至會感覺不到身體或環境的局限性。他每天的生活過得順順當當，毫無煩惱。這時候，他也許會以為自己修默照已經修得很深。尤有甚者，因為默與照既是一種修行方法，也是一種修行的成果，因此這個修行者會誤以為任何進一步的努力與進展都是虛妄的。不過事實上，他的體驗有可能只是小乘裡所說的未到定而已。在小乘和外道的傳統裡，定境有很多層次，比起這個修行者所體驗到更深境界的定境，所在多有。

因此，修行者必須要找出一個評估自己修為的方法（例如找有經驗的老師指導等）。但若缺乏這種資源的話，還有一個方法，那就是暫時完全停止修行，回到世俗的生活中，以測試自己的心是不是真的不動如山。這樣你就可以斷定自己的心，到底是依妄念還是依無漏智慧對環境起反應。如果在日常事務裡，一個人即使碰到困難的處境仍然不生煩惱，那就代表他在修禪上真的有了進步。一個人修默照修得夠深的話，他就會像浮雲一樣，即使遇到高聳的山峰，也融入其中完全不會受到阻礙。對這樣的人而言，既沒有心也沒有世界是他可以依賴的，與此同時，這兩者又能夠自然而然地互動。這樣的開悟與透過參公案和看話頭所達到的悟境，是完全一樣的。

為什麼有必要暫時把修行完全擱置一旁呢？如果一個人有不錯的修為，而每天又能夠固定修默照幾小時的話，那他從修行所獲得的寧靜與穩定就可以維持一整天。這樣的人即使在日常生活與別人互動，也很容易保持開放與真誠的心靈。然而，如果是真正夠深的禪境，應可以在任何環境下都自自然然地起作用，不需要特殊的環境和作意的修行做支撐。但如果一個人暫時停下了禪修的練習，就發現自己沒有足夠的支撐力量，那就代表他的修為尚未達目標。

修默照的方法

理論上來說，修默照既然是一種「無法之法」，那它要不是簡單得不需要花費任何力氣，就是飄渺得難以付諸實行。然而，修默照卻又是有具體步驟可循的，下面將對這些步驟加以說明。我用來教導學生的默照禪法，可以回溯至十二世紀曹洞宗的禪師宏智正覺。前文提及那位把曹洞宗引介到日本的道元禪師，要比宏智正覺晚兩代，雖然他深受曹洞宗禪風的影響，但他所鼓吹的「只管打坐」，卻和默照禪在方向上有若干不同。

廣泛地說，修默照可以分為三個階段。但這只是為了方便說明所使用的權宜架構，讀者不應視之為修行進階的鮮明標記，以為每一個修行者都必須一級一級地經過，或做為修行的目標。對一種修行法的反應，往往是因人而異，而進步本身，也可以是許多細小漸次的進步，而沒有明顯分水嶺。修默照的第一個階段是以「只管打坐」為中心：也就是以禪坐的姿勢坐定以後，把心念集中在身體上。第二個階段則進而把覺照的領域，從身體擴大到外境。這時，身與境的分別會全然消失，而一個人需要做的，就是對這個擴大了的領域保持赤裸裸的觀照，一如先前對身體所做的那樣。到了第三階段，「能」觀的「我」，與「所」觀的「境」的微細認知也消失了，一切都有，就是沒有你。既無自我的念頭，也沒有自我與世界的二元分別，不再有任何分別思想和我執。你聽到聲音，卻又像什麼都沒聽到；你看見東西，卻又像什麼都沒有看到。你的心靈是完全清晰明澈，沒有一絲雲煙。

修默照的第一階段：只管打坐

修默照的第一階段「只管打坐」是一種高度身體性的技巧，修行者除了把注意力集中在坐姿上以外，別無其他要做的事。聽起來，這是簡單得不能再簡單了，但事實卻並非如此。「只管打坐」有兩種可能的方式：第一個方式以放鬆為要領（稱為「鬆法」）；第二個則需要投入相當大的氣力（稱為「緊法」）。一個通則就是，那些禪修經驗相對較淺和身強體健的人，最好是用「緊法」。因為如果是初學者，使用「鬆法」很容易會導致昏沉和心不在焉，就像前面描述過那種「死水」、「枯木」般的狀態。「鬆法」更適用於有經驗的修行者、健康不佳或是因為修行得太累而想要恢復精力的人。

不過，不應該把這兩種方法視為是相互排斥的，因為它們都是「只管打坐」的不同樣態，因此可以在同一個禪期中，或在一炷香中交替使用。如果你因為使用「緊法」而變得激動或疲累，「鬆法」可以幫你調整過來；如果你因為使用「鬆法」而感到昏昏欲睡或容易做白日夢，就可以用「緊法」去增強專注力。

不論「鬆法」或「緊法」，正確的打坐姿勢都是不可少的——畢竟，你正在做的是「只管打坐」。這表示，你應該維持一個適當的坐姿和平衡狀態，心要完完全全專注在此刻正坐在蒲團上的身體。心要怎樣才能做到這一點呢？它要直接專注在身體及其感受上，也就是專注在正從事打坐的整個身體上，別無其他。當然，你的注意力也許不時會被身體的不同部位所拉走，不過，你應該把唯一的關注放在打坐上，以對身心的整體覺照，感受當下正在打坐的那個你自己。個別的感受當然是會來來去去，但它們應該被視為整體的一部分。有這樣的身心整體做為你專注的基礎，個別部位的覺受就無法擾亂你或使你分心。

只管打坐的「鬆法」

不管是「鬆法」還是「緊法」，都最好是採用蓮華坐或半跏趺坐的姿勢。但如果你覺得這兩種坐姿太吃力，輕鬆一點的坐姿也可以。打坐時眼睛張開或閉上都可以，不過頭卻不可以低垂，否則可能會睡著。小腹和背部應該垂直而略向前傾，讓脊椎骨可以成一直線，形成了清醒警覺的坐姿。就這樣坐著，姿勢放輕鬆，把意念專注在身體上。

剛開始「只管打坐」時，一個人對身體的覺識可能不會特別強烈，這種情形特別是在人太鬆懈，或太緊繃而疲累無力的時候會如此。在這些情況下，想要獲得修行所必須的身體覺知是很困難的。這時候，你可以利用兩種明顯的感受培養出對身體的覺知：一種是呼吸的感受；一種是身體的重量感。兩者之中，又以呼吸的感受容易運用。就像數息的方法一樣，呼吸可以幫助你把念頭集中在身體上，讓你知道自己正在打坐。不過，這兩種方法之間有重要的差別，因為數息是努力把心念集中在呼吸上，以致於排除其他的一切；反觀在「只管打坐」這個修默照的初步階段，呼吸的感受是用來培養對整個身體的覺知。此時，一個人的注意力應停留在整個身體上，而不是只有呼吸上。

身體的重量感也是培養身體覺照的基礎。不管是你安穩坐在蒲團上的臀部和骨盆、貼著地面的膝蓋和腳掌，還是做為重心的小腹，都可以讓你知道身體的重量感。但就像對待呼吸一樣，你不應該只把注意力集中在這些身體部位，而是藉由它們所帶來的穩定感，培養你對整個正在打坐身體的覺識。另外，如前面說過的，你應該把所有粗重的感受體驗為身心整體的一部分。

只管打坐的「緊法」

只管打坐的「緊法」涉及的領域與技巧與「鬆法」相同，所不同的只是運用「緊法」時，要投入更大的精力。對「緊法」而言，正確的打坐姿勢一樣是不可缺少的：下巴微微收攏，脊椎骨和上身保持直挺，骨盆、腰和小腹上挺、微微向前傾。不要讓身體的肌肉緊蹦，但姿勢有力，注意力則全程保持高度警覺。一旦以這種姿勢坐好，就要絕對地一動也不動。接著，就像「鬆法」一樣，開始時以呼吸的感受或身體的重量感為出發點，努力覺照整個身體。要保持完全不動，即使你感到痠、痛、癢、麻也不要動一下。

事實上，肢體的不舒服反而是修默照有利的狀態。因為來自膝蓋、腳、背等部分的疼痛，可以讓你減少雜念，讓專注力更快地回到自己正在打坐的事實。但這不表示你該把注意力放在疼痛上，更不要去壓抑或操控它們。你該做的只是放輕鬆，允許身體會疼痛，同時把疼痛的覺受視為身體的一部分。這可能不容易，卻是處理疼痛的最好方法。如果你的態度正確，疼痛和不舒服的感覺就有可能會轉化為使人愉快的自在感，這是因為我們改變了對疼痛的態度和看法。時間久了，你就會明白疼痛不是永遠的，它們來而復去。疼痛本身令正念更敏銳，當疼痛消失時，你的心將非常靜謐、專注和清晰，完全沒有雜念的干擾。

這時候，身體做為堅實生理存在的感覺也許會消失，帶給我們所謂的「輕安」體驗。在這種狀態下，你會感到異乎尋常的喜樂。然而切記不要迷戀這種感覺，你應該用一種超然的態度去對待它，繼續以原來的方式保持覺照。有些人會誤把「輕安」狀態視為一種世間的禪定，甚至是開悟。然而，這還不是定境中的統一心，更不要說是一種無我的體驗，那只是一種未到定的狀態。如果你繼續打坐而不執著於它，就可以超越它，到達更高的境界。你對身體的覺知會分解成一種透徹明亮的覺照，並且感到心靈的遼闊，感到周遭環境成為你的「身體」。隨著身體界線的消失，你就進入了修默照的第二階段。

修默照的第二階段

修默照的第二階段包含著兩個在質上有不同程度的體驗層次。在第一個層次，心會變得愈來愈清晰，愈來愈不為分別心所妨礙。身體的重量感和限制感也會消失，讓身心覺知與四周的環境無間地融為一體。不管你在外境中接觸到任何對象，都會覺得它就像是你身體的一部分，儘管這時你沒有內與外的觀念。你的覺知領域會大大地擴張。不過，這種擴大的覺照仍會受到當時環境中對象的不透明和獨立分離所限制。你應該進一步把外在的事件收攝到你的覺照中，就像你先前把身體感受收攝到身心整體中那樣。假以時日，整個宇宙都在你的覺照中；而隨著感知對象與領域限制的消解，你就會進入到修默照第二階段的第二層次。

第一層次與第二層次的區別是很重要的，因為它們是未到定與世間定的分別。在第一層次，覺照的領域會從身體擴大到當時的感知環境。可能你會感到這種擴大了的覺照仍然受到外在對象的阻礙，如果是這樣，你應該培養一種見解，那就是四周環境事實上是無限廣大、無所不包、超越質礙的，也就是說，整個世界不過就是那個正在那裡打坐的你。以修行技巧的角度觀之，這與第一階段的「只管打坐」的修行技巧是相仿的，在只管打坐時，你持續覺照整個身體，將局部的身體覺受納入整個身體中來觀照。而在第二階段的第一層次中，方法是相同的，而觀照的整體範圍大大地擴大了。一個人應該把事件體驗為內外境整體的一部分，一如先前把生理感受體驗為身體整體的一部分那樣。

從第一個層次轉化到第二個層次的指標，是體驗到自我與世界的無界限統一。有限的自我會擴大，與宇宙不可分地融合為一體。雖然內境與外境的對象與事件仍然會全面呈現，但它們卻不會互相干擾，因為到了此時，外境不過就是你的一部分。就像「身體」到了修默照的第一階段就不再是負累一樣，「外境」到了第二階段也不再是一個妨礙。此時，一個人的覺照可以直接穿透當時環境的對象，而不會為它們的呈現所妨礙。你會覺得時間過得很快，而只有心的全然開放和無限空間的清明。一切都是你。

在「只管打坐」第二階段的第二層次，有可能會產生許多殊勝的體驗。其中一種是你會體驗到無限的光。那是一種無法形容的光，而這光就是你。你會感到光和你是合一的，空間無限，並且是絕對的清晰。另一種特殊的體驗是無限的聲音。那不是一種你熟悉的聲音，不像車聲、狗吠聲或這世上任何事物發出的聲音。它就像是來自宇宙的源頭，而且是與宇宙的浩瀚同一的。它是一種最純粹的聲音，但又跟你聽過的所有音樂不同。它無比豐富、絕對和諧，同時來自四面八方，而沒有一個原點，也無駐足處。我把這兩類體驗稱為光音無限。

第三種深層的體驗是更深一層的統一心，也就是「一切虛空」。不過這「虛空」可不是我們在開悟時體認到的那種空，不是那種「無我」、「無自性」的空性。你體驗到的是一個浩瀚無邊的空間，而裡面空無一物。感覺上，自我與對象皆不復存在，就像是到達了無心的狀態，但事實上，這個「空」仍受到一種隱微的自我意識和對象意識所限制。上述三種體驗都是世間禪定帶來統一心的產物，它們屬於大我的層次，而不屬於那來自於無我智慧的出世間禪定的層次。當你感受到這些狀態時，謹記不要執著它們，更不可把它們誤解為開悟本身。你要提醒自己：「這不是我在追求的。」

修默照的第三階段：默照的真實體現

默照禪的第三階段特別難以言宣，因為它就是無心的不思議開悟本身。在這個階段，修行與體證之間沒有分別，而禪定與開悟智慧也是不相離的。到達這個階段以後，心就永遠不會為因緣所移動，並得以從自我的虛妄念頭中解脫，而同時又能夠體認到別人的需要並予以充分的回應。這樣做的時候，它是無所造作的，在其運作中沒有勉強或不自然的成分。對於任何生起的現象，心的智慧都會自動顯現，並加以回應。

六祖惠能的弟子永嘉玄覺在〈奢摩他頌〉中的三句詩句可以幫助我們了解默照的第三階段：「恰恰用心時，恰恰無心用，無心恰恰用。」⑲「恰恰無心用」指的是默照中「默」的面向，「無心恰恰用」指的是默照中「照」的面向。這兩句詩都沒有主詞與受詞，也沒有執著或否定。在默照禪的第二階段中，人會體驗到自我與環境的非對立性，但這時候，人仍然會有一個隱微的執著，那就是對於絕對與一體的執著。因此，在這種客體化中仍然存在著妨礙、執持和自我。不過到了第三階段，所有的二元對立與拘束都真正消失了，沒有主觀的我，沒有客觀的環境，也沒有任何微細存在的絕對。不管你面對的是什麼環境，你都能毫無煩惱與我執地與之互動。所有一切都如如呈現，任何需要完成的事，都已經完成。基於同樣的理由，在這樣的活動中，沒有一絲我執的成分，有的只是智慧的自由發揮。

對於默照禪的第三階段，宏智正覺在他的一首偈中這樣形容：「魚行遲遲；空闊莫涯兮，鳥飛杳杳。」⑳（魚遲遲都沒有出現；天空空闊無涯，鳥飛到遠得看不見。）細察這首偈，你就會發現，當中沒有觀察者，也就是沒有人的主體呈現。魚雖被提及，卻是看不到。既然提到魚，你可能會猜測，這就表示，附近有一池清澈得近乎透明的水。但在偈中，也完全沒有提到水。居然沒有水也沒有魚！如果拿來比喻默照的境界，魚與水同時既隱而顯，表示它們既是被默和照的，但事實上又沒有默和照的對象。

同樣的道理也適用於偈中提到的鳥與天空。之所以會看不見鳥，一定是因為牠們飛到了天空的極遠處。這首偈中雖然使用了鳥與天空的意象，但它們在偈中都沒有實質的存在。沒有魚、沒有水、沒有鳥、沒有天空，但一切又是如此清晰地描述。一物具無，但這個無卻不是一個悲觀、虛無的「無」，它是清晰而鮮明的。在默照的狀態下，你固然體驗到空與無我，但在此同時，也體驗到明朗和清楚的知道。

宏智正覺的〈默照銘〉為首兩句這樣說：「默默忘言，昭昭現前。」㉑這兩句話也是沒有主體、沒有觀察者的。「默默忘言」所形容的是無分別心不可言傳的狀態，那是一種既無主體也無客體的無心狀態。與此同時，「昭昭現前」告訴我們，這種無分別心並不是凝結成死寂狀態的。在無分別心中，固然沒有自我的主觀思想，事物與認知卻仍然呈現。這時，智慧會無拘無束地作用，不受主體所擁有或指揮。事實上，根本不存在「我的智慧」這種概念，因為它受到分別心的汙染，一般人並不能體驗到「明」。而默照的「明」乃是一種以般若智慧觀物的清楚明亮，是一種事物如實呈現的「明」。

以上對修默照不同階段的勾勒看來相當公式化。然而必須明白的是，這只是用來說明修默照的一般進程，而非表示這個進程有固定不變的次第。在實際的修行中，不同階段間的次序與內容並不一定是那麼一清二楚的。另外，對默照這種修行法的反應，不同的人也許會有相當大的差異。重點不是要按次第追求之前所描述的每一個層次的體驗，而是要了解這種修行法背後依循的原則，知道如何正確運用它。

有關默照禪的問與答

由於修默照與參公案是非常特別的方法，學生在運用它的時候，難免會有很多疑問。為了加以釐清，我把學生最常提出的疑問歸納如下。

問：大乘的定境與小乘的定境有何分別，而這種分別對修默照的方法又有何影響？

答：兩者的基本分別在於，在小乘較深層的定境裡，時間、空間、外境和心靈活動都會消失；但在大乘的定境裡，則除了有漏、有染的心靈活動以外，這一切都是存在的。例如，一個人在體驗到大乘的定境時，仍然可以清晰交談或說話。這是由於他的心已經是永恆靜寂的，所以不會再起任何心識意念。反觀小乘的修行者，只要一離開定境，就會感受到心靈活動與煩惱。這兩類的反應——即依妄念起反應和不依妄念起反應——分別被稱為「有分別心的反應」和「自然的反應」。要區分這兩者是很困難的。

小乘漸進式的修定方法並無法讓人直接到達禪或大乘的定境，反觀資深修行者卻有可能透過修默照而進入深層的小乘定境（如四無色定等）。不過如果是初學者和修為較淺的人，則不太可能靠著修默照進入小乘和大乘的較深定境。這一點牽涉到默照中「照」的部分。如果默照只有「默」的部分，那修行者要進入小乘較深層的定境就會容易得多。但因為「照」的成分讓人抽離於深沉的禪定，所以大部分修默照的人都無法進入這種狀態。

問：修默照和參話頭的分別何在，它們的相對效果如何？

答：兩者都可以把人帶到完全的開悟，而且都屬於頓法，因為它們不會刻意去培養定境做為開悟的前導步驟。不過，從另一方面來說，這兩種方法是南轅北轍的。我們知道，在參話頭時，修行者必須要體驗到大疑情和開悟大爆炸，才會到達禪的境界，這是一個從大死到大生的過程；然而，默照強調地直接指向「休息」。

一個人會體驗到大生和大死，只有當他把大疑情培養到吞噬一切的程度時，才會發生。這是一種極強烈的修行方法，需要靠一個人匯聚全部的疑情去餵養。

修默照的特徵卻恰恰相反，因為它需要的不是疑情，而是深深的靜默、清澈與當下的正念。這就是兩種方法最大不同之處。事實上，因為修默照沒有殊異的體驗可以做為進步的指標，所以一個人要評估自己是否修得正確或有效，是很困難的。這讓修默照的人容易犯上各種形式的錯誤，而這些錯誤通常不會發生在看話頭的人身上。

問：「默」這個觀念讓人容易把它想像為專注在單一的點或念頭上，而渾然忘卻四周的一切。另一方面，「照」聽起來又好像是恰恰相反：就像是容許心擴散到整個外境去。這兩者怎麼可能是同時的呢？

答：認為「默」是指把心定於一點上是錯誤的。事實上，「默」所指的是在心裡不保留任何東西。心不會去抓取任何東西，也不會去分別或發展出有關任何事物的念頭。就此而言，它是徹底沉澱而靜默的。至於說「照」是指容許心擴散到周遭的環境是沒有錯的，但這並不表示它會對四周的環境做出區分或散亂的觀照。它的擴散是一種流動式的擴散，不會去抓取或定住於任何東西上。

另外，我們也要去區分做為修行法的默照與做為禪境體驗的默照。當你修默照時，你的心是銳利而清澈的，但在此同時，你也會放掉所有與周遭環境的牽涉。然而，一旦默照修得成熟，即使你回頭去過日常生活和主動涉入人事應對，你的清澈與靜謐都不會受到妨礙。如果我拿起一件東西問你它是什麼，你很容易就可以回答出來。這是因為，當一個人到達完全的默照，智慧就會主動運作與回應，卻不會離開定境的虛靜。用佛教的術語來說，這種定與慧同時的體驗，稱為「大乘出世間禪定」。它在本質上是有別於心一境的世間禪定的。更進一步來說，它就是禪，因為禪宗是不做這些分別的。

問：為什麼最好不要交替運用修默照和看話頭？

答：因為它們代表兩種不同的態度：看話頭是相當激烈和主動的，而修默照則比較被動。所以這兩種方法通常不宜混用。

問：如果先使用其中一種方法一段長時間，比方說好幾年，再換另一種方法，可不可以呢？

答：過去沒有這樣的例子。不過我最近開始考慮要這樣做。

問：為什麼從前沒有人這樣做，而你現在會考慮要這樣做？

答：古人都是固定使用一種方法的。他們不想讓自己或弟子分心，也怕如此無法發揮最大的效果。我之所以會考慮兩法皆教，是有鑑於古人都是各執一法而互相非難。我覺得這兩種方法都是各有優點的，希望在這個議題上保持較開放的態度。事實上，在唐代，也就是禪宗成形的時代，這兩種方法可能並不像後來所見的那般疏遠。只是到了宋代，禪宗分為好幾家以後，它們才成為分庭抗禮的二個修行傳統。

問：有沒有什麼清楚的指標可以讓一個學生知道修默照還是看話頭比較適合他？

答：有的。如果一個人從一開始就能夠把心靜下來，放下雜念，那他使用默照的方法是比較好的。但如果一個人的心沒有這種本具的穩定性，那就以採取參話頭的方法為宜。另外，要是一個初學者在用話頭時雖然能集中心念，但過了一段時間以後卻無法產生大疑情，並感到筋疲力竭，我就會叫他改為修默照。事實上，禪修沒有固定的公式。如果有，那就不是禪了。

問：你可以談談運用修默照或看話頭的方法，在日常生活與禪七或出家生活中有什麼分別嗎？

答：古時候，人們修默照時通常都是一整天都在用方法。之所以能夠這樣，是因為古代的生活簡單許多，步調也緩慢許多。換成今天，如果你是個上班族，便無法使用這種方法，因為默照要求一個人把雜亂的心念減低到最少的程度，只從事純粹的觀察。因此，你頂多可以利用早上和晚上的時間，在家打坐來修默照。

如果你是個上班族，同樣也無法參話頭。雖然也是可以利用早晚的時間來從事這種修行，但這樣無法產生大力量。看話頭要求一個人把全部的能量投注進去，那是一種很專注精進的修行法。修默照也是非常需要集中心力，並很苛求的，但方式上有所不同。修默照的時候，你要努力放下一切，那基本上是一種很「鬆」的方法。如果是初學者，為了把心沉澱下來，不妨採用「緊」法，也就是投入大心力。不過一旦熟練以後，就不需要用這麼緊迫的方式。

問：為什麼你常常在學生看話頭或修默照以前，要求他們用數息或隨息的方法修行？

答：在古代，「五停心觀」中的「不淨觀」和「數息觀」最常被使用。釋迦牟尼的時代，它們被稱為「甘露」（amṛta），因為它們是讓心達到專注非常有效的方法。基本上，我要學生數呼吸，是為了讓他們把心靜下來。如果一個人心思散亂（這時代常見的毛病），數呼吸是非常有用的方法。在學生有一些進步後，如果我認為他是一個「瞋」或「貪」特別強烈的人，就會指派他去修「慈悲觀」或「不淨觀」。我們對於性、食物、睡眠、舒適等等的欲望，與我們對身體的執著密不可分。因此，觀想身體的不淨和可憎，是對治這種執著有效的方法。但我會要學生去修這些觀法，基本上都屬特例。因為事實上，直接走禪法的道路是最好的。

第九章　禪修的先決條件

頓法的基本先決條件

在中國，禪的修行被稱為「參禪」，意指探究、投入或參入禪的精神，或指活潑的體悟。禪門中人常常自言，禪的法門是「無門」，禪的方法是「無法」，禪的修行是「無修」。有一個關於南嶽懷讓（六七七～七四四）與其弟子馬祖道一的著名故事。話說南嶽懷讓因為看見馬祖道一每天只知坐禪，什麼都不管，就故意拿了塊磚，到他庵前的石上磨來磨去。馬祖道一不解，便問說：「師作什麼？」

南嶽懷讓答道：「磨作鏡。」

在中國古代，鏡子都是用銅造的，經過反覆打磨，使之可以鑑物。因此，聽說南嶽懷讓要磨磚作鏡，馬祖道一說：「磨磚豈能成鏡？」對此，南嶽懷讓語帶機鋒地反駁說：「磨磚不能成鏡，坐禪又如何能成佛？」①

又有一個故事，說是有一天臨濟義玄在禪堂後面呼呼大睡，而另一個首座則在禪堂前面坐禪。臨濟義玄的師父黃檗希運走進來看見這情形，用手杖在禪床板頭上輕敲了一下。臨濟義玄醒來了一下子，舉頭看見是師父，就繼續睡去。黃檗希運沒有說什麼，只再敲了板頭一下就走了。不過走到前堂時看見那個正在坐禪的僧人，黃檗希運卻用手杖狠狠打了他一下，說道：「你滿腦子都是妄念，這算是哪門子的坐禪？那個在禪堂後面睡大覺的人才是真正的坐禪者。」②

臨濟義玄常常訓示弟子，不應該用造作的努力去修行，「當個平常無事人就好」。馬祖道一則經常教弟子：「平常心是道。」據說他的一個弟子大珠慧海曾經說過，我們的心就是佛，因此，以心求佛是沒有必要的，因為那就好比是以佛求佛。相似的，我們的心就是法，而以心求法就好比以法求法——一樣是多此一舉。佛、心、有情是無有區別的。既無心外之佛，也沒有心外之法或心外之有情。

當我們讀到這種禪宗的言論時，會覺得傳統佛教的三無漏學（持戒、習定、修慧）就像是被顛倒了過來。然則，禪宗真的無涉任何修行，沒有任何的「學」可言嗎？某個意義下，禪是不需要學習，不需要修行，不需要任何努力的。如果它依賴這些東西，它就不是禪了。但另一方面，人又是非常活躍的，習慣於造作，心思分散在太多事情上面。想要消除這些壞習慣，就必須採取具體的步驟。基於這個理由，說禪完全無涉修行並不是全然正確的。修禪是有具體的原則可循的。

惠能的弟子神會說過，戒是一個人用來節制自己的行動的；另外，持誦佛經（特別是《金剛經》）和習定的方法也有助於消除煩惱和安頓蠢動不安的心靈。只有這樣，固存於我們真性中的無念智慧才能夠發顯出來。

幾乎所有重要的禪師與其弟子都是受持小乘的出家戒和大乘的菩薩戒的。固然禪宗也有一些著名的在家修行者（如龐蘊及其家人），不過，即使這些人有很深的修為，但他們從未能發揮有如禪師般的影響力。因為是在家人，所以他們的影響力是有限的，也沒有發展出大型的修行團體。

當然，曾有一些禪師蓄意違反佛戒，像斬貓的南泉和把佛像劈來生火取暖的丹霞就是其中的代表者。但這些都是單一事件，並不是常常發生的。更重要的是，當我們仔細審視這些例子，就會知道故事中這些禪師的行為，都是為了點化學生，而非出於個人衝動。總的來說，著名禪師會蓄意違反戒律的例子是極少的，會鼓勵弟子這樣做的更是少之又少。

受持沙彌十戒或具足戒乃是一個人被僧團接納的最低要求。因此，大部分的中國禪寺都嚴格執行傳統的佛戒。稍後，隨著禪宗在唐、宋兩代的大盛，一些著名的禪師（如百丈懷海）又進一步制定全面性的日常生活規定（稱為「清規」），以提供禪僧適於禪修的環境。它們是原有出家戒的補充，但不能取代。清規的內容鉅細靡遺，包括關於道德戒律、嚴格的團體生活、集體禮拜、禪坐、師父與弟子間的平常應對和小參答問等，清規全都規定得清清楚楚。

既然這樣，我們又要怎樣去理解禪宗的「修即無修」和一些禪師反對修行的故事呢？這一類的教誨，都是針對那些已在禪寺裡長久沉浸在禪訓練或是有上根利器的人而發。事實上，南嶽懷讓「磨磚作鏡」的舉動之所以會對馬祖道一帶來如此深刻的影響，正因為後者早已投入相當長的時間與努力修行。對於其他人，南嶽懷讓說的話不但是毫無作用，反而有被引入歧途之虞。基於這個理由，這些故事必須放在禪修的嚴肅脈絡下去理解，否則將是對禪法的嚴重誤解。

有一個關於西域法師鳩摩羅什的著名故事。鳩摩羅什是一位偉大的譯經師和佛教學者。他做的工作極其耀眼，中國朝廷想要他留下子嗣而強迫他娶妻納妾。為了可以繼續弘法，鳩摩羅什不得已只好違反守貞節的戒律。不過，他的弟子卻問他，他們是否可以如他一樣娶妻納妾。鳩摩羅什把一整碗的針都吞到肚子裡，又透過毛孔把針給射出來，然後說：「如果你們也做得到這個，那你們就娶妻納妾吧。」

接著，他向弟子說明了他們對他娶妻納妾一事應持的正確態度。他說，蓮花固然是從汙泥中生出來的，但我們應該去讚賞的不是它的汙穢，而是它出汙泥而不染的事實。也就是說，一個人雖然有時迫於環境不能不破戒違律，但應該讚賞的仍然是清淨。那些不能控制自我的人，應該謹守佛戒，把眼睛固定在正面的精神品格上。對像鳩摩羅什這一類已經得道的聖人來說，持戒不再是必要的，因為他們的心靈早已清淨，不再為情緒所覆蓋。當然，這並不是說他們可以毫無限制地在汙泥裡盡情打滾。剛好相反，清淨和解脫仍然是他們追求的最高目的，只不過他們現在念茲在茲的是幫助別人獲得清淨和解脫。即使基於環境因素而違戒，清淨和解脫仍然是他們關懷的重點。他們會做出違戒的行為，乃是經過清楚的考量，是出於慈悲的動機而非個人的欲望。

修禪需要具備某些先決條件，這跟傳統佛教三無漏學（戒、定、慧）的想法其實是沒有分別的。當身、口、意三業清淨的時候，佛、法、僧三寶就會完全發顯出來。而真正的三寶，本質上無別於你本具的明覺佛性。但只有在三業都獲得清淨時，它們才會發顯出來。而要清淨三業，你就得依循戒而生活，並透過修定的方法培養新的寧靜與清澈。事實上，當三業都獲得淨化之後，你、三寶以及世間的一切就會是渾然一體。但當三業中有一業不淨時，你就無法觸碰連結真實、活生生的三寶。世界將會變成是有染的，佛陀早已經入滅，法只是紙上空談，僧則無處可尋。因此，當三無漏學的根基穩固了，一個人的修行就會趨於成熟，而「修即無修」這句禪宗格言和南嶽懷讓對馬祖道一所說的一番話，也將會在你的生命中活起來。

《六祖壇經》與三無漏學的意義

對於禪宗這種既強調「無修」而又講究修行的特殊態度，惠能的《六祖壇經》裡有很好的說明。儘管這本經的內容是不是惠能本人教法的真實記錄不無疑問，但它卻受到禪宗的高度重視，其中包含的信息也有重大的意義。

《六祖壇經》可大略分為四部分，每一部分談論修行的一個特殊面向：

一、解脫智慧（即般若）。

二、定與慧的關係。

三、坐禪的修行法。

四、懺悔過去的罪愆與受持菩薩戒。

這個先後順序，恰恰和我們一般對佛道的理解是顛倒過來的。在漸修的架構中，一個人是從懺悔和持戒開始的，再來才是坐禪，最後透過止觀雙運所培養出的定與慧，到達完全的開悟。然而，禪宗所鼓吹的修行法卻是完全不講究前導步驟的，而是認為人可以直契心與一切法的本性，因為心與一切法本來就是如此的：既沒有需要去移除的妄念，也沒有需要去獲得的開悟。

不過，這樣直接的開悟，只有根器最利的人才可能達成。換成是業障深重的人，沒有事前的準備工夫和修行，是不可能達到開悟的。正因為如此，傳統的佛教才會認為，一個人的修行應該要從懺悔開始，再進至持戒，然後是習定修慧。而《六祖壇經》之所以會把這個程序顛倒過來，則是因為禪宗的根本強調「無法」。《六祖壇經》告誡修行者，絕不可以把修行的前導步驟誤當成禪本身，只在有需要的時候才使用它們。某個意義下，一個人愈投入於這些前導步驟，同時也擔著更多的風險，可能離禪的真正精神就愈遠。基於這個理由，每當惠能談到持戒、發願、懺悔、修定這些事情的時候，他總是小心翼翼，寸步不離禪宗「無法之法」的觀點去解釋它們。

例如，在談到持戒的問題時，《六祖壇經》把強調的重點放在心而非身的一方面。因此，一個人只有在沒有錯誤念頭（也就是沒有妄念）的時候，才可以算是真正依戒而行。很顯然，不做錯誤的行為比不生錯誤的念頭容易；行為和語言也較容易為他人察覺，較易被控制住。正因如此，佛教修行的開始通常都是先透過戒和懺悔來淨化身體和行為，接下來才是藉由禪修來調心。不過，如果心本來就是清淨的話，那行為和語言自然而然就是清淨的。

心清淨而行為不清淨的情形很罕見。偶爾會有一些惡王或妓女，他們雖行粗鄙之事，但心地卻是極為清淨的。事實上，這些人都是菩薩的化身，偽裝成各種形相，存心救度他人。他們的行為並不是出於自我中心無法控制的衝動，而是因應他人心靈的需求。對這些修為境界極高的菩薩而言，戒律都是多餘的。不過換成是平常人，則絕不能不守戒。《六祖壇經》關於三皈依、懺悔、坐禪的討論也與此類似。「皈依」是指皈依於那本來就在你心裡的佛、法、僧三寶，而非皈依於存在其他某個地方的三寶。同樣的，懺悔也是「無相」的，它不是要你去告解自己犯了什麼罪或要你誓言不再犯，而是你應該直契自己的覺醒的自性，而不為愚迷的心念與行為汙染。坐禪的目的則是為了要內見自性，外除種種障礙。

現代的禪修

過去很多個世紀以來，主要都是僧尼，也就是正式受持戒法的出家人在禪修。雖然在家人也有習禪的，但他們通常不會受持出家人的戒律。不過，過去一個世紀以來，在家修行者的比例卻超過了出家修行者。另外，隨著禪引介到西方，修行大眾也進一步發生了變化。美國人經常是以一種半吊子的態度接近禪的，也就是修行幾天、幾個月或幾年，只求得到若干體驗和知道禪到底是什麼就滿足。他們大部分不會像過去的中國僧尼那樣，投入全部的生命去禪修。因此可以說，絕大部分的美國禪修者都不是「專業」的禪修者。

在日本，禪修還是一種全時間的投入，只不過它已不再強調是出家團體。因此，禪從中國傳入日本再傳入美國，可以說是經歷了一個逐漸稀釋的過程。在中國，修行者是不是達到開悟，其標準高得不得了。但在今天的日本，這個標準卻要低了一些，而到了美國，又再降低。這直接反映了嚴格、有深度修行的標準也降低了。這是一個讓人傷感的事實，不過，在一個對禪感到陌生的文化裡，低標準讓修行者不那麼容易氣餒。

即使標準有往下走的趨勢，但不管在任何國家任何時代，參禪仍有最起碼的要求，若不能符合這些要求，就不能稱之為參禪。這些要求，最基本的是對身體的規範，也就是道德上的規範與身體姿勢上的規範。其次是那些能夠調攝身、心、息，可以讓人進入心一境的禪定原則。

對身體的規範可以進一步分為幾類：（一）坐禪前應該遵守的規則；（二）坐禪時應該遵守的規則；（三）進行其他活動（如走路、站立、躺臥、吃東西、說話等）時應遵守的規則。

首先，一個人必須建立非常規律的飲食習慣。不應該吃太多，但也不應該吃太少，而讓自己變得太虛弱。此外，也不應該攝取太多刺激性的物質，因為它們對修行和健康都是不利的。想要修行得好，需要強健的身體、敏銳而清晰的心靈。因此，對於飲食的種類和數量，以致於進食的方式都必須非常重視。

規律的工作和休息也是同樣需要的。最好有固定的作息時間，而且不要讓自己太緊繃或太疲累。另一方面，無所事事一樣是非常不好的，發揮身體的能量有助於維持身體健康。

如果是在家人，那夫妻之間的性行為是必須和正常的，但要知所節制。夫妻的愛不應該建立在肉體關係上，而應該奠基於共同的展望和相互關懷。如果一個人性生活太頻繁，將極難培養出深邃的定境。

談話與社交應該盡量避免。說話或聽別人說話都難免會讓心思遊走，況且，大部分的話題都無多大意義（尤以聊天的時候為然）。心思遊走是修定的極大障礙。如果一個人的心老是跟著嘴巴和耳朵打轉，又怎能指望在修禪中有所進步呢？

「貪」和「瞋」的強大力量會不斷攪動著心靈。雖然「瞋」是時斷時續的，但貪則時時刻刻與我們同在，這分別表現在對財富、名聲、異性和漂亮事物的貪愛上。如果心老是受到這些欲望對象的過度刺激，或是因為無法得到它們而煩惱不安，心就不可能安靜和沉澱下來。如果心無法安靜下來，自然不會清晰，禪修是不可能有效的。因此，修行者必須持續不斷提醒自己要放下執著與欲望。靠著單純的環境與節制欲望，心就可以穩定地邁向安靜、專注和清澈。這是相當重要的。

佛教的戒律與出家和在家之道

在禪宗的歷史裡，居士的傳統是連綿不斷的。很多偉大的禪師都有俗家弟子，包括男女。這些弟子之中，有些修為很深，他們的言行也會像著名的禪師一樣被記錄下來。

在中國佛教的正典裡，有一部稱為《居士分燈錄》的書，就是一些著名居士的傳記集。③其中，最早和最有名的一位居士大概就是傅大士，另外，如唐代的龐蘊也相當知名。所有這些人都以矢志禪修而聞名，雖然他們只是在家人，但修行卻可以與偉大的禪師相提並論。然而，在家的修行者並不像禪寺裡的禪師那樣，能夠開創法脈或說法授徒。儘管有些在家修行者深入禪修，而且對佛寺提供了必要的資助，但在中國歷史裡，禪的教法基本上都是由比丘和比丘尼來維繫弘揚的。

當然，這種現象部分是舊時代中國社會與佛教機構的性質使然。不過，在家人深受各種責任羈絆，很難專心修行（更遑論有時間說法授徒），也是原因之一。由於被綁在世俗的世界裡，在家的修行者無可避免需要為生計和各種責任操心：是農人的就得務農，是商人的就得經商，是政府官員的就得盡其職責。在家人既需要面對來自家人、朋友和社會的期望，自己也會對別人有強烈的責任感。這些都是在家人沒有迴旋空間的處境。

由於身在俗世之中，在家人如果真有志於禪修的話，就必須要以不同於一般人的態度去界定生活的目標與優先順序。如果是真正嚴肅的在家修行者，外表上過的雖然是最一般的世俗生活，但在內心裡念茲在茲的只有佛法。除了對家人的關懷和對社會的責任外，個人欲望是很少的，投入的俗務也只是維持起碼生存的活動。

那些把事業看得比修行重要的人，無疑地會採取不同的立場。我在每個地方都會聽到有居士向我抱怨：「師父，我就是抽不出時間來修行。我太忙了。」然而，真正的問題並不在於忙碌的環境，而在於你的價值順序與決心。如果一個人把修行看得比什麼都重要，那他一定抽得出時間和精力來做這事。修行不只是生活的一部分，而是核心。對一個認真的俗家弟子來說，生活的每一部分都可以是修行。不分出家人還是俗家人，這種態度是嚴肅修行所必須的。

在家的修行者應該像出家人一樣，努力過守戒的生活，而且每天撥出時間來修行。他們應該受持五戒，盡力克制性與感官的欲望，建立一種平靜、正直而穩定的生活。每天要固定撥出時間來禪修、讀或誦經，以及禮敬三寶。在禪寺和禪修中心，禮敬三寶的早晚課都在早餐與晚餐之前舉行。坐禪的時間最好是定在早上起床後和晚上就寢以前。當你有更多的空閒時間（如週末和假期），應該多到禪中心走走，聽聽佛法、向禪師請益和參加打禪七的活動。我們位於臺灣的禪寺與美國的禪修中心都會固定舉行一整天的坐禪活動和週末講經，以及法會，我們一年舉行八次精進禪七，它們同時開放給出家人和在家人。固定參加這一類的團體活動有很大的助益，它可以讓人得到單獨一人修行時所無法獲得的支援。與一位夠資格的禪師建立師徒關係，對精進修行來說特別重要。

除了這種每日固定的修行以外，認真的在家人還應該盡力把修行帶入工作中。曾經有人問我，工作的時候應不應該念佛，我回答說他可以試試看。但我又警告他工作時念佛可能會有什麼後果：不是工作得心不在焉就是念佛念得心不在焉。這是一個很困難的結合，而如果一個人不能專注於工作，就會產生很大的問題。因此，想要在工作的時候修行，最好的作法是全神貫注於手邊的工作（也就是說把它當成修行的方法），而不把焦點專注在別的事物上。等到工作結束，到了固定的修行時間時，就應該把工作的事忘掉，全心全意於修行。這樣子，你就有可能做到忘掉過去、忘掉未來，不管從事任何活動時都可處於一心不亂的狀態。不過，對大部分的在家人而言，這樣的專注程度是很難達到的。

僧尼修禪又有什麼要求呢？要成為好的僧尼，就得先是個好的在家人，這是必要的基礎；出家人只是做好一個在家人的自然延伸。當惠能初遇五祖的時候，還只是個在家人，就連他從五祖那裡得到傳法時，也仍只是個在家人。那他後來為什麼又要出家呢？其中一個原因是，按照當時的想法，只有出家為僧尼的人才能達到最高層次的修行境界。不過除此以外還有一個更重要的理由。正如前面曾指出的，在家人的處境不利於維繫和弘揚佛法（又特別是禪）。出家人的第一要求就是要放棄所有的執著。在中文裡，「出家」一詞意指「出離家庭」。而所謂的「家」，包括了家人、財產和社會地位等幾種意義。不過，嚴格來說，真心要出家的人還必須放棄一切：不希冀些什麼，不求索些什麼，不依戀些什麼（包括他們的身體與自我）。這些要求，象徵性地表現在出家人剃髮、把俗名改為法號，以及放棄所有私人財物的作法上。

當然，即使一個人離開了世俗的家，仍然會把佛寺當成自己的家，把師父當成父親，把同道當成兄弟和姊妹。有很多出家人還會把他們的妄念和壞習慣當成自己的家，這是不正確的態度。一個人不應該依附於任何種類的家庭和佛寺，不應該「住」於任何東西。如果能持有正確的態度，物質的匱乏反而可以幫助一個人斷除貪與執著。而只有斬斷貪與執著的人，才可望在禪修裡向前邁進一大步。

當僧尼的第二個要求是謹守戒律。關於這一點前面已經有所說明，此處就不再重複。最後，出家人一定要有全力修行的願望，不容許自己怠惰。這是第三個也是最後一個要求。在家人想要達到這個要求是很困難的，大部分在家人都只在有時間到禪寺或禪中心時，才有密集修行的機會。因此，他們的修行是不規律的。就算那些極認真的在家人，願意每天從事修行，通常也都無法全力投入，因為他們有太多牽掛了，包括生計、家人等等，讓人很難完全專心修行。相較之下，佛教的僧尼拋棄了一切的牽繫與對過去未來的憂思，所以無需面對這類的障礙。他們是一無牽掛的，可以把心思持續不斷地放在修行上。對他們來說，沒有必要去分割生活和時間。僧人不用撥時間來過私生活或追求個人欲望，對他來說，修行沒有所謂的「閒暇時間」或「休假」；修行就是生活，生活就是修行。

釋迦牟尼常常教導弟子，每當他們對出家感到灰心時，就應該摸摸自己的光頭。因為這樣子，他們就會想起，他們是截然不同於在家人的。古代的禪師也常常這樣訓誨弟子：「你應該抱著如喪考妣的心態去修行。」很多偉大的禪師在開悟前常常都會感到，生命除了修行以外別無意義。有些甚至會想：「如果我在此生不徹底貫徹修行，那我將一事無成。因為如果我睡覺，會睡不安穩；如果我吃飯，會食不知味。如果我無法徹底覺悟，我將永不安寧，不管我做什麼，解不開的疑惑會來折磨我的心靈。因此，修行乃是我唯一的依靠。」

臨濟義玄說過，對一個決心修行的僧人來說，沒什麼比不曾體會過開悟的平靜更可悲的了。能抱這樣心態去修行的人，取得大精進是不在話下的。不過，也會有一些人在修行過後，就想要用一個熱水澡或假期犒賞自己。這種人，未必不能從局限的修行中獲得若干體驗，只是，若想要到達深邃的開悟，即使不是不可能，也是難乎其難。

精進禪修的制度

如果說出家的生活方式對修行最有利，那麼精進禪修就是在家人提昇自己修為的無價機會。雖然可信度受到質疑，但據傳，第一個創立精進修行專用場所的是唐代的百丈懷海禪師。他所創立的場所稱為「僧堂」，目的是讓發心的禪僧可以一起吃飯、一起睡覺、一起坐禪，心無旁鶩地投入禪修之中。到了宋代，僧堂已經是一個泛見於大型禪寺的設置，即使是遊方的僧尼，也可以進入僧堂進行為期三個月的精進禪修（三個月是禪訓練的一般長度）。

稍後，這種設置修改為禪堂。禪堂基本上是供人進行密集修行之用，修行者必須按鐘點坐禪和行禪，一般也是三個月。禪堂的位置都是經過細心設置，務使修行者可以遠離外務或不受禪寺其他人員干擾。[4]禪堂對飲食起居和禮節的規定都非常嚴格，為的是讓修行者有一個最上乘的禪修環境。近代知名的來果禪師（他與虛雲老和尚是同時代人）曾經說過，對他的修行而言，禪堂的嚴格程序發揮了兩個重要功能：一是提供了可以明心見性的生活作息和環境；另一個是在他身上灌注了自律和責任感，使他成為他人榜樣的必要條件。⑤

在中國古代，僧與俗的界線是相當嚴格的，兩者各有自己的責任和角色。這表示，在家人參與禪堂中密集禪修的機會並不多。不過，這樣的情形最近出現了相當大的改變，主要是「禪七」的普及化讓僧俗的修行可以結合在一起。因為日本的接心坐禪會在美國大行其道的緣故，「禪七」常常被認為是日本人發明的。但事實上，禪七在中國具有長遠的歷史，最早可回溯到明代。雖然我們不清楚，禪七活動是從什麼時候開始接納在家人的，又是基於何種考慮，但今天僧俗一起打禪七，已屬稀鬆平常。禪七的日常起居方式和功課，基本上與過去佛寺禪堂的相同，它讓在家人有機會在生活中增加一個密集修行的面向，而這個面向，過去都是出家人專有的。

為什麼把時間定為七天呢？佛教的修行通常都是以七天為單位，而這個七天的循環，一般是以滿月、半月或月缺的幾天做為開始日。中國的禪修有持續一星期、三星期或七星期的不等，這樣做的理由主要是讓修行與身體配合大自然的韻律，不過除此以外尚有一個原因：七天是讓修行收到效果最起碼的時間長度。我一般都不會主持少於七天的閉關，因為它們的功能不過有如彩排。一個週末的或三天的閉關是不足以讓修行者培養出足夠的專注，而沒有這樣的專注，修行的方法就無法發揮效果。

在臺灣的農禪寺與美國的禪中心，我每年會帶領八場禪七，兩地各四場。在為期七天的閉關禪修中，學員每天一起用兩頓飯，早上和中午各一頓。對於那些覺得有需要補充體力的人，我們會在黃昏提供一頓非正式的餐點，稱之為「藥石」。每天的日程從早上四點開始，最先是做運動、簡短的開示和一段時間的坐禪。之後是早課、早餐，四小時的坐禪或經行。最近，我又在這個時段加上「拜佛」一項功課。午餐前會有一個簡短的午供。午餐之後是另一段集體工作的時間以及四小時的坐禪、經行與拜佛。接著是晚課、晚餐和短時間休息（學員也可以選擇不休息而打坐）。晚上是正式的開示和至少一小時的坐禪作結。十點時，代表熄燈號的香板聲響起，除了選擇繼續留在禪堂裡修行的人以外，其餘的人到各自分配到的地點就寢。所有人都是睡地板。

就像出家人一樣，所有參與打禪七的學員必須把一切俗慮擱在門外：不去想過去，不去想未來，把全身的每一分氣力都用在修行上，就像他們活不過明天一樣。除了盥洗和替換的衣物以外，一概不得帶私人物品。洗澡是允許的，但不鼓勵；看書、聽收音機、看電視一律禁止。每天我都會與每個學員個別小參，他們可以請教我有關修行的問題。但除此以外，說話是禁止的，除非跟工作有關。每個修行時段的開始和結束以搖鈴聲和香板的拍打聲做為信號。總之，禪七盡可能使用各種有助於修行的方法去幫助學員。為達這個目的，我一般都會與學員一起在禪堂裡打坐，以便親自指導他們用功。

內在條件：取得進步四種必要的心理狀態

具備禪修的外在環境和作息以後，接下來的問題就是要怎樣進行修行。怎樣是進入精進禪修的最佳狀態？一個人應該急迫還是鬆弛？應該抱著慚愧還是樂觀的心態？應不應該一直想著開悟？如果應該，又要怎樣做？一個人是不是要在剛開始時放輕鬆，接下來猛力用功？還是說全程都要保持一致緊密的修行？事實上，就像一件弦樂器需要精細微調一樣，長時間的精進用功也需要把心態和情緒調整到最適當的狀態。禪修的內在條件與一個人是否懂得運用正確的方法（如看話頭或修默照）無太大關係，而是牽涉到修行的意向。如果能夠調整到最適當的狀態，不管使用的是哪一種修行方法，都大有可能體現禪的最高目標。若是缺乏了這種心態，修行的道路會變得不確定，也難以取得進步。

雖然我說這些心理狀態是修禪的先決條件，但必須強調的是，這不是某種單憑聽人解說就可以掌握的東西，而是像騎腳踏車或走平衡木一樣，只有透過持續練習才能掌握到技巧。如果一個人在修行一開始就目標明確，而且又勤勉修行，那一段時間以後，適當狀態自然而然會出現在修行中。對某些人而言，它們出現得很快，對另一些人則出現得比較慢——是快是慢端視修行者本人的稟賦而定。

但不管你的稟賦如何，最重要的是不要在意這些狀態有沒有出現，也不應該透過人為的努力去操控它們。這樣做，只會更難有所進步。因此，在禪七剛開始時，我一般都不會告訴學員這些內在條件，我通常的作法是直接地幫助學員自己去發現這些條件。只有當我看到學員已經處於參禪的恰當狀態，才會對他們加以說明。

這也是中國禪寺的傳統作法。師父很少會事先告知弟子關於修行的事情。既然如此，為何要在這裡談論這些先決條件呢？在一個有很多人懂得正確修行方法的環境，可以保持緘默，但當傳統已經式微而誤解又頻生的時候，緘默就有所不宜了。我談論它們，是為了給各位一點禪修之路上的方向感。不過，除非自己體驗過這些狀態，否則，即使聽別人說過上千遍，也不會有真切的感受。

有效禪修的四個必要條件是：（一）大信心；（二）大願心；（三）大憤心；（四）大疑情。這四個條件是環環相扣的，最先生起的總是大信心，繼之以大願心，然後出現大憤心，有了大憤心，才有可能產生大疑情。另外，如果不是先有大信心，是不會出現大疑情的。大信心是相信佛法的教誨，也就是相信眾生皆有佛性。大疑情是一種想要直接體驗這種教誨的強烈渴望。沒有大信心，一個人就不會產生大願心。沒有大願心，又怎會把全部生命投入於修行呢？如果不能做到這一點，就不可能會產生大憤心。因此，這四個狀態並不是隨意出現，而是以特定的先後次序發展出來的。

大信心

「信」這個字，在西方文化的脈絡裡有其特殊的意義，不完全等同於禪宗的用法。在中文裡，「信」這個字兼含「信仰」、「信任」、「信念」和「信心」多種意義。在禪宗和其他佛教派別裡，「信」又常常會跟「解」合併為「信解」這個複合詞，意謂「由解釋與了解所產生的信心或信仰」。因此，禪宗所謂的「信」，是截然不同於對一個神祇的虔誠順服（又特別是這種順服是為了得到救贖的恩賜而發的）。相反的，在禪宗，「信」更接近堅定的信念和信心這個一般性用法。基本上，信心是想要成就任何事情時必須具備的，沒有信心將做不成任何大事。

在禪宗，信包含三個方面：信自己；信釋迦牟尼佛傳下來的修行方法與教誨；信師父（他是人與佛法之間活的聯繫）。「大信心」的觀念把這三者提昇到絕對的程度，也就是說，對它們的信任高於一切。

什麼叫信自己？就是相信自己只要努力修行、精進不懈，一定能夠明心見性。也表示，相信你自己就像釋迦牟尼一樣，最後可以成為佛。如果自信不足，認為開悟只會發生在比你優秀的人身上，那你修行的效果就會大打折扣。

對自己的信心是依據什麼產生的呢？其中一個方法就是深入地了解佛陀的教誨——也就是禪的原理，從而對這些原理的真實性深信不疑。這樣子，即使你覺得自己離開悟還有很遠，仍然會相信人是有可能透過修行達到開悟的。不過，要產生大信心，必須先投入修行。一個人開始修行之後，心就會愈來愈安定下來，而修行的各種裨益也會紛紛出現。這些裨益有些是非常顯著的，其中包括了人對自己的身體、心靈、人格和世界截然不同的感受。有了這些感受，你就會想：「嗯，看來我也是可以修行的。看來我也是可以開悟的。」

大信心與其他三個狀態，都與從「小我」到「大我」再到「無我」的轉化過程緊密相連。大信心開始於相信那個日常意義、狹義的「我」。畢竟，是誰必須要有信心？是「我」。一個人必須對平常意義的「我」有清楚而堅定的認知，並相信「我」是可以修行的。堅定掌握「小我」，乃是顯現自信最初力量的基礎。但隨著修行的深化以及體驗到由統一心所帶來的「大我」，將可更進一步加強自信。

大信心的第二個部分是相信佛陀傳下來的教誨與修行法。簡單來說，就是要知道，你所使用的方法乃是佛陀所教導的，因為釋迦牟尼佛是「佛」，所以他絕對不會教我們錯誤的修行法。但這樣的信念並不容易產生，哪怕一個人自小就生長在佛教的環境裡。因此，正如前面提過的，要培養對佛教修行法的大信心，還必須透過學習去理解它的基本目標和理路。你也許還沒有體驗過這種方法帶來的裨益，但必須培養出對它的信心。可以說，這本書的目的，就是想要透過解釋禪宗的目標與原理，幫助修行者培養對禪的信心。

當然，在修行的開始階段，要產生這種大信心是非常困難的，因為一個人從修行所得到的，很可能是身體的疼痛和筋疲力竭。有些人在試用一個方法一陣子以後，會因為沒有看到迅速的效果而覺得失望，想要換一個「較佳」的方法。有一些人則貪多，像收集珠寶一樣努力收集有關各種修行法的知識，並拿來在別人面前炫耀。他們會從一個老師那裡學幾種方法，又從書本或朋友那裡學來幾種，然後每一種都拿來試用一下。就算某一種方法的試用結果讓人滿意，但不多久他們就會生厭，再度去尋求他們還不知道的方法。

事實上，在禪宗看來，任何方法都是最好的方法。方法本身沒有好或壞，造成分別的關鍵乃是修行者個人的性情傾向，重要的是耐心毅力。只要你能夠投入足夠的時間與努力，禪宗的任何方法都會產生強有力的效果。如果你沒有堅持不懈，又怎會知道這方法對你有沒有用？如果你的修行並不成熟，又怎會知道這方法是否適合你？只有在經過一段時間的努力之後，你才可以考慮是否要改變方法，即使這樣，也應該先與老師商量過。如果一個人有足夠的耐心和專注力，他就會慢慢掌握某種方法的訣竅，並感受到它所帶來的裨益。這樣，信心就會增長，並產生更精進修行的動機。

大信心的第三方面是信老師。這種對老師的信任是極為要緊的。如果一個人懷疑自己的老師是不是有真本領或別有用心，他就不可能做好修行，從中得到真切的效果。與其這樣，倒不如不要老師。對老師有信心，意味著對老師的教導有信心。但這並不是叫你把老師當成是神，認為他們天賦異稟，擁有什麼神奇的力量。正好相反，你不應該把他看成跟你不一樣，而應該認為，他有資格當你的老師，是因為他經過修行的磨鍊，獲得了能力、經驗和善良動機幫助你的緣故。

一開始就對老師抱著信心，並不是件容易的事，更別說判斷老師的修行到達什麼層次。如果是很有名的師父的話，學生就會想，既然那麼多人都相信這個人，那自己也應該如此。其實大多數人的相信都是有局限和條件的。他們雖然願意試試看，但當這位師父所說的話和所做的事與他們的預期有相當出入的時候，懷疑就油然而生。基於這個理由，我從不要求學生一開始就要對我有完全的信心。但是過了若干時間，他們發現我的教導有效時，就會對我心悅誠服。

在進行密集性的禪修時（哪怕只是為期七天的禪七），夠資格老師的從旁指引是絕對有必要的。因為密集性的禪修很容易走火入魔。這個「魔」並不是來自外在，而是起自我們內在，是衝突的思想、煩惱所造成的。如果不能辨識它們並加以克服，我們就會陷入愈來愈糟的處境。在這樣的情境下，又特別是修行已經有了若干效果的時候，對老師的全面信任更形迫切。不管他叫你做什麼，你都應該遵循。如果他叫你休息，你不能說：「我現在精力非常充沛。我不想打斷。」如果他叫你更努力參禪，你不能說：「我累了，需要休息。」這並不是說老師喜歡當獨裁者，而是因為他們有經驗，知道你正經歷些什麼，而他們也是唯一可以幫助他們的信賴者的人。

在中國，一個人一入禪堂，就要將身體交給寺院，將性命交付龍天護法。不過，事實上，禪師就是禪寺和護法的具體化身。如果你不尊重禪師（師父），就好比一個飛行員不服從塔台的指示，必然會發生災難。老師就是你的羅盤與塔台。他會一再更正或調整你的修行，帶領你向前。如果你堅持自己的觀點或判斷，置老師的訓示於不顧，就一定會迷航。

怎樣稱得上是負責任的老師？由於每個人都是不同的，所以會對同一種修行法產生各不相同的反應。因此，如果一個禪七有三十個人的話，那這三十個人就會發展出三十種不同的修行風格來。老師必須認知這個事實，並不斷提供每個人指引，就像母雞孵蛋一樣。好老師願意花時間在學生身上，觀察他們並經常和每個人晤談，以持續追蹤他們的狀態。他應該常常與學生一起打坐、一起吃飯，不只在晚間開示和小參時鼓勵他們，也視情形，應機接引、鼓勵（哪怕是在禪堂內）。有這樣的持續關注，不管是禪七的全體或個別成員，就都能調整到最適當的狀態，每個禪眾都能在很短時間內從修行中得到力量。

老師最重要的一個功能，就是在學生活力或信心退減時推他們一把。有時候，這種幫助需要嚴厲的言詞或憤怒的舉動，有時則需要溫和言辭的鼓勵。透過這樣的打氣，老師就能幫助學生克服難關。

老師對學生的另一項幫助，是給他們修行方法上的具體指導。哪怕學生已經聽過有關話頭禪或默照禪的解釋一百次，他在親身使用這些方法時，仍然很容易依照自己的老毛病而扭曲了方法，或使用自己發明的方法。如果沒有察覺到這種情形並予以糾正，很可能會產生不良的後果。因此，老師應該要持續地觀察學生，並且回答學生提出的任何問題，提醒他如何正確地用上工夫。

最後，有經驗的老師可以提供學生衡量其修行程度的標準，讓他知道自己所獲得的體驗是好的還是壞的、是真實的還是虛假的。就此而言，老師是預防學生走上錯誤道路的安全閥。所謂的錯誤道路，就是那些會導致各種「魔境」或「禪病」身心毛病的道路。你必須體認到的一件事，相信老師就等於相信佛法的「正道」，因為老師就是這條「正道」的體現者。固然這條道路只能靠自己走完，但在老師的指導下，你才不容易迷失方向。

大願心

第二個內在條件是大願心，它包括了清楚界定修行目標以及矢志實現這些目標的精神。佛法是一條自我轉化的道路，沒有確定的目標，就不會有方向感。即使對修行深具信心，而且願意克盡全力修行，但沒有正確的目標，就有可能只是在轉圈圈，甚至向後退。這也是必須發大願的第一個重要理由：清楚認定想尋求的是什麼，並把目光緊緊盯在它上面。發大願的第二個理由是幫助自己克服自私。這有益於克服對小我的執著，因為這種執著，會讓我們無法產生任何正面的轉化。長遠來說，我們發大願也不是為了自己而發，而是為了眾生的福祉而發，為了讓世界愈來愈圓滿而發。

釋迦牟尼會成為佛，是因為他看見所有生命都為生、老、病、死之苦所困，也看到在動物界弱肉強食的現象。他體認到，所有生死的特徵都是「苦」。在他看來，如何幫助其他生命從「苦」中解脫，是絕對關鍵的問題。正是這個信念讓他最終成為佛的。他毅然決然地放棄了太子的身分，把生命奉獻於尋找解決這個普遍問題的答案。正因為如此，他才會發願離開家人，過出家人的生活。經過多年修行後，他終於證得無上正等正覺。如果釋迦牟尼修道的動機是為了自己的話，那他在得解脫以後，就不會再費事去轉法輪了。但他卻繼續留在世間，把「道」傳播給其他人，而他的教誨一直流傳到今天。

從表層來看，追求開悟似乎是自我中心的：「我想要開悟；我想要解脫。」然而正確的理解是，開悟和解脫都無涉這個狹隘而自私的「我」。即使是廣大博愛的利他主義和為世界謀福祉，也不過是「大我」的顯現。開悟是超越這些的，因為只有在完全放下自我，體認到「無我」、「無心」的真理時，一個人才有可能達到開悟。如果我們不願意拋棄小我，開悟乃是不可得的。大願可以把一個人從小我帶到大我，再帶到無我的門外。正因為如此，所有發心求證佛果的菩薩，都會在一開始就發下求無上菩提的大願。這種發大願的行為，被稱為「發菩提心」。「菩提」指的是無上正等正覺，而「發菩提心」指的就是發心體證無上正等正覺。

菩薩所發，求無上菩提的大願，一般被歸納為佛門中人每天所持誦的〈四弘誓願〉：

一、眾生無邊誓願度。
二、煩惱無盡誓願斷。
三、法門無量誓願學。
四、佛道無上誓願成。

第一個願是最重要的。如果一心只想著要幫助別人，你自己的煩惱自然會減少；如果一心只想要造福他人，自然會努力去學習可以造福他人的所有法門；而如果堅持利益眾生，直到自我的煩惱除盡為止，眾生也將隨著一起消失不見。之後，就一定會成佛道，因為此時再也沒有煩惱與自我，也沒有需要你去救度的眾生。所有的佛和菩薩，以及任何誓願要行大乘道路的人，每天都會發此四大弘願。當然，這些目標都不是能快速達成的，但我們卻可以透過發下這些願，讓自己獲得大力量。願的力量可以引領我們向前，因為它們總是在我們前面的。

除了〈四弘誓願〉以外，發一些「別願」也是非常重要的。通常，人們不願發願，是因為怕自己做不到，尤其是業障現前時，更難發願。當然，一個人是不應該輕易發願的，不過因為擔心自己做不到而完全不發願，也是錯誤的態度。正因為我們的軟弱和容易跌倒，所以更應該常常發願。透過發願，可以喚起對抗軟弱的力量，繼續前進；沒有願的話，哪裡都去不了。

我常常勸學生，每炷香坐上蒲團前，應該發願盡力坐好每炷香。當打坐的情況很好時，你沒有必要拿出這個願來提醒自己，但如果精力消退、情緒波動或身體出現疼痛時，誓願將是集中心念的有效工具。很多人發願：願在鈴聲響起前一動也不動；有一些人更是發願：要連續打坐兩或三節的時間，絕不動也不站起來，但隨著腳開始痠麻脹痛，心念就無法專注，最後只好放棄。這是否表示應該放輕鬆，別再試了？不對，一個人應該告訴自己：「這一次我失敗了，但下一次還會再發同一個願，並表現得更好。」如果每次打坐都發這樣的願，那每打坐一次，疼痛的情況就會改善一點，信心與力量將會有所增長。

大憤心

大憤心也就是大決心、大毅力，它和大願心是緊密相關的，但又有些微的不同。「願」一旦確立，大憤心就會出現，它表現在堅持不懈實現願的決心上——也就是努力修行，不達目標誓不罷休的決心。雖然我們稱它為大憤心，但不可因此以為這個「憤」字指的是憤恨，它指的毋寧是意志的「勇猛」和一心一意，堅持不懈。

基本上，人都有極大的惰性。每遇到困難，就會灰心喪志並裹足不前。累了，就會想睡覺。不過，修行卻像逆水行舟，不進則退。當你煮飯，就得一次把它煮熟，如果半途關火，過一下再煮，這樣是煮不出好飯來的。修行也一樣，想要讓修行的方法見效，我們就得堅持不懈，不可以時斷時續。

有些人在工作時很賣力，以致於廢寢忘食，而他們還不是禪修者。有些人對足球抱著極大的熱情，踢球或看球賽的時候都非常聚精會神，時間就像是一閃而過，甚至知覺不到自己已經疲倦、全身痠痛或肚子餓，禪修也應該要有相同強度的熱情。但大部分人都是很懶散的，往往在修行根本還沒有到達渾然忘卻四周、忘記飲食與睡眠的境界時，就覺得有必要來一趟長長的休息。

還有一類的禪修者，表面上看起來投入，也很有修為，卻完全不是這麼回事。他們為了讓生活能夠專注於修行而選擇住在禪中心或隱居起來。外表看起來，這種人非常安詳而穩定，很少煩惱。但有可能，他的修為還是很弱的。他每天起床後就開始修行，過了一會兒就會想：「啊，午餐時間到了，該停止了。」用過午餐，休息了一會兒後，再度開始用功。突然又會想起：「啊，該洗衣服了。」又說不定有朋友來訪，就打斷了修行，忙著接待客人。客人走了以後，恢復修行，不久晚餐時間又到了，就這樣過了一天。說不定上床就寢前，還自以為賣力修行了一整天。第二天又是同樣的情形，有可能這樣子持續相當長的時間——八年、十年，甚至更久。因為過的是與世隔絕的生活，所以愈來愈多人以為他大有修為。不過，這個人之所以看來全無煩惱，原因不外是他根本沒有什麼責任要負。他一整天就是坐著，不需要做任何事，也不會捲入任何衝突中。事實上，我看過不少閉關或住在禪寺裡的修行者是這樣的。

另外有一種人，會連續一、兩天很賣力地修行，把身上每一絲一毫的力量都投入修行中，就像是命在旦夕似的。他們甚至會發願在多少天之內要到達開悟。不過，用不了多久，他們就因為太過賣力而筋疲力竭；或者會覺得頭痛，或者覺得全身痠痛得無法打坐。這時，他們就會想：「說不定開悟不是那麼容易的。看來我還是應該好好休息一下，養精蓄銳後重新來過。」於是就停止了修行，一休息就是一、兩個月。之後，也許會重新恢復激烈的修行，但結果不到幾天就因為過分賣力而無以為繼。

這裡要說的是，如果一個人不能保持適度的堅持不懈，那修行或閉關都是沒有意義的。佛教有一種說法，說是修行應該像一把調得剛剛好的琴弦，既不太緊，也不太鬆。當然，這種平衡對沒有經驗的人來說是很難權衡的。大部分人，又特別是初學者，常常會為自己找藉口。事實上，疲倦和身體的不適很少是中斷修行的真正理由。此外，另一種極端是出於虛榮心或自憎的心理，而對自己有不切實際的要求，這種情況亦時有所聞。為了防止這些流弊，應該要有老師從旁指導，幫助調整修行的鬆緊，以達到「適中」的程度。

如果你是個懶散和易縱容自己的人，好老師就會用強力，甚至猛烈的方法驅使你前進；如果你的修行太激烈，以致於讓自己陷於疲累不堪或精神渙散的話，好老師就會要你把步調暫緩下來，以便恢復精力。透過這一類的操控與指導，老師就可以直接引領學生進入大憤心的狀態。在這種狀態下，可以很鮮明地感覺得到疼痛與疲累都不再是問題，因為你已經從修行裡培養出足夠強烈的力量。

大願心可以從前面拉我們，大憤心則可以從後面推我們。然而，要怎樣界定和產生大憤心？有些人以為，培養大憤心就是培養對自己和世界的憤怒和憎恨，這是不正確的。這種誤解，只會出現在大信心和大願心培養得不足夠的情況下。當然，大憤心可以因為意識到自己的軟弱並渴望有所改變而生起，但怎樣意識到軟弱，則是與目標的認定直接相關，這個目標就是追求佛的圓滿慈悲與智慧。

如果在修行時意識到自己的軟弱，可以這樣提醒自己：「我愧對釋迦牟尼佛。他是經歷了巨大痛苦才發現佛法並把佛法傳給我們的。現在我就站在這條道路上，又怎能不克盡所能去追求佛法呢？」如果這樣想，還不足以召喚起盡全力修行的決心，你可以抱著懺悔之心，在佛像前禮拜。

另一個有效的辦法，是去想想生而為人的機會有多麼難得、能聽聞佛法的機會有多麼希罕。想想看，這世界有多少人，聽過佛法的又有多少！而你正好就是其中之一。體認到這種善業的機會是多麼的難能可貴，自然就會全身心投入修行，並好好利用這筆財富。

一個人也可以反省：能有好的修行環境，並在好老師的指導下修行，是多麼幸運的一件事。如果現在不掌握機會，同樣的機會還會再來嗎？下一次又是什麼時候呢？如果你是個俗家人，能夠有閉關禪修的機會就更加難得了，因為僧尼可以拋開世俗人生的一切只管修行，但你卻不能如此。這樣想，就會讓自己有更加努力修行的動力。

最後，你還可以嚴肅地反省人生的短暫。你不知自己或所愛的人什麼時候會死。如果你或他們在你未達修行的目標以前就往生，那真是非常的遺憾。誰知道你種下的業會在下輩子把你帶往何處呢？如果你能盡全力修行，即使此生未能達到開悟，最少可以對得住自己和所愛的人。這樣想來，就更應該把身心性命全投入修行。

在禪七每天的行程裡，都會有特定時間做早晚課，如唱誦三皈依、〈四弘誓願〉、《心經》、供養諸佛和一切眾生的頌偈、禮讚諸佛菩薩功德文、普賢十大願王，以及迴向文。進行這些唱誦的同時，會配合禮拜、問訊和合掌這些肢體動作。很多人不了解，既然禪修是為了自我轉化和開悟而設，為什麼要加入這一類的禮拜儀式。事實上，這些禮拜儀式乃是中國禪寺生活的一部分。如果全心全意進行，這些禮拜有可能帶來上述自省和悔罪的機會。它們有助於沉澱心靈，集中對信心和願心的意識，產生精進修行不可少的大憤心。而所謂的大憤心，不過就是移除一個人的障礙，並實現他的願所需要的熱忱和勤奮。

大疑情

大疑情通常是由參公案或話頭引起的。由於先前已經討論過大疑情與這兩種修行法的關係，此處不再複述。簡單來說，大疑情是適當運用公案和話頭而產生的一種強烈狀態，並以開悟的「大爆炸」為其巔峰。這是成功運用修行方法，把大我的

「統一心」轉化為開悟的「無心」或「空性」的結果。

然而之前也曾指出，即使沒有刻意使用話頭禪之類的方法來詰問自己，大疑情一樣有可能會從一個人的修行中自然出現。這種情形最常見於那些心念相當統一與專注的人身上：這種修行者自然而然會在精神上培養出強烈的好奇心和驅策力。就是這種迫切想要得到答案的渴望形塑了大疑情，而只有透過身心巨大變革，才可能消除這種焦慮與匱乏。事實上，除了參公案和話頭以外，修默照和其他的方法一樣可以引起大疑情。在修默照中，特別是從自我與環境的「統一狀態」，轉化到身、心、自我「脫落」的默照第三階段（也就是最後一個階段），那時強烈的專注狀態即類似大疑情。

一旦出現大憤心和大疑情的狀態，修行者就不會在乎自己是否疲累不堪。因為一旦被大疑情攫住，修行者的耐力是無止境的。不管他修行得再賣力，都沒有什麼可以傷害他的軀體，因為這時候，他與全宇宙融合一致，宇宙的力量是隨時可以為其所用的。但就像大憤心一樣，大疑情是不可以勉強得來的，而必須在修行的過程中自然孕育出來。你不能用意念去操縱它的產生，也不可以過分焦慮它是否出現，因為這些都會對修行帶來大障礙。尤其重要的是，在培養大憤心和大疑情的時候，必須有可信賴的老師從旁指導你。沒有這樣的老師，你的修行不但不會有成果，甚至會為自己帶來重大傷害。相反的，可信賴的老師能在適當的時候幫助你，自自然然地進入大疑情的狀態。

第十章　何謂禪師

舉止像個禪師或談論何謂禪師是很容易的，但要真正成為禪師卻相當困難。何謂禪師？從結果上來說，禪師就是一個培養出以禪的觀點看事情，以及能使用禪的方法來自主的人。禪宗的啟迪或「精神」是來自印度，但它特有的形式和組織運作卻是在中國發展出來的。因此，精通禪的精神與形式，乃是禪師的第一個標記。不過，單有這個還是不夠的，因為這是高明的禪修者也能夠做到的，不一定是個禪師。禪師與一般禪修者的最大不同，在於他除了能夠用禪的方法自主以外，還善用禪去指導別人。因此，我們通常一想到禪師，都是想到一個實際投入禪法的教學工作，或被弟子們尊為師父、擁有相當高修為的人。

這是對禪師一個相當寬鬆的定義，不過，要把禪師的角色真正扮演好，一個人還必須符合以下幾點：（一）擁有正見；（二）透過禪修獲得開悟體驗；（三）在正統的法脈裡得到傳法；（四）具有福德因緣；（五）懂得觀機逗教、適應眾生的方便法門。

擁有正見

什麼叫擁有正見？這包含三方面。首先，一個人必須對因果原則有充分的理解與堅定的信仰。這也意味著他會把因果報應原則視為自己的行為準則。其次，他對世間事件的理解，是符合因緣觀的。第三是立足於「我空」和「法空」上。

第一個把禪宗引進中國的是印度人菩提達摩。他著有一本《二入四行論》的小書。所謂的「二入」，是指兩種基本的入路，人們可以憑著它們進入禪的心宗，也就是體驗究竟實相。第一「入」是所謂的理入，第二「入」是行入。理入就是頓悟，在理入的時候，人是不需要依賴任何明確的修行法或努力的。事實上，尋求透過依分別心達到開悟，恰恰好是開悟之路的一個路障——等於是背道而馳。因此，要理入，人只需直接放下妄念，直接體證佛性即可。

行入則包括四種：（一）報冤行；（二）隨緣行；（三）無所求行；（四）稱法行，也就是依空性而行。這四種修行與上述的正見三個標準是緊密對應的。四行中的第一個「報冤行」，告訴我們在面對別人的敵意時，該如何回應。基本上，它把敵意看成比突發性的情緒更為複雜的東西，認為那是由雙方過去業的因緣，所共同形塑而成。因此，碰到別人敵視你的時候，你應該視之為你在前生所作惡業的果報。這種態度，正好說明了人與人之間的關係，是因果業報的運行。

四行的第二行是「隨緣行」，依因緣而行。它和正見中的第二方面——按因緣的觀點理解世間的事情——是一致的。發生在你身上的任何事情，不管是好的還是壞的，背後都必然涉及一個非你所能完全控制的網絡，而非單一獨立的因素。會導致這些事情出現，除了你過去世的業因以外，還包括你周遭很多其他人的因素。因此，不管你碰到什麼事情，都沒有必要沾沾自喜或灰心喪志。以攻讀博士學位為例，固然，一個人想要拿到博士學位，是需要刻苦用功的，但是這種成就除了個人的努力以外，還涉及很多人的幫助，包括父母、師長、同學等等。

我認識一個人，在經過相當長的求學期之後，獲得了博士學位。在慶祝晚會上（他的父母、老師與朋友都在場），大家請他發表一番感言。結果，他細說了這麼多年來自己是怎樣克服各種障礙的經過，把一切的功勞全歸給自己一個人。他把話講完以後，他的老師和父親相繼離席。在外頭，他們談了起來，當父親的談到自己是怎樣把兒子辛苦養大，當老師的則談到自己怎樣用心指導學生。如果連拿到博士學位都不會單單是一種個人成就，那成為一個禪師或成佛，又怎麼會是憑一己之力就可做到的？如果我們任何一個人有幸開悟或成佛，都必須要有一個認知，那就是，我們的成就是由很多人和很多因素共同構成的，其中包括了我們在過去世的努力。那不是一個人或一瞬間的努力可以得到的。

四行的第三「無所求行」和第四行「稱法行」，是與正見的第三方面對應的，那就是以「我空」和「法空」做為日常生活的立足點。這裡所說的「我」，並不只是抽象或哲學意義下的本質我，而是日常生活中做為思想軸心的具有形體色相的我。我們就是藉著這個現象我來建構日常活動的經驗、事件和感受。所謂的「空」（或「無相」），是指沒有任何一物（包括「我」）有絕對獨立和不變的存在。以「我」為例，它就是無法離開對「他人」的知覺而獨自存在。

至於「相」，指的是那些可以用來畫定一事物界域的屬性或感官材料。所謂「無相」，是指事物都不具有標示其為一獨立不變實體的絕對記號。世間的一切事物和一切眾生的所有體驗和經歷，都是在相互依賴中相互關聯，不斷受到改變中的因緣所影響。因此，不管是自我還是事物，都是空的，也就是空無自性或界限。

無相的要點，就是不應該實化或執戀任何事物，不管它們是不是令人快樂的。事實上，「空」就是「無相」的另一種表述方式。《心經》上說：「色即是空，空即是色；色不異空，空不異色。」這段文字引入了「空」的概念。空並不是斷滅或虛無，不是抹滅事物的存在。它要說的僅僅是：沒有任何事物具有絕對的獨立存在。萬物都是透過因緣而相互依存和關聯的，任何個別的「實體」都沒有獨立的自性可言。

當我們把上述正見的三個方面（以因果業報為原則、以因緣觀點看事情，以空為立足點）放在一起考慮，就會看出，因緣或緣起的原理乃是貫串它們的中軸線。一方面，因緣原理乃是道德行為與佛教首要價值觀（慈悲）的基礎，因為我們必須對眾生產生慈悲心的原因，正基於一個事實：我們與眾生有分不開的關係；另一方面，對空性與解脫智慧的體證，就是深深意識到萬物在因緣中互相依存的事實。雖然菩提達摩的《二入四行論》和這裡討論的，都是把正見的三個方面視為三種獨立的觀點，或者不同的修行層次，但在佛的眼中，它們都是一個，功能也一樣。

禪的開悟體證

禪的修證，就是透過禪修獲得了開悟體驗，這一點包含兩個方面：一是深入、會通的修行；一是獲得從禪修產生的真實開悟體驗。這兩者都是一種體驗。如果一個人修禪修了一段很長時間，卻還沒有獲得開悟，它可以算是一個禪師嗎？嚴格來說是不可以。因為要當一個名副其實的禪師，一個人除了切實的修行以外，還得有這種體驗的果實：開悟。

有三方面的宗教學習，對有效的禪修來說是不可少的，它們的內容和傳統佛教的三無漏學相同：持戒、習定、修慧。這三者的第一方面，也就是持戒，道德規範和行為上的清淨，目的是要讓我們的日常生活穩定而規律。這是有效禪修的必要基礎。想要達到有效的禪修，生活方式與生活展望必須以道德原則為基礎，而佛教的戒律就是幫助人培養出這個基礎的方法。

如果一位老師的生活方式不檢點，那連他自己的修行都會有問題，更別說去指導別人了。如果缺乏恰當的克制，由修行所產生的力量和自信就會產生種種問題。身為一位老師，道德上的不一貫將會破壞弟子對老師的信賴與尊重，而這是穩定師生關係所不可少的。不管是兩種情況中的哪一種，如果一位老師任由自己受欲望驅使，最終只會毀了自己以及學生的修行。這樣的情形，在近日美國的禪修圈子裡並不罕見。有些人打著禪修的幌子，愛幹什麼就幹什麼，其社會責任感比一般未修行的人還要不如，這難免會讓不知情的人懷疑禪對世界的價值何在。

也許有人會反駁說，禪宗的文獻裡，不充滿著禪師各種破格行為的記載嗎？他們有過性生活的、有飲酒食肉的、有偷竊的、有表現出語言和身體暴力的，而且都是刻意違戒，但禪宗的文獻似乎是持讚揚的態度。而且，惠能在《六祖壇經》裡不也提到所謂的「無相戒」，也就是一個人的行為最先和最必須遵守的，是空性和開悟的活潑原則，而不應受分別心與禁制的囿限。不可否認，確實是有行為破格的禪師，但問題是你怎樣理解這件事。很多人讀完這樣的記載以後，都以為所謂的禪師就應該是個不受拘束、任意妄為的人，這才叫忠於自己的本性。如此一來，就將本性視同個人意願，而將傳統社會規範制約視為迷妄與苦難。

我第一次來美國的時候，有個女弟子想要我跟她同居。她認為，在美國和日本有很多禪師與女人同居的例子，我不應該大驚小怪。又說：「開悟就意謂著從一切束縛中解放出來。如果你做不到，就不是真正的禪師。」

我回答說：「好吧，那我想我還沒有開悟。」

後來，又有一位到禪中心來學禪的太太，喜歡我喜歡得不得了。她向我示愛，還想抱我和親我。我斥責她，告訴她我身為僧人是不可以做這種事的。最後，她嘲笑我說：「你不是禪師，只是個僧人。我才是禪師。」

據《傳燈錄》記載，有一個勤勉修行的僧人，受到一個虔誠女居士的供養，住在她家後院的一間茅屋裡。女居士為了測試僧人的修為，派漂亮女兒坐到僧人的大腿上並擁抱他，看看他反應如何。事後女兒向母親報告，僧人的臉色就像石頭，連一點點反應都沒有。女居士又跑去找僧人，問他是怎樣的想法和感受，僧人回答說，他覺得她女兒對他的擁抱，就像是一根枯木斜靠在一塊冷石頭上。女居士聞言後大怒，拿出掃帚追打僧人，把他趕出茅屋，一面追一面罵說僧人真是枉費了她的供養。

儘管這個故事的目的，是要說明人不應該掉入執著於宗教修行的虔敬與虛榮的陷阱，但它是不是也意謂著，包括我在內的所有僧人，碰到女性投懷送抱的時候，都應該要衷心接受呢？毫無節制地放縱情欲，是否應該加以讚揚呢？從禪宗史上有那麼多的緋聞就足以反映出，真的是有禪門中人相信這一套的。

從一方面來看，故事中那個僧人會被女主人掃地出門，也許是罪有應得。女主人說不定就是因為觀察到他內心充滿矛盾，缺乏正確的自我了解，才會大發雷霆的。如果是這樣，她的行為就是恰當的，甚至說不定會對那位僧人的修行帶來大啟發。但從另一方面來看，僧人的表現也是無可厚非的，因為他畢竟是個正式受過戒的出家人。

禪師也是人，是社會的一員，既然如此，他仍然要遵守一定的社會規範。想想看，如果一位沒有開悟的禪師，或者即便是一位好的僧人，但缺乏對自我有相當程度的真實觀照和省察，而任意放縱，那將會為自己和身邊的人帶來多大的損害呢。

第二方面是培養「定」。「定」指的是透過修行所獲得心靈的穩定、力量和清淨。這種內在的穩定與力量，是對抗內、外境的影響所不可少的，它可以為修行者提供一個堅固的心靈基礎。佛教極強調「定」的重要性，認為那是開悟的基礎。然而，《六祖壇經》裡卻說，真正的禪與坐禪無關，坐禪是無法帶來真正的開悟和讓人成佛的。

同樣的，惠能的弟子南嶽懷讓透過磨磚不能成鏡的比喻，有力地向馬祖道一證明了，坐禪是不能產生覺悟的。確實，坐禪不能讓人開悟，因為它不是一種可以隨心所欲遞送覺悟的工具或魔咒；但另一方面，坐禪卻可以讓我們的心變得寧靜、開放和清明，而這些狀態都有助於產生開悟的智慧。因此，坐禪乃是禪修不可少的部分。

有一次，一個年輕人來找我，說想要參加禪七。首先我告訴他每個學員每天都要坐禪大約十四小時，但他卻懷疑這是不是必要的。我向他解釋，禪坐乃是禪修的核心，但他的回應卻是拿出《景德傳燈錄》裡南嶽懷讓磨磚作鏡的故事來質疑我。

我問他重點何在，他說：「我來找你是想得到開悟，而不是要坐禪。」「如果不想坐禪，你在家裡修行不是一樣嗎？」我說，但對方卻說他需要一個老師。我說：「很抱歉，我不曉得任何不費力就可以開悟的方法。」如果我有這樣的方法，早就拿它來教學生，而用不著要他們參加辛苦的禪七。

《六祖壇經》裡面也說過，如果你能夠不思善惡，從愚迷中解脫，你才是真正開悟。但誰又能直接做到這一點呢？你能夠嗎？如果你能夠，那你大概真的不需要坐禪或持戒了。《六祖壇經》已經在禪修者之間流傳超過一千年了，很多人都讀過其中強調不思善、不思惡的段落。不過，讀過歸讀過，但多少人是可以直接做到不思善、不思惡的呢？因此，自我節制和坐禪對於禪修來說，仍然是一個不可少的基礎。這一點，只要我們看看過去一千五百年來禪宗對制度化的禪修環境有多重視，就會一目了然。

現在我們來到了修行的第三個重點：開悟的體驗本身。這包含兩方面：一是智慧或觀照，另一是解脫。什麼是開悟？歸根究柢，開悟就是解脫。見性並不只是對世間截然不同的認知，而是還包含著生命的徹底轉化：一種從貪、瞋、癡，和由其所引發的煩惱中「解脫」出來的感覺。因此，在大乘的經典裡，對空性的體證又稱為「解脫門」（vimokṣa-mukha）。

如果你沒有經歷過一種包含智慧與解脫感的開悟，那就不是真正禪宗的覺悟。你也不會是真正的禪師。要成為一個真正的禪師，要能夠正確而有效地教導別人，必須培養出一種對別人的煩惱與痛苦的真正慈悲心。要做到這一點，一個人需要對佛性有徹底的洞見，並感受到一種隨之而來的大解脫感。沒有它們，你是不可能培養出由衷的慈悲心的，如果你沒有慈悲心卻去教別人禪，只會給他們帶來大傷害。

正統法脈的傳承

想成為一位真正禪師的第三項要求是，在真正或正統的法脈裡獲得傳法。這又分為三方面：第一，要有一個貨真價實的禪師，指導你的修行和驗收你的成果。第二，你必須要得到這個禪師所授的「印可」。所謂的「印可」，是指他正式認證你的開悟是真的，這就是禪宗核心「以心傳心」的觀念。第三，要獲得這個禪師的批准，準許你以禪師的身分授徒。換言之，即使是已開悟的修行者，而他的開悟又已經獲得師父的印可，未必夠資格當一位禪師，也就是教導別人禪法的人。只有經由師父認定能擔負老師責任的修行者，才能以禪師的身分接引信徒。

不過這個要求會引起一個難題。我自己在修行的那段日子，常常納悶，我自己既然沒有到達開悟，又怎樣知道一個禪師是不是貨真價實的禪師，足以當我的老師呢？事實上，在這種情況下，我們真的是無從得知某位老師是不是夠資格的禪師。通常判斷的標準是：審視老師是不是有一些讓人動容、與眾不同的特質。然而這樣的方法是不可靠的，因為那只是我們對於一個老師應該是什麼樣子一廂情願的認定。由於一個人對禪還不了解，所以他也看不出來某位禪師是不是夠資格。這真是一個讓人苦惱的處境，特別是當你跟隨一個老師學習多年，卻仍然沒有進步的時候。更讓人遺憾的是，濫竽充數的禪師所在多有，這就讓發心修禪的人更加徬徨無助。修行沒有到達一定的程度，我們是無法區分好老師和壞老師的，但當你的禪眼張開了一點以後，情形就會有所不同。

有一個關於宋朝大慧宗杲禪師的故事。他花了很多年的時間尋找一位好老師，但都毫無結果。最後，他認識了一個叫張商英的著名居士，這位張居士鼓勵他不妨去見見圜悟克勤。就這樣，大慧宗杲成為了圜悟克勤的弟子，追隨他學習了很多年，並終於得到開悟。不過，在追隨圜悟克勤的最初幾年，大慧宗杲完全不知道師父是不是有大修為的。多年後，圜悟克勤問大慧宗杲，他對自己的第一印象是什麼？大慧宗杲回答說：「你看起來就像是個準備要去肢解肥豬的屠夫。」

從一個有經驗的禪師那裡受印可是非常重要的。如果你在獲得某種轉化體驗後就逕自宣稱自己到達開悟，這種作法是不對的。因為你憑什麼標準做此判斷呢？你需要有經驗的老師查核和驗證你的修行。高明的老師單憑觀看你的舉止，就可以知道你的體驗是不是真實的以及有多深。不幸的是，總是有許多壞老師。甚至早在唐代，臨濟就曾提過，有很多禪師只學得禪的一點皮毛，就準備好為任何找他們的人授印可。很多自以為已經開悟的人，他們的體驗都是假的，充其量也是相當淺的，而如果這樣的人找的是一個沒有受過印可和沒有穩定開悟體驗的老師，就會造成大問題。

大概七年以前，一個有多年修行經驗的學生來找我，想要我認證他的開悟。

當我問他：「你為什麼來找我？」他說：「你既然是個禪師，就應該知道我來的目的。」當我拒絕玩他的遊戲和給予他認證時，他說：「我本來以為你是已經開悟的人，現在才知道不然。」因為我不肯承認他是禪師，所以他也不肯承認我是禪師！這一類人是無法從任何人那裡學到任何東西的。真正的印可是不容易獲得的，你無法隨便從一個人那裡獲得它。「印可」一詞中的「印」字，原指一個皇帝或宰相的印章，任何攸關重大的文件都要蓋上這個章才有效力。禪門中人為了區分真印可與假印可的不同，喜歡說有些印章是純金造的，有些則是豆腐造的。令人遺憾的是，有太多的印章都是豆腐造的。

一個人只有在獲得印可以後，才可以談是否夠資格當老師。而只有得到師父的批准後，他才有資格說法授徒。教導別人並不是容易的事，但在臺灣，我卻聽過有一個禪師，聲稱自己在五分鐘之內就可以引導人開悟，一星期就可以訓練出一個禪師，他一年之內就印可了一百多個學生。這真是了不起的成就，因為就連歷史上最多徒子徒孫的禪師馬祖道一，終其一生也只印可了一百二十個弟子！在美國，有一個人自稱為禪師，而且吸引了相當多的弟子，但事實上，他從未得到師父同意他說法授徒的批准，而知道這事情的人並不多。那是不是說，沒有獲得授徒資格的人就絕不能當老師呢？倒也不一定。這在某些情況下是允許的。比方說一個人一直努力修行，直到他師父過世還在修行，那麼，他自然是無法得到師父批准他授徒的，不過說不定這個人仍然有資格當老師。

具有福德因緣

在得到印可和授徒的資格以後，一個人是不是能成為成功的禪師，還必須符合一些條件。首先是時代、空間和環境。如果生活在文化大革命時候的中國大陸，那是絕對不可能教禪的。凡這樣做的人，都會被送往偏遠鄉間的集體農場接受勞改。即使時至今日，中國大陸的佛教團體，仍然不被容許在官方認可的佛寺以外從事活動。因此，一般來說，想當一個禪師，需要有一個對禪友善的社會氣氛。

更進一步來說，想要教禪還必須有教學場所，以及能引起別人興趣的宣傳管道。以一個三、四十人參加的禪七為例，需要有容得下三、四十人的場地與飲食的費用，還要有人力資源去宣傳、籌備和服務。若想建立一個永久性的禪中心，需要就更多了。

我們位於美國紐約皇后區的第一個禪中心，外頭的街道非常吵，七月四日美國國慶日那一天更是熱鬧得不得了。在禪七第一天時，我們准許學員到禪中心的外頭做運動。到了第五天，大部分的學員看起來相當邋遢，鄰居看到他們，都懷疑這些人是不是從瘋人院裡跑出來的。為了擔心驚擾到鄰居，在後來的禪七便不讓學生到外面散步。多年以來，我們繼續舉辦禪七的活動，鄰居從未抱怨，不只這樣，大部分的鄰居還相當支持我們。儘管如此，那個禪中心的環境和大小都是相當局限的。因此，我們在紐約上州的郊區購得一個很大的道場，專門用來舉辦禪七的活動。

再者，禪師要能夠依學生的程度和個性，因材施教。在今日的美國，佛教徒相當少。大部分人都沒有佛教的知識背景，也沒有任何佛教修行的經驗。有一次我站在紐約街頭時，有兩個長相很酷的小夥子走過來問我是幹什麼的。我告訴他們我是個佛教的和尚，又問他們是否有興趣聽聽佛教或禪的道理。但他們想知道的只是我能不能夠教他們功夫。在初級的禪修課程裡，我通常都會先指出修行對我們的身體、心理和靈性的好處何在。之後，我會問學員，他們為什麼想來禪修。我得到的答案都是五花八門的：從想改善睡眠狀況、鬆弛壓力，到渴望加深精神層面的理解都有。他們之中，對佛教有概念的寥寥無幾，而在有概念的少數人之中，所了解的也不是很清楚。這麼來看，美國是個可以教禪的地方嗎？我會說是，只不過我們不能把中國禪宗傳統文化的形式和制度照搬過來，而必須加以調整，去配合美國學生的興趣和需要。只有這樣做，禪才能夠在美國的社會文化氣氛裡發揮作用。

除了聽眾和環境以外，禪師還需要有所謂的「外護」（外面的施主與維護者）。在傳統的中國佛教裡，「外護」指的不只是擔任一家佛寺日常運作的執事人員，也是指經濟上和物質上的支持者。有不少人（包括很多美國人在內）都認為禪師如果在意這一類物質上的問題，格調未免低了一點。不過坦白說，即使有適當的時機和場所去弘法授徒，但如果沒有必要的物質與人力資源做為輔助，那一切都是空談。我第一次來美國時，希望可以盡快開始教導學生和舉辦禪七，但我和我的第一批學生卻缺乏一個永久性的道場和財力支援。我們是舉辦了禪七，但場地往往很難找，租金也很昂貴，後來要不是有一群人出錢出力，這些活動將無以為繼。

因此，以為禪修不外是一件與自己、打坐的蒲團以及師父有關的事，未免有點自以為是。能夠有一個適當的禪修環境，事實上是很多人出錢出力的結果，對於他們你應該心存感激，並發願也有能力與時間時去分攤這個負擔。正基於此，我才會把有幸擁有適當的時機、環境和資源去進行禪修，稱為「福德因緣」。想成為一位成功的禪師，並不僅僅靠個人決心和努力可以成就，而是必須加上集體的願力和修行的清淨，又特別是需要業因和業緣的幫助。

觀機逗教、接引禪眾

當禪師的最後一個要求，是有能力去滿足學生個別的心靈需求。這又可以分為四方面：（一）對佛法經教的穩固基礎；（二）世間事務的知識（又可稱為實用的知識）；（三）銳利的觀察力；（四）敏銳的直覺，恰到好處地回應學生。

我們都知道禪宗是「不立文字」的，而以直指本心為旨歸。但正因如此，很多人就以為，禪師是用不著讀書的，也不用積極去鑽研佛理和佛教史，唯一需要做的只是打、罵和折磨學生，這樣就是足夠的禪訓練。這無疑是禪宗的神祕色彩及言語詞彙，帶給別人的印象，但還必須知道，禪宗這種「無言之教」，是在社會普及、廣大厚實的佛教文化背景下，所蘊涵出來的脈絡之中運作的。再者，如果好好翻一翻禪宗的燈錄，就會明白到一點，所有偉大的禪師對於佛教的經、論和其法脈的教義，都是極為嫻熟的。

那麼，禪宗又是為了什麼強調對語言文字的否定呢？事實上，禪宗提出「不立文字」，原意僅在於防止人們誤以為文字本身就是真理的貯藏室，誤以為真理可以透過操弄文字而獲得。若想要得到活潑的開悟，應該追求的是直接的、生命內涵的領悟，而不是二手的描述。因此，想要了解自己的本性，是不能倚賴來自於自己生命之外的文字與文本的。但這並不表示，一個人就完全用不著語言，或是完全不需要依賴分別性的知識和書籍。這事實上是不可能的。如果你從沒有聽過或讀過別人談禪，又怎麼會知道有禪這回事呢？更別說起而修禪了。不靠語言文字，老師又要怎樣教導學生去建立正見、正確的生活方式和正確的修行呢？難道有禪師或禪弟子用不著傳統的語言文字論述，就能夠自我界定？因此，沒有佛法和禪法的知識而想要成為禪師，是難上加難的。

再來，如果沒有世間或日常事務的知識，老師就無法理解學生的處境，或滿足學生的需要。有一次，一個人向我請教管教孩子和與妻子相處的方法。我回答以後，他很驚訝我的忠告對他相當有用。他問我，沒有妻子兒女的人怎麼能夠給出這樣適切的建議，所憑藉的是什麼。我回答說：「難道一個外科醫生就一定要自己生病、接受過手術，才能成為一個優秀的外科醫生嗎？」而想要獲得世間事務的知識，也許只要對別人敞開胸懷並且關切就夠了。如果一個禪師要與他人有好的連結，他必定要對世間的事務有興趣，並且有所理解，因為世間正是我們煩惱與精進的沃土。

第三個條件——銳利的觀察力——表示一個老師應該具備判讀學生心理與情緒狀態的能力。有時候，不必聽學生說話，單憑學生的舉止行為，就可以知道其心理狀態。由於知道用什麼方法，老師可能只憑一句話或一個手勢，就把學生的心理狀態給調整過來。這對那些已經修行了一段時間的學生是比較有效的。如果在日常指導時已經對學生相當熟悉，就用不著與他們直接談話。如果一個學生曾經在禪七跟隨我修行過，那麼無論在什麼情況下，我都能夠輕易糾正他們。但對於沒有時間去觀察或不很熟悉的人，就無法做到這一點。這沒有什麼神祕的，幾乎所有的老師都會有這樣的經驗。因為學生跟隨老師學習的時間夠久，老師自然知道學生的長處與短處，也因此更容易提出有用的忠告。

第四個條件——懂得怎樣當機回應學生的需要——與第三個條件密切相關。其中的關鍵是老師與學生之間情感上的互動，知道什麼時候應該採取溫言鼓勵的方式，什麼時候又應該採取棒喝的方式。很多人都以為，禪師打罵弟子是禪宗的一個通則。但事實上，這是神話多於事實。我認識的禪師裡面，很少人會這樣做。這不只是錯誤的，如果你打的是一個不該打的人，還會有潛在性的傷害性。若要使用這個方法，信息必須明確，務必要讓它產生你想要的結果，否則這樣做是不適當的。

在密集的禪修期間，也就是師徒間的互動最密切的狀況下，為了在學生心中注入所謂的「正念」，打罵常常是一種調整學生修行心態的方法。是不是要使用這種方法，考慮的因素包括：學生用方法用到什麼程度，他是個正在跟「話頭」奮鬥的初學者，還是高階、使用「無法之法」的學生。正如前面第七章提過的，師徒的關係就好比母雞孵小雞。當一隻小雞孵化出來時，會先從蛋裡啄蛋殼。等露出一點點臉的時候，母雞就會從外面跟著他一起啄蛋殼。但如果母雞啄得太快，就有可能會傷害到小雞。如果你是在適當的時機下打學生，那這個學生最後一定會很感激你。

回顧這些標準，我們可以說，要成為一個禪師既是很容易，也是很難的。為什麼容易？因為禪不依賴文字言說，也不需要理論知識。一旦你獲得了正見和正確的方法，就具備了當禪師的基本要求。然而，要能符合上述提到的六個標準又是很難的。如果一個人能完整符合六個標準的其中幾個，大概就足以勝任一般的禪師了。不過想要成為真正頂尖的禪師（像馬祖道一或大慧宗杲這些影響力深遠的禪師），這仍是不夠的。

第十一章　十牛圖

一般尚未修行或者雖已修行而仍未得門徑、未得實際經驗的人，總喜歡談論揣測悟境。但由於對法缺乏清楚的了解，最後得到的只是一些奇思怪想。其實，悟境確是有的。「開悟」這個詞在中國禪宗裡已沿用了很多世紀——至少從唐朝就開始。儘管此詞在禪傳統與文獻裡扮演著中心角色，但它卻是無法透過哲學思辨來理解的。你愈是用猜測或想像去掌握它，它就離你愈遠——就像是明明應該向北走，你卻朝南而去！

禪宗有一句古訓：「開口即錯，動念即乖。」禪的訓練就像任何的佛教訓練一樣，都是為了深探一個人存在的根基，並予以轉化。由於這種轉化，會顛覆掉一些我們對存在最根深柢固的假設，因此如果你想用舊有的思維習慣來掌握禪境，不啻是「明明應該向北走卻朝南而去」。為了強調這種分別心與禪宗所說的「無心」的分別，歷代的禪師都謹守「不立文字」的傳統，拒絕談太多跟悟境有關的事情。

當然，這並不是說，禪宗完全摒棄經典和文獻，或是沒有努力去把本宗的教理加以系統化。事實上，有點諷刺的是，禪宗的文獻要比任何一個宗派來得浩繁。另一方面，這些文獻不管在風格上和內容上，都迥異於其他的佛教宗派：它偏好的是記錄師父弟子間一些互動，有關修行的指導和開悟的對話，而不像天台宗或華嚴宗這些偏重經典的派別那樣，喜歡對佛經進行系統性的闡述與探索。最具代表性的禪宗文獻有三類：一類是「語錄」，收錄的是某一個禪師的開示、警策與軼事；第二類是「傳燈錄」，它們從上述的材料選材，整理為個別禪師的傳記，再把這些禪師的傳記，按照嗣法的前後順序加以編次；第三類是公案集（如《碧巖綠》和《無門關》），其內容是從上述兩種來源選取出一些公案，編為一集。這三類文獻都重視口語和當下的直接性，儘管如此，禪宗是不排斥體系化的。不同禪宗派別的文獻都反映出，這些派別均盡其所能來呈現和整理禪法的特點和風範。隨著曹洞宗和臨濟宗的後人繼起，將前人留下的內容，組織整理出七宗派的核心思想，日趨成熟地系統化，並形成了可標示本宗特色的禪法傳承。

因此，儘管禪宗是強調不立文字和當下承接的，我們必須明白，禪的訓練仍然有其一貫的理路，而古代很多大有影響力的禪師也致力於向弟子清楚表達這些原則。有時候對禪修之路的表述，是與天台宗和華嚴宗對菩薩道的表述方式相平行的，由此可見，禪宗的發展並不是孤立於佛教的整體之外。不過，有別於教下的重視經典，和喜歡使用哲學性的語言，禪宗偏好使用模稜兩可的意象和表現方式，而這一點，也許是為了與禪宗師徒間的「機鋒對應」保持一致。

以溈仰宗為例，不同層次的訓練與開悟，是透過操作不同的圓相來表達的；臨濟宗則有所謂的「三玄、三要」、「四喝」和「四賓主」；曹洞宗有洞山的「偏正五位」和曹山的「五位君臣圖」。一般認為，不同法脈的禪師均對本宗的道路架構極為嫻熟。事實上，根據曹洞宗的早期記載顯示，闡釋「君臣五位」乃是傳法的一個正式部分。不管事實如何，這些表述方式有些因為構作得非常成功，就連本家的門牆之外也廣為流傳，成為各家共享的財產。例如，對臨濟宗來說極為重要的「賓」、「主」比喻，就常常會在禪門其餘四家禪師的教喻中見到。相反的，也有許多臨濟宗的禪師會對曹洞宗的「君臣五位」觀念提出論說（大慧宗杲就是其中之一）。①直至今天，日本的臨濟宗仍然把研究「君臣五位」定為公案訓練的正式部分。

在陳述禪修進程的各種圖像表徵中，最常見的莫過於「牧牛圖」。在佛教的經典裡，「牧牛」是一個歷史悠久的意象。如《遺教經》就把佛教的修行者，比擬為一個永遠不失警覺心和耐心的牧牛者，他手上拿著鞭子，從不讓牛走失。在禪宗的傳統裡，牧牛者也成為禪修者的模範，因為他無時無刻都必須把心管好，以防它走失到雜染中去。

在以牛為喻的例子中，最著名的其中一個與馬祖道一有關。據說有一次，他問正在廚房裡照顧柴火的石鞏慧藏禪師：「你在做什麼？」

石鞏回答：「牧牛。」

馬祖進一步問：「怎麼個牧法？」

石鞏說：「只要牛一跑到草叢中去，我就會拉著牠的鼻子回來。」

馬祖說：「你真懂得牧牛。」

同樣以牧牛來比喻禪修的例子，也見於唐代其他禪師的言說，包括了百丈懷海海和溈山靈祐（七七一～八五三）。這個比喻想必是很貼切的，因為到了宋代，馴牛、牧牛已經成為禪修的著名比喻。

現在已很難斷定，最早是在何時、何種狀況下，使用套牛、馴牛和騎牛歸家的圖像來說明禪修進程的。流傳最久的有兩組牧牛圖，一組是臨濟宗的禪師廓庵師遠（十二世紀）所作，一組是十一世紀末或十二世紀初的普明禪師所作（此人的背景不詳）。②雖然這兩組牧牛圖是唯一流傳到今天的，但從宋代的禪宗語錄可以得知，在廓庵師遠和普明各自畫出《十牛圖》的時候，已經有其他的版本在流傳。鈴木大拙在他的《禪學手冊》（*Manual of Zen Buddhism*）裡歸納出了四種，另一位日本禪學者柳田聖山則考證到六種。

牧牛圖的作者來自不同的禪宗派別，其中包括了雲門宗的佛印了元（一〇三二～一〇九八）與佛國惟白（十一世紀）、曹洞宗的清居皓昇（十一世紀），以及臨濟宗楊岐派支脈的一些禪師。除此以外，不同版本牧牛圖的幅數、標題和概念架構都有相當的差異。它們的幅數有少至八幅、六幅或五幅的，也有多至十二幅的；有些牧牛圖中的牛會逐漸從黑色變為白色，就像藏傳佛教格魯派的著名「馴象圖」那樣，其他版本的牛則自始至終都是黑色。有些牧牛圖裡，牛與牧牛人會在最後一幅畫圖中同時消失，只剩下一個空白的圓圈，以象徵無上正覺不思議的本質與作用；但有些牧牛圖在人牛都消失以後會重新出現在畫作中，以強調開悟的菩薩是仍在世間弘化。③

在十一與十二世紀，流行於中國各種版本的圖和頌中，除廓庵師遠和普明所作的流傳至今以外，其餘的都已散失。在中國與韓國最流行的是普明的版本，至於廓庵師遠的版本，則只是時斷時續地被印行和受到談論，像是明朝的佛教改革者雲棲袾宏，就在他重印普明的《十牛圖》和頌時，把廓庵師遠的版本做為附錄。但日本的情況則恰好相反。廓庵師遠的《十牛圖》是在南宋和元代的時候，隨著禪宗一起東傳到日本列島的。在日本的中古時代，廓庵師遠的《十牛圖》、僧璨的《信心銘》、永嘉玄覺的《證道歌》、長蘆宗賾的《坐禪儀》合輯在一起，稱為《四部錄》，流傳於臨濟宗的禪寺。

由於廓庵師遠《十牛圖》的圖和頌，最近出現了幾個英語譯本，使得它在西方的禪修者之間變得熱門起來。④以下我對《十牛圖》的解釋，便根據廓庵師遠所作的圖和頌。就今天所見廓庵師遠《十牛圖》的版本，都穿插著一些臨濟宗晚期禪師所寫的序與和詩。一般認為，和詩的作者是大慧宗杲的法孫石鼓希夷（十二世紀）。⑤

《十牛圖》

《十牛圖》是以牛和牧牛人兩個角色為主軸而展開的。但對禪修者來說，牛和牧牛人所象徵的又是什麼呢？顯然，要當好的牧牛人，專注的心是極為重要的。換成是禪宗的脈絡，其意義是不難理解的：它指出在鍛鍊心的過程中，修行者需要非常專注且堅持不懈。每一次當心偏離了正確的修行道路，或是對當下的活動失去了恰當的專注，修行者就要把它抓住，耐心地把它拉回來。這樣的人是從來不會灰心的。他不會懊悔過去，不會預期未來，而是無時無刻保持警戒，一旦發現心有所偏離，就把它抓回來，輕輕放回原有的軌道上。事實上，意識到心的遊蕩就表示你的修行是正確的，因為注意到這個問題的出現，就等於問題已經獲得了矯正。這就是看牛與駕馭牛。但到底這牛代表的是什麼？誰是牧牛人？他們的回家之路又代表什麼意義？

牧牛人所代表的是修行者，但不是指一般意義下的整個人，而是指想要修行或正在修行的「自我」。他所走的是一條正確的道路，把他帶回到原本的「家」——本具、自覺的佛性，這條正確的道路同時也是修行方法的一部分。

這些意象都是相當容易理解的。然而圖中的牛代表的是什麼，就沒有那麼一目了然了。一般來說，我們可以認為牛代表的是心和心的活動。它是修行者要面對的主要對象，必須努力加以開墾或馴化的。但這裡所謂的「心」，確切的意義又是什麼？在中國，我們常常說心是本覺的，又把「見牛」等同於「見性」。因此，一方面牛可以被視為已覺的佛性，而尋找、發現、馴服和騎牛回家這個過程，就可以視為實證佛性，並已完全融入貫通在生活中的所有層面。但另一方面，《十牛圖》裡的牛在開始的時候是被刻畫為野性不馴的，若沒有強制的力量，牠就會遊走到路邊去吃欲望和虛妄思想的野草。這樣的刻畫似乎暗示著，牛所象徵的是煩惱心多於開悟心。而想要達到完全的開悟，修行者就必須把牛找到、拴好、加以調伏，然後帶牠回真正的家（到家以後牠就會消失不見）。

對牛的這兩種解讀方式都是可以容許的，因為概念性地說，煩惱心是離不開悟心的。正如惠能所說的：「自性若悟眾生是佛，自性若迷佛是眾生。……心若險曲，即為眾生；一念平直，即是眾生成佛。」⑥事實上，煩惱和開悟是互相界定的，沒有其中之一，你就無法知道另一個是什麼意義。在《十牛圖》的第三圖中，修行者看到了牛，但他並不只是發現了自己的真實本性，也是第一次明白了煩惱的真正意義。接下來的拴牛、馴牛和帶牛回家的用功過程中，在調伏煩惱的當下，同時也是在增進開悟。另外，我們也將會發現，隨著修行過程的往前進，牛、牧牛人與兩者間的關係，都會出現徹底的改變。

在普明的《十牛圖》裡，牛是一步步從黑色變為白色的，到了第十圖裡，人和牛都會一起消失。但廓庵師遠圖裡的牛則自始至終都是一個顏色，在第七圖裡，牛不見了，但牧牛人繼續出現；要到第八圖，人與牛才同時消失。牛與牧牛人的同時消失意味著什麼？意味著究極來說，根本沒有可得的開悟，也沒有尋道之人。牛與人根本是不存在的，它們是虛妄分別。正如禪門中人常說的，根本沒有什麼是我們需要做的，也沒有什麼是我們需要得到的。然而，人們卻不明白這個最簡單的道理，覺得有必要去弄明白什麼叫「沒有什麼是需要做的」。這就是禪修。

牛代表的是修行者的對象或關注，不論牠象徵的是開悟的智慧心還是煩惱心，又或是兼而有之；牧牛人代表的是修行者的內在聲音或自我感。因為受到一種堅決尋求開悟的衝動驅使，牧牛人用禪修方法來駕馭、鞭策牛。發生在人牛關係上的連續性轉化，道出了一個人在修行的進程上，對於開悟、煩惱、自我與修行愈來愈深的理解。最後，牛非牛而人亦非人。隨著二元的對立分別消失，它們就復歸為一。其實，這種完美的結合也不能稱為「一」。

因此，把圖中的牛嚴格界定為開悟心或分別心都是誤導。另外，我們也不應該太在意在廓庵師遠的版本裡，當人牛都消失後世界會再次出現，而普明的版本裡卻沒有這種情形。因為兩者所致力的同樣都是勾勒禪修之路上，完全證悟的奇妙而不可思議的功能，只是表達方式不同罷了。所以，我們與其在意兩者間的差異，倒不如多注意在這十幅圖裡，人與牛、自我與對象的關係是怎樣逐漸改變的。

最後要提醒的一點是，切不可太過膨脹這十幅圖的意義，以為它們所描繪的禪修階段是絕對的，是每個修行者都必須逐一經過的。實際上並非如此，每個人對修行的反應，都會因根器與因緣的不同而有所不同。有些人的進步迅速而穩定，有些人則緩慢而時斷時續。同樣的，每個人開悟經驗的方式和情景都是不同的。因此，《十牛圖》或曹洞宗的「君臣五位」架構，雖然可以提供我們禪修道路的方向感和基調，但不應把它們視為是不可更動的。

以下有關《十牛圖》的詮釋，根據的是廓庵師遠的圖和頌，以及外加的序與和詩。

一、尋牛

在第一圖中，牧牛人置身於荒郊野外。他帶著牛索，看來神情焦慮，對應該往哪個方向走顯得猶豫不決。他會來到荒郊野外，是因為他的牛——他最引以自豪的財產——走失了。他要把牛找回來，卻不知道應該從哪裡開始著手。這圖所象徵的是，修行者愈來愈感覺到，自己失落了一種真實和不變的本性，所以渴望可以把它

忙忙撥草去追尋，
水闊山遙路更深；
力盡神疲無處覓，
但聞楓樹晚蟬吟。

（一）尋牛圖

找回來，只有這樣，他才能獲得內心的安寧。

也就是說，處於這階段的人，基本上，內心都是尋求開悟的。他追求開悟的渴望是真實而強烈的，卻又不知所措。他感到焦慮和挫折，不知道要往哪裡尋覓，也不知道哪些才是可靠的線索，就像是在荒郊野嶺迷了路一樣。通常，處於這種狀態的人感受到的煩惱，會比剛開始修行的時候為甚。願意嚴肅面對這種折磨的人並不多，而願意不畏艱辛，踏上通向開悟之路的就更少了。有些人也許只是半信半疑有一頭牛，所以他們的尋找也是三心兩意的。這樣的人會找找停停，停停找找。另一些人則會完全相信，義無反顧地投入尋求。各位相信這個追尋嗎？相信有本性這回事嗎？它值得你尋求嗎？如果到死你都沒有找到它，你會是什麼樣的心情？會不會整個努力都是徒然的呢？這些都是非常要緊的問題，也是處於這種情境的人一定會問的。

二、見跡

在第二圖中，牧牛人找到了牛的蹄跡，但仍未看到牛。有些蹄跡是往東去的，有些是往西去的；有些蹄跡會突然在半途消失；有些則會東繞西轉，最後把牧牛人帶入死胡同。看到這些蹄跡，牧牛人更有信心牛是來到了這附近一帶。然而，牛是去了哪個方向，以及他應該沿哪條路去找牛，對於這些問題他仍然感到困惑。

這幅圖所象徵的，是一個人已經跟隨了一位已經開悟的師父，或是讀過了佛經

水邊林下跡偏多，
芳草離披見也麼；
縱是深山更深處，
遼天鼻孔怎藏他。

（二）見跡圖

上有關修行的說明。他培養出對佛性的堅定信念，也相信釋迦牟尼和禪宗的祖師曾經體驗過這種佛性，並留下指向這條道路的教誨。因為他知道，那些過去到達過開悟的人，也曾經和他一樣，只是個普通人，因此能培養出信心，認為自己也一樣可以做到。不過，由於自己沒有任何的體驗，並不知道要如何著手。什麼是尋求開悟最好的方法？禪到底該怎麼修呢？

對很多人來說，在這個初步階段，修行是困難重重的。如果不能很快見出效果，他們也許就會開始生疑，希望可以轉換方法。有時他們也會很賣力修行，但過一些時間就鬆懈下來，甚至放棄。總的來說，他們都不確定自己走的是不是正確的方向，或到底自己有沒有進步。有時候，努力會帶來成果，讓修行者變得非常有信心：「哈，朝這條路走，我一定會到達開悟的。」但另一些時候會非常沮喪，感覺上比剛開始修行時還要糟。不過，只要持之以恆，他們最後總是可以在混亂牛蹄的迷陣中，理出頭緒來，並體驗到修行的效果。他們會從修行中培養出若干的力量與技巧，而有了這些正面的信號，他們的信心就會更堅定了。

三、見牛

第三圖所刻畫的是牧牛人經過一段長時間的尋找後，終於看到了從樹後面伸出來的一根牛尾巴。他為此高興異常，儘管這個時候，他尚未把牛抓到手。事實上，他甚至未能面對面把整頭牛給看清楚。

黃鸝枝上一聲聲，
日暖風和岸柳青；
只此更無回避處，
森森頭角畫難成。

（三）見牛圖

做為禪修階段的比喻，「見牛」的階段相當於一個人第一次乍見到自己的本性。那就像經過一趟漫長而疲累的旅程以後，一個人終於看到他要前去的高山，就聳立在眼前一樣。它近得看得見，但要登臨，仍然有相當遠的路要走。到底它有多高、周遭的地形如何，仍然是未知數。繼續往前走的過程中，它不時都會因為霧或樹木的阻隔而從視野中消失。儘管如此，因為你已經看到過它，所以知道它總會在那裡等著你。到了這個階段，信心已經屹立不搖。

禪宗把「見性」視為「覺」或「開悟」的一種形式。今天，禪宗的「開悟」觀念在西方也變得相當熱門。只不過，這個觀念乍看起來很簡單，但人們對它的理解卻是很混亂和模糊的。很少人在談到這個觀念時清楚了解它的內容，更遑論知道怎樣達到開悟的境界了。有些書在談到開悟的時候，給人的印象是：開悟是很容易達到的，而且只要一達到，你的各種問題就會迎刃而解。事實上，太強調這個字會帶來相當大的傷害，因為對這個觀念有各種不同的詮釋。單在佛教的傳統裡，開悟的定義就有相當大的分歧，端視你是哪個宗派、教理系統和湊巧讀到哪一本佛經而定。

有些大乘的經典把觀空的智慧區分為十六個層次，又把菩薩道區分為十個、十三個，甚至五十二個階位不等。對於這些階位，有些經典認為都是一種開悟，但有些經典則把這些開悟的階段一概稱之為「覺」，有些又把「悟」這個字保留給修行分水嶺的某一或兩個階位。相似的，小乘也把成聖之路分為四個果位（階段），而認為阿羅漢（即從生死輪迴中完全解脫出來）是最高一個果位。不管是大乘還是小乘，用來區分不同修行進程的標準都是很複雜的，各自與其系統的經教教理緊密結合。有些體驗，被稱為「開悟」，可能是等同或超越見性的體驗，也有些所謂的開悟，則是完全與見性無涉。因此，我們雖然可以在這些不同的系統裡找到大略的對應關係，但基本上，它們對「開悟」一詞的理解，都因各自的修行架構而有所不同，所以必須回歸到各自的系統中去探討。

「開悟」的意義也依不同的宗教而有差異。很多宗教所說的開悟，不過是某種修行方式所引起的生理反應。苦行、控制呼吸和專心致志的祈禱，都有可能會帶來幻視、強烈的喜悅或身體的輕安。這些體驗可以視為貨真價實的開悟嗎？無疑，它們有可能是修行進步的信號：修行者的心會變得比一般更光亮開放，自己也會感到平常的煩惱和性格弱點不見了。不過，通常事隔幾天、幾小時，甚至幾分鐘以後，情況又會改變回來。貪、瞋與一般的煩惱會去而復返。但即使如此，這些體驗仍然是有價值的，因為它們最少可以加深一個人對心靈道路的信念。不過，依禪宗乃至整個佛教的觀點觀之，這類的體驗並不是開悟，它們通常只是一種因打坐姿勢與技巧所引起的神經系統的感覺。

儘管如此，在某些方面，禪修特別容易讓人對冥想體驗產生這一類的過分膨脹或者解讀錯誤。因為禪宗在傳統上不喜歡討論悟境，因此初學者很容易誤以為他所獲得的膚淺體驗就是開悟。很多人在談到開悟時，事實上談的就是這種膚淺的情緒反應。傳統上，這一類的誤解是可以透過禪師從旁指導而避免的，這也是傳統的禪修都由有經驗的師父來指導的原因。如果要從一位真正實修的老師口中，去印證這些膚淺的身心反應，反而非常可能招來一頓怒斥。即便這些經驗代表著修行進步，但認假為真，會給學生帶來更多的傷害。

那麼，禪宗所說的「見性」或「開悟」又是什麼意思呢？見性就是要讓自己的心到達一種絕對的平和。這樣的心既是絕對平等的，也是空的。這個「空」並不意味心變成空白一片，而是日常那個狹隘的、充滿我執的心被參破了，在一瞬間打開和消失了。中文裡的「開悟」是一個複合詞，由「開」和「悟」兩個字組成，意指開悟可以讓人我的藩籬「打開」，讓人「悟見」周流遍布空性的開放與平等。如果是真正的開悟，就連開悟的觀念也會消失。因此，倘若一個人認為自己已經開悟而興高采烈，也感覺到有了個人很大的成就，那他事實上很有可能還沒有真正見性。

然而，即使這樣來定義開悟，我們仍然不能把開悟或見性視為一成不變的單一經驗，或者認為每個人的經驗都是相同的。這並不是「頓」悟的意思。事實上，即使一個人窺見了自己的本性，一般來說他仍然是半盲的。禪宗稱這種情形為「睜一隻眼」，我們也可以形容它為雙眼睜開了一下子又再闔上。

再打個比方，想像你晚上走在路上，天下著大雨，四周伸手不見五指。然後，突然間一道閃電畫過夜空，把周圍的環境照亮了一下子。先前，你都是靠著摸索在黑暗中跌跌撞撞地前進，但現在，靠著一剎那閃電的光亮，你看清了四周的環境與方向，因此你可以更有信心地往前走了——不過只是一段短距離。

這種體驗是一件了不起的大事嗎？有這樣體驗的人已經是個聖人了嗎？我們可以說，在這個人睜開了雙眼的那一段時間裡（可能只有一剎那），他對完全開悟得到了一些訊息。儘管如此，他仍然只是個平常人，也像平常人一樣，繼續受到煩惱的侵擾。當然，也有些人在睜開了眼睛以後就再也不闔上，但這一類人是很稀少的。至於大部分人，最初見性時的體驗都不會很深，更無法從此就不用繼續探索和修行了。儘管如此，這種體驗仍是一個人修行上的分水嶺。甚至可以說，一個人的禪修至此才是真正的開始。因為一旦嘗過見性的滋味，就永難忘懷。從這個時候開始，修行者對「何謂煩惱」和「真正的修行方向何在」的問題有了清楚的認知。事實上，很多禪師會認為「見性」是一個人踏入禪門的開始，就是這個道理。

這些有關開悟意義和性質的問題都是極為重要的，因為它們可以避免一些會帶來嚴重後果的誤解。例如，一個人在有過「開悟」體驗以後，可能會以為自己不再有煩惱和不再需要禪修，然後當煩惱去而復返，他就開始懷疑自己原先的體驗一點價值都沒有。還有一種可能是，當煩惱去而復返時，這個人會自欺欺人地宣稱「煩惱本身就是開悟」或「無悟可開」，並認為自己已經夠資格當禪師。

一位真正的禪師能運用好些不同的方法，幫助學生不至於掉入這一類的陷阱。其中一種方法是讓學生知道，儘管他們已經瞥見了自己的本性，但這還是很淺的境界。身處這階段的修行者，就像是剛孵化出來的小鳥，已經懂得張開嘴巴吃東西，但身上還沒有長出羽毛。他們憑什麼這時候就想要飛呢？如果其中一隻不管三七二十一堅持要離開鳥巢，就會墜地而死或成為其他動物的大餐。又如果牠的兄弟姊妹起而效尤，那就更糟了。如果一個人只有膚淺的開悟體驗，卻自以為夠資格照自己的想法修行，或是夠資格教導別人修行，那只會害己害人。因此，有必要讓這些人知道，他們還是得繼續努力修行，繼續修行就好比是安全的鳥巢。

第二種幫助學生的方法是提醒他們勿忘五戒：不殺生、不偷盜、不邪淫、不妄語、不飲酒及不服用麻醉毒品。真正已經得道的禪師是用不著刻意持守這五戒的，因為他們已經培養出高度的慧力和定力，所以他們絕不會背離戒的精神，哪怕有時候會表現出一些與戒相違背的言行；他們的整個生命都充滿著無私的慈悲。然而，對那些只淺嘗過見性滋味的人，戒就像是保護小鳥安全的巢，若是太早離開戒將會自陷於危險中。

在某些人的眼中，這似乎是雙重標準。因為他們曾聽說，有些僧人不但飲酒，還把酒稱為「智慧湯」。這種行為似乎也可以在大乘的經典裡找到背書，因為大乘的經典說過，煩惱本身即是菩提，又說過，老師有時不妨採取一些「方便」的行為，以打破弟子對修行的狹隘觀念。沒有錯，偉大的禪師都是極銳利的，他們可以一眼看穿弟子的執著，並當場設計出方法來矯治。各位當中一定有人曾經聽過，南泉禪師為了點化弟子而把一隻貓斬為兩半的故事。但如果修為較低的禪師模仿這些行為，就會帶來問題。我自認為是個修為較低的禪師，所以從不做這樣的事。我們得要這樣想，一千年的時間裡才出現過一個斬貓的禪師，而且也是唯一的一次。事實上，南泉並不是看到貓就斬。一般來說，師父和弟子都應該同樣持戒勿失，因為戒乃是修行者的護衛，也是修行團體和諧互信的基礎。就連虛雲老和尚這樣的高僧——他大概要算是近代中國最偉大的禪師——一生都是謹嚴持戒的。

第三種防止見性後誤入歧途的方法，是持守禪修的規矩與儀式。某些形式的規矩、服裝和行為，可以幫助人創造一個更適於修行的環境。當然，這主要是針對僧尼而發的，然而它也同樣適用於在家的修行者。透過維持適當的儀式和行為，禪弟子就不會背離修行，而他的行為舉止也不會鼓勵別人這樣做。事實上，一個人即使沒有體驗過很深的悟境，但如果他能夠持續不懈地修行，又能守持於戒和所有規矩，那到了某種程度以後，他一樣可以當別人的老師。我有一點感到遺憾的是，在今天的臺灣很少看到重視規矩的修行者，大部分人在修行上都是馬馬虎虎的。

然而，最重要的對於修行和開悟的基本態度，我常常告訴學生，應該要重視修行的過程，而非結果；修行的過程就是最後的結果。因此，一個人不應該執著於體驗，不管那是好的還是壞的體驗。

四、得牛

圖中的人用繩索套住了牛，所以牛現在落入他的掌控中。但是牛還是很野，不時想要掙脫牛索，跑到路邊去吃草，所以牧牛人必須加以鞭策、堅握韁繩制伏牠。

可以說，到了這個階段，行者和牛相遇，並且對牛已經一清二楚了。也可以說修行者的兩隻眼都睜開了。他們不會再一次閉上眼，但有時會眼皮沉重，看不清楚東西。即使這樣，它們還是準備好隨時再睜開。處於這個階段的人雖已親自證悟了自性的全體，但煩惱的習氣仍會殘留在他的心裡，只是活躍的程度大不如前罷了。當修行者遇到一些會刺激這些習氣的處境時，煩惱就會生起，導致修為的倒退。因為擔心自己再次掉回原先道德與精神的昏昧狀態，修行者會加倍努力去修行。不管在心理上或行為上，他們都會是真正守持戒的人。

這樣的人在禪的道路上處於什麼位置呢？他夠資格去教導別人了嗎？可以說，

竭盡神通獲得渠，
心強力壯卒難除；
有時纔到高原上，
又入烟雲深處居。

（四）得牛圖

處於這階段的修行者已經獲得控制煩惱的能力，能夠與自己的本性保持一致。雖然仇恨的思想偶爾還會出現，但他們不允許自己像個平常人那樣，受到這些思想的驅策，而去做出一些傷害別人的事。欲念也有可能會產生，但它們不會轉化成語言或行為。牧牛人這時已經用繩索把牛牢牢套緊，牛雖然會想用力掙脫，但牧牛人是絕不會鬆手的。這本身就是一項了不起的成就，因為它意味著修行者已有貫徹修行到底的決心與能力。但這絕不意味該做的事都做完了，如果他認識一位修為更高的老師，他就應該跟隨這位老師學習，以求獲得更快速的精進。不過，如果找不到這樣的老師，而又有修為不如你的人來向你求教，你就應該幫助他。

五、牧牛

第五圖是名副其實的牧牛圖。牧牛人一手拿著牛鞭，另一手輕握著牛索，有時走在牛的前面引領，有時走在牛的旁邊。牛不時想要停下來，去吃路邊的青草，因此牧牛人必須不斷保持警覺，不讓自己輕忽或自滿。不過，這時候的牛基本上已經願意聽從命令，所以牧牛人用不著像先前那樣激烈地去駕馭牠。表面上看，牧牛人並沒有花太多的力氣，牛看似是自己順著道路往前走。不過事實上，牧牛人持續地注意觀照，進入到更深的層面，而已經成為日常生活的一部分，所以不再那麼顯而易見。

這個階段的修行重點是培養定力。一個人經過初步的見性後，有必要去深化定

鞭索時時不離身，
恐伊縱步入埃塵；
相將牧得純和也，
羈鎖無抑自逐人。

（五）牧牛圖

境，因為一旦培養出夠深的定力，那即使煩惱生起，也可以迅速加以驅散。更重要的是，只有透過夠深的定境，一個人才能將煩惱習氣連根拔除。這個階段要進行的是比參公案和看話頭更精細的修行法。參公案和看話頭固然可以產生若干程度的定境，但它們仍與真正的禪定有根本上的分別。可以這樣說，參公案和看話頭收集煩惱和雜念的方法，是把它們擠壓在一個點上（即一個疑問上），直到無處可逼，不得不爆開來為止。

我們用疑情讓心集中，同時所有的煩惱也被集中起來，直到爆炸。爆炸的強度取決於背後的力量。吹破一個氣球的時候，有兩種可能的狀況：一是整個氣球爆破為很多碎塊；另一是它只破一個小洞，慢慢漏氣縮小。到底會出現這兩種狀況的哪一種涉及到很多因素，其中之一是吹氣時的力量大小。所以大爆炸的強度，也是視它背後的力量而定。而參公案和看話頭的目的是要集中心念，然後把這個集中的心——可以這樣說——爆破成一小片一小片。

我們可以拿投石於水來做比喻。如果是一個根器銳利而煩惱較少的人，他使用「疑情」的方法就像是把大石頭扔到一個小水坑，這時水會完全濺出，坑中唯一剩下的就只有石頭。不過，換成一個有很多煩惱而對方法又不是很透徹的人，結果就像是把一塊小石子投到湖中，雖然會產生水花，卻不足以把湖水全部濺出，露出湖底。專注在一個話頭或疑情上，就像修定境的方法一樣，是把心念集中在單一對象上。如果疑情夠大的話，那隨之而來的大爆炸就會碰觸到定境。但這樣的體驗仍然不同於真正的定境，因為真正的定境是更深邃和靜止的。參公案和看話頭都可以幫助一個人見性和深化這種體驗。另外，如果是根器特別銳利的人，他的體驗可以是很徹底的。但在牧牛的這個階段，修行者仍然有必要用修定的方法來維持和深化他見性的體驗。

六、騎牛歸家

雖然初步的見性相當於看到了自己的本具佛性，但這跟完全證悟的佛仍是不同的。要完全擁有本具的佛性，人就得要「歸家」去；騎在牛背上，安安穩穩地踏上回家的路途。

在此圖中，牧牛人自在地騎在牛背上，牛雖然還套著牛索，但韁繩卻鬆垮垮地掛在身上。他根本用不著去駕馭牛，因為牛已完全被馴服了，懂得自己回家。這時候，修行是不費吹灰之力的，就像完全沒有修行似的。修行者的六根都已淨化，一切煩惱的汙染都已盡去，這樣的人在接觸外境時是不會生起煩惱的。他們清晰地覺知世界，但世界卻不會在他們身上引起貪或瞋的感覺。這個層次的人，會覺得自己

騎牛迤邐欲還家，
羌笛聲聲送晚霞；
一拍一歌無限意，
知音何必鼓唇牙。

（六）騎牛歸家圖

與所見、所聞和所觸的東西都有密切的關係，就像是身、心和世界已渾然一體。那是一個佛的世界，一切事物都在傾訴著佛法。這是無法形容的境界，也用不著去形容的。一切就是如此。

這個階段的修行者會知道修行仍然是不可少的，知道心還需要進一步的開發，所以不會怠惰下來。然而，這時候的修行是不費吹灰之力的，當修行者到達這個階段以後，他就是安全的，因為戒、定、慧都已成了他生命的一部分。他不會再刻意去想：「我需要修行。」這個階段的人會做出違戒的行為嗎？答案是很明顯的。如果定和戒都已經是一個人生命的一部分，那煩惱就無法動搖他，讓他違戒。那些因為激情而故意做出破壞性、不善行為的人，絕不是在這第六圖的層次。

七、忘牛存人

在第七圖裡，牧牛人與牛都已回到家裡，但我們卻只看到牧牛人。牛正在睡覺，至於在哪睡覺就不得而知。雖然第七圖和第一圖一樣，都是看不見牛的，但兩圖卻有很大的不同。因為在第七圖裡，牧牛人是心滿意足地坐在家裡，什麼憂慮都沒有。在這個階段，一個人已不再認為煩惱是有必要刻意去馴服、開悟是有必要刻意去追尋的。他已經做到六祖惠能所說的：執著與顛倒不再糾纏於心的境界。這時候修道者就是伸直雙腿，躺下來睡覺。

騎牛已得到家山，
牛也空兮人也閑；
紅日三竿猶作夢，
鞭繩空頓草堂間。

（七）忘牛存人圖

到這個階段，煩惱已盡去，而對抗煩惱和尋求開悟的焦慮也不見了。此時，雖然已不再有內外之分，或執取煩惱及開悟的意向，牧牛人還是感覺到有個「我」。我們大可以說，修行的初步階段就像是學習游泳。起初，學游泳的人得在水裡拚命掙扎，賣力練習才能浮在水上。不過到了第七圖所示的階段，水已經不見了。因為此時，游泳的人已經與水融合為一，這個融合是那麼的和諧，以致於泳者渾然不覺水的存在。那還有游泳這回事的存在嗎？到了這階段，游泳與一般所謂的修行已經停止了，只剩下人還在那裡。

有一則關於一位明朝僧人的故事。他沒有自己所屬的佛寺，也沒有固定的落腳處，所以只能雲遊四方。有一天，他經過一家佛寺，看到莊嚴的四大天王像。這個僧人心想：「真是一個休息的好地方。」於是就躺了下來，在神像腳下呼呼大睡。一位官員路過，看到這景象便勃然大怒：「那是誰？」他大叫：「哪個和尚膽敢如此懶惰與放肆？」

僧人醒來回答他：「就是我，一個無事可做的僧人。」

官員反駁說：「什麼？一個無事可做的僧人？怎麼會無事可做呢？你得要打坐、讀經、禮拜還要讚頌。你怎麼敢說自己是個無事可做的僧人？」

僧人答道：「那有何相干？我有什麼必要做那些事呢？」

聽到這番奇怪的話，官員從憤怒轉為困惑；不多久，他就意識到眼前的這個人，不是個尋常的僧人。他才是個真正的僧人，一個無事可做的僧人。

八、人牛俱忘

在第八圖中，不管是牛還是牧牛人都杳無蹤跡。除了一個圓圈以外，圖中空無一物。如果牛所代表的是一個人覺察的本性，而牧牛人代表的是修行者尋求本性的主觀意向，那麼當一個人與本具的佛性合一時，牛與牧牛人會同時消失，是自然不過的了。當主觀的我確實成為自性，就再沒有可以去實現的自性或去實現這自性的自我了。而只要二合為一的觀念還存在，只要還有「一」的觀念，那就不會是真正的「一」。當自我確實還原為自性時，就無所謂自我和無所謂自性。歸根究柢，牛和牧牛人都不是真實的。他們乃是一個圓滿的整體，一個「一」，而這個「一」甚至不是「一」。

那體驗到本性或真實自性的又是誰呢？只有在人完全拋棄獨立自我的意識時，這種體驗才是可能的。如果仍然存有本性需要去體驗的想法，那就不是真實自性。體驗真實自性的念頭，只存在於那些還沒有真正了解它的人身上。對於體驗過的人而言，真的沒什麼好說的。覺悟前和覺悟後的情況相當不同：在得到真實的體悟之

鞭索人牛盡屬空，
碧天寥廓信難通；
紅爐焰上爭容雪，
到此方能合祖宗。

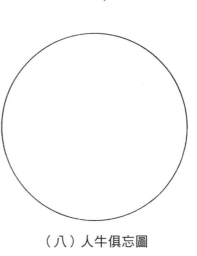

（八）人牛俱忘圖

前，你對於本性只有一個粗略的影像；經歷過深邃的開悟以後，你就是本性。當你抵家休息時，或者當你長途跋涉到達山頂時，你就成為了家，成為了那座山。難道還有一個家或一座山需要返回嗎？沒有。此時，你甚至連想也不會去想它。

我們常常在談論或指涉我們自己。也許你以為抓得住自己；也許你可以抓住自己的鼻子說：「這就是我。」但如果它真的是你，為什麼你又要抓住某樣東西，說它是你呢？如果它真的是你，它為什麼又能客體化成為你之外的一部分呢？因此，當你發心去尋求開悟和本性的時候，就代表你所尋求的是異於本性的，你尋求的只是一個本性的概念而已。當你真的是你，而自我真的是自我時，就不會再有一個自我或自性；既沒有修行的人，也沒有修行可得。當「一」的概念都不足以形容開悟的體驗時，更遑論「二」了。這時候，你是存在的嗎？禪是存在的嗎？

這種境界沒有語言文字可以形容，也無法傳達給他人。事實上，它甚至是無法思量的。它完全異於我們一般的分別意識和邏輯意識。日常的意識總是指向些什麼，而這樣的意識離不開二元性的架構。不過，想透過語言或日常的心靈過程去捕捉對本性的體驗，註定是枉然的，因為它超出一切大小、遠近的二元性架構之外。由於開悟的體驗，只有在放下一切時才有可能獲得，因此即使把它想像為一種絕對都是有害的。很多人會說自己體驗過「絕對真理」或「萬物的渾然一體」，但如果你體驗到的是這些東西，那就代表你仍然只是處於「大我」的層次，在這個層次裡，你不過是用膨脹了的自我來體驗世界罷了。這並不是「無我」的真實本性，因為它仍未超出於「自我」之上。

第七圖裡的牧牛人正在休息，什麼都沒有做。但在第八圖，他不但什麼都沒有做，甚至還消失了。儘管圖中有一個圓圈，但我們應把整幅圖理解為一片空白。因為只要仍然有圓圈在，就意味著仍然有東西在，像是「渾然一體」或「絕對真理」之類的。在禪宗的文獻裡，記載著曾有弟子問了老師問題後，老師在地上畫上一個圓圈，然後再把它擦掉。如果你還有一個圓圈在的話，就代表你仍有執著，尚未臻於最高的悟境。

有人會想，第八圖的境界代表的應該就是最高的悟境。某個意義下是如此，因為這時候，你已經獲得了可以消滅一切個人煩惱的根本智慧。這是佛道的根本，但這樣的智慧仍然是不完全的，距離成佛還很遠。真正的佛具有更深刻的智慧，會以大悲心去接應萬物，而且精確知道運用方法幫助別人解除煩惱。因此，第八階段並不是佛法道路的終點。佛教的目的並非就是從人生中消失，如果是如此，那就不是真正的佛教、真正的開悟，而是一種不健康的虛無主義。通常，如果修行者會出現這種情況，代表著他仍有某些隱藏的問題。

有些人雖然體驗過見性，卻對生命產生消極的的態度。他們變得避世，不願意投入日常生活，甚至會想：「世界對我是沒有意義的。」或是：「我死得愈早愈好。」我看過相當多抱著這樣態度生活的人，這樣的心態偏離了正道。我認識一位女性，見性以後就不願意回到家人身邊；還有一個大公司的董事長，見性以後就打算從職位上退下來，並拋棄家人以及一切。這都是錯誤的態度；這些人都是有大問題的。然而他們的問題並不是來自見性，他們的問題其實早就存在了，也因為這樣，他們的開悟體驗才會受到扭曲和染色。因此，對心理或情緒不穩定的人來說，體驗空性或悟見本性反而是相當危險的，它會讓本來就存在的問題，朝有害的方向發展。必須謹記的一點是，如果你走的是正道，那修行這條道路的終點就絕不會是無形無相的斷滅。誠如《心經》所云：「色即是空，空即是色。」事實上，第八階段是自動通往第九階段的，在那裡，現象世界的種種分別會自然而然再次被肯定的。

九、返還本源

在第九圖裡，本來空白的圓圈又突然重新出現畫面，但這一次畫的是一塵不染的青山及綠水、翠竹與黃梅。它表示修行者從專注、深深內化於自性的一體中，返照現實的生活。在這種返照中，一個人的所見，一如平常人的所見，但又與從前大不相同。這種觀照是出自於一種純粹的智慧，可以清晰而精準地朗照一切。不管它遇到什麼，都會如實地看到事物的本來面目，而不生一絲煩惱。

禪宗有一個著名的說法，說是一個人在投入修行以前，會見山是山，見水是水。然後，修行到一個程度以後，就會見山不是山，見水不是水。也因此，在第八圖裡，山和水（也就是人與牛）才會消失不見。但在修行的最高境界，修行者卻會再一次見山是山，見水是水。人在開悟前和開悟後所見到的山水都是一樣的，但有一個重要的不同：在開悟前，人是帶著執著和分別心去看它們的，但在開悟以後，就不會有執著和分別心。在這個層次，一切都是可以用來幫助其他眾生走上開悟之道的。

有一次，溈山靈祐的弟子仰山慧寂（八〇七～八八三）問他：「如果世間的一

返本還源已費功，
爭如直下若盲聾；
庵中不見庵前物，
水自茫茫花自紅。

（九）返還本源圖

切突然從你眼前消失，你會怎樣做？」他回答：「綠不是黃，長不是短。每件事物住於本有的位置，跟我一點關係都沒有。」也就是說，現象雖能知覺，卻是其他存在的現象，而不是引起我們煩惱的東西。事實上，到了這個階段，修行者已不會再用開悟與煩惱、本體與現象這些二元觀念來思考世界。他們對自我與世界的理解都徹底改變了。在第九圖裡我們可以看到，既沒有牛也沒有牧牛人，一切事物就是如此，實實在在。獲得了深邃開悟的修行者會把萬物的存在歸還給萬物，完全遺忘自我，任由世界自發地運作，不會被煩惱驅使，將任何人為的界線或關係強加到世界之上。

不過，這是一個非常細微的觀點，很容易引起誤解。有些人會以不正確的方式理解它而走向極端，認為一切的分別與世俗都是沒有意義的，一個人喜歡怎樣做就可以怎樣做，根本沒有任何責任可言。他們以為可以為所欲為，搶走別人的丈夫或太太，或是別人的財物。這種心態，其實是一種私心隱藏。對那些真正有修為的人來說，別人的丈夫或太太仍然是別人的丈夫或太太，世俗常規仍然有效，不可以置之不顧。到達這個境界的修行者，念茲在茲的都是為一切人一切物帶來最大利益，希望一切都完全依其本來的面貌如實呈現。由於那個苦惱的自我已經轉化了，因此他根本不會想去做對別人不利的事。

當然，歷史上有一些禪師確實說過矛盾的話和做出矛盾的事，讓我們大惑不解。但通常他們會說這些話和做這些事，都是發生在與弟子互動的狀況。例如，據記載，曾有一位禪師為了取暖而把佛像劈成木柴生火；又有一個故事說，一個弟子故意用獨輪車輾斷師父的腿。不明就裡的人聽到這些，會以為這是禪的標準行為。事實上，它們的涵義是截然不同的。在禪宗的歷史中，這些都是單一事件，而且通常發生在師父與弟子之間關鍵性的互動上。

一般來說，弟子很少有這類的表現，而禪師會這樣做，則是為了勘驗弟子的情況，因此也不是每天會發生這樣的事。更重要的是，如果這些行為出現在弟子身上的話，必定不是第九階段，而是第七或第八個。如果我養成一種習慣，老是到處對人說：「香蕉從土裡長出來，薑從樹上長出來。魚在天空飛，鳥在水裡游。」那人們肯定會以為我是從瘋人院跑出來的。處於第九階段的人會相當尊重世俗的慣例，也不會覺得那是個妨礙，可以說，這是一種相當正面的態度。在他四周萬千的事物中，沒有一物不是如實呈現、完全圓滿的。

十、入鄽垂手

第十圖裡畫著一個圓潤、含笑自在的和尚，一手提著個布包，另一隻手則伸

露胸跣足入鄽來，
抹土塗灰笑滿腮；
不用神仙真祕訣，
直教枯木放花開。

（十）入鄽垂手圖

出去，把東西布施給一個貧苦的老乞丐。這跟一般的情況相反，因為在一般的情況下，受布施的人都是和尚。但第十圖裡所見的則恰恰相反。就像一個聖誕老人一樣，圖中的和尚毫不吝惜地從他的布包裡拿出東西，施予別人。這象徵著一個完全開悟的修行者擁有大慈悲心，也知道要怎樣運用善巧方便去滿足其他眾生的需要。這是修行的自然果實，並不是出自算計或別有用心的。

圖中的無家僧人是個謎樣的人物，我們不知道他是誰或來自哪裡，每個地方都是他的家。這象徵著一個已經覺悟的菩薩為了救助眾生，是有能力示現為任何形式或化身為任何人的。不管任何地方任何時間，覺者都隨時準備好要幫助別人。他們是沒有固定形相的；他們或者化身為禪師，或者化身為居士，甚至會化身為受別人唾棄的人。這一切的形相，都是從他們的存在中自然流露出來的。他們這樣做毫無造作計較，一心所想的只是為了幫助別人的需要。其他眾生遇到他們，也許會對他們產生固定的觀念或印象，但已經覺悟的菩薩本身卻不會對他們自身產生固定的印象。化身為某種形相以後，一個菩薩自然會受到這個形相的限制，而他所能幫助的人數，也只在這個形相許可的範圍內。不過稍後（又也許是在另一世），他們又能再化身為別的形相，幫助其他眾生。儘管千變萬化，但在菩薩自己的眼中，卻沒有任何實質的改變。

我在臺灣認識一個婦人，她告訴我，她之所以會被佛教的義理和修行法所吸引，都是因為她女兒的緣故，她對此十分感激。我問這婦人她女兒多大。她說：「八歲。」我心想：「那一定是個很特別的女孩。」所以我想要看看她。但看到她以後，卻發現她和一般的小女孩沒有分別。我就問她媽媽：「為什麼妳認為妳會被佛法吸引，是受到妳女兒『啟蒙』的呢？」

她說：「自她出生後，各種發生在她身上的事都使我更認識佛法。所以，我認為她是位來拯救我的菩薩。」

各位會怎麼看？那小女孩是菩薩嗎？對她媽媽而言，她無疑是。也許，她確是個已修行到第十階段的菩薩，在今生以女兒的化身出現。你們有可能知道她是或不是嗎？你們都已經讀過這本書，而且說不定已經在修行。你們會想要修行，是受到誰的影響嗎？你們也許永遠也無法得知，會被佛法吸引是受什麼人或什麼事情的影響。即使如此，你們仍然應該對自己有這樣的機會，心存感激。不幸的是，有很多人就是不懂得尊重或聽從那些沒有被他們認定是最好老師的人。這些人是不會從任何人那裡學到任何東西的，哪怕他們所遇到的是位很優秀的老師。因此，我們應該對任何在修行上幫助我們的人心存感激，並把他們視為已到達修行第十階段的覺者。

一位弟子問南泉普願（七四八～八三五）：「師父百年以後要到哪裡去？」

南泉回答說：「我會到山麓下重生為一頭水牛。」

弟子很困惑，因為水牛一般被認為是一種很低等的生命形式，於是他再問道：「如果未來你變為一頭水牛，我可以跟隨你嗎？」

「或許你也可以成為一頭水牛，果真如此的話，那你必定是嚼著一根乾草來。」⑦他沒有再說什麼，南泉這番話是什麼意思和他為什麼要重生為一頭水牛，就得靠各位自己來參究了。

註釋

序

① Holmes Welch, *The Practice of Chinese Buddhism, 1900-1950*（Cambridge, Mass.: Harvard University Press, 1967）; also idem, *The Buddhist Revival in China*（Cambridge, Mass.: Harvard University Press, 1968）。想了解佛教在臺灣最近期的發展，參看 Liying Kuo, "Aspects du bouddhisme contemporain a Taiwan" in *Renouveax religieux en Aise*, edited by Cartherine Clementin-Ojha（Études thematique, no. 6. Paris: Publications de L'Ècole française d'Extrême-Orient, 1997）, pp. 83-110 及 Charles Brewer Jones, *Buddhism in Taiwan: Religion and the State, 1660-1990*（University of Hawaii Press, 1999）。

②《景德傳燈錄》：《大正藏》51. 440a3-b19。

③《鎮州臨濟慧照禪師語錄》：《大正藏》no. 1985, vol. 47. 498a16-17。

④ 有關鈴木大拙的中國之旅與評論，見 Holmes Welch, *The Practice of Chinese Buddhism*, 1900-1950, p. 472。

⑤ 這個發展在 Holmes Welch 的 *The Buddhist Revival in China* 一書裡有詳細的論述。

⑥《鎮州臨濟慧照禪師語錄》：《大正藏》47. 497c8-9, 499b27-c5, 500a27-c15。

⑦《景德傳燈錄》：《大正藏》51. 458b22-26。

⑧第二章「修禪與調攝身心的原則」的內容，是以聖嚴法師深具影響力的著作《禪的體驗》（臺北：東初出版社，一九八〇）為底本的；第三章「佛教的戒律與禪修」則主要取材自《戒律學綱要》（臺北：天華出版社，一九七八）。它們會被收錄進來，是因為其中對聖嚴法師教理系統的重點提供了最有力的概述，前者一直是他中級禪修課程的固定部分，後者則是他授三皈依、五戒和菩薩戒的前導教導。最後，第九章「禪修的先決條件」中的「內在條件：取得進步四種必要的心理狀態」一節，是取材自 *Getting the Buddha Mind*（《佛心眾生心》）（New York: Dharma Drum Publication, 1982），是書為聖嚴法師的佛法講演集，由 Ernest Heau 輯錄成書。

聖嚴法師簡介

①有關太虛大師及其推行的改革，見 Holmes Welch, *The Buddhist Revival in China*（Cambridge, Mass.: Harvard University Press, 1968）。

②以下有關聖嚴法師生平的敘述，部分是根據口頭的訪談，部分是根據法師已出版的傳記和自傳，後者包括了《歸程》（臺北：東初出版社，一九六八）、《聖嚴法師學思歷程》（臺北：正中書局，一九九二）、陳慧劍，《人間教育的聖嚴法師》（臺北：中華佛學研究所，一九九〇），以及 *Getting the Buddha Mind*。

③Sheng-yen, *Getting the Buddha Mind*, pp. 1-2。另見聖嚴法師的一本小書《觀世音菩薩》（臺北：東初

出版社，一九九二）。聖嚴法師憶述，當朗慧師父教他這個方法時，告訴了他一個相關的故事：宋代的知名學者與禪師永明延壽因為覺得業障深重，就以拜法華懺的方法加以消解，行此懺法期間，他夢見被觀世音菩薩以甘露灌頂；他的心頓時明亮起來，獲得了無礙的辯才，並因此寫出了一部有關佛教教義博大精深的綜合性著作。

④《觀世音菩薩》，pp. 1-4。

⑤想多了解聖嚴法師對這一類佛事的態度，可參見他的《為什麼做佛事》（臺北：東初出版社，一九九〇）。

⑥Sheng-yen, *Getting the Buddha Mind*, pp. 3-4.

⑦同上書，p. 4。

⑧同上書，p. 4-5。另有一些資料來自陳慧劍，《人間教育的聖嚴法師》，p. 27。

⑨欲對楊仁山（楊文會）其人有進一步的了解，可參閱 Holmes Welch, *The Buddhist Revival in China*, pp. 2-22。

⑩Sheng-yen, *Getting the Buddha Mind*, pp. 6-8.

⑪同上書，p. 8-9。

⑫見陳慧劍，《人間教育的聖嚴法師》，pp. 24-25, 29。

⑬見 Ven. Yin-shun（translated by Dr. Wing H. Yeung, M.C.）, *The Way to Buddhahood: Instructions from a Modern Chinese Master*（Somerville, Mass.: Wisdom Books, 1998）。

⑭東初老和尚曾經提供一套《大正藏》給新文豐出版社，影印為《大藏經》出版。另外，除了寫作了

一本《中國佛教現代史》（臺北：東初出版社，一九七四）以外，他還寫了一部對日本佛教的歷史研究與概論，這是同類型中文著作的第一本。

⑮ Sheng-yen, *Getting the Buddha Mind*, p. 9.

⑯ 同上書，pp. 9-10。

第一章

① 柳田聖山，《達摩語錄》（東京：筑摩書房，一九六九），p. 58。

② Philip B.Yampolsky, trans., *The Platform Sutra of the Sixth Patriarch*（New York: Columbia University Press, 1967）, pp. 137-38.

③ Burton Watson, trans., *The Zen Teachings of Master Lin-chi*（Boston: Shambala, 1993）, p. 53.

④ 「小乘」是一個具有貶義的稱呼，是從大乘的思想發展出來的，意味佛陀有關四聖道和羅漢果位的「早期」教誨，只是其大乘菩薩道教誨的前導步驟，也因此，地位是在大乘的「真」法之下。由於「小乘」是一個主要見於大乘經論的用語，因而我們不應該把它等同於歷史上的上座部。

⑤ 《中論》：《大正藏》 no. 1564, vol. 30. 2b。

⑥ Burton Watson, trans., *The Vimalakirti Sutra*（New York: Columbia University Press, 1996）, pp. 104-11.

⑦ Burton Watson, *The Zen Teachings of Master Lin-chi*, pp. 31 and 53.

⑧ Urs App, *Master Yunmen: From the Record of the Chan Teacher " Gate of the Clouds"*（New York: Kodanshan International, 1994）, p. 94.

⑨有關三三昧與十八空的討論，可見《大智度論》：《大正藏》no. 1509, vol. 25. 206a-213c 及 285b-296b。

⑩《景德傳燈錄》：《大正藏》51. 336a20-22。

⑪《雲門匡真禪師廣錄》：《大正藏》47. 546b2-30。

⑫同上書，p. 549c10-11。

第三章

①本章內容多有取材自釋聖嚴，《戒律學綱要》（臺北：東初出版社，一九七八）一書。

②沙彌十戒的第六戒（不著香花鬘，不香油塗身）和第七戒（不歌舞倡伎，不故往觀聽）在八關戒齋中是結合在一起的，成為第六戒。第十戒（不捉持生像金銀寶物）則沒有包含在八關戒齋裡。見釋聖嚴，《戒律學綱要》，pp. 95-109。

③同上書，pp. 110-17。

④同上書，pp. 256-59。

⑤同上書，pp. 259-63 及 283-97.《梵網經》見於《大正藏》no. 1484, vol. 24；《優婆塞戒經》見於《大正藏》no. 1488, vol. 24。

第四章

①對這三十二種功德的表列，見 Paul J.Griffiths, *On Being Buddha: The Classical Doctrine of Buddhahood*

（Albany: State University of New York Press, 1994）, pp. 97-101。

第五章

① 見 *Empty Cloud: The Autobiography of the Chinese Zen Master Hsu-yun*, translated by Charles Luk, with revisions by Richard Hunn（Longmead, English: Element Books, 1988）, pp. 3-8。

② 《中論》：《大正藏》 30. 2b。

第六章

① 有關本具佛性的討論，參見《大般涅槃經》四至十卷：《大正藏》 no. 374, vol. 12. 385b-428b。

② 《南宗頓教六祖惠能施法壇經》：《大正藏》 no. 2007, vol. 48. 388b29-c2。

③ 有關這個問題，參見 John McRae, *The Northern School and the Formation of Early Ch'an Buddhism*, Kuroda Institute Studies in East Asian Buddhism, 3（Honolulu: University of Hawaii Press, 1986）。

④ 《瑞州洞山良价禪師語錄》：《大正藏》 47. 522b4-9。

⑤ 《六祖大師法寶壇經》：《大正藏》 no. 2008, vol. 48. 349b22-26。

⑥ 《景德傳燈錄》：《大正藏》 51. 246a9-10。

第七章

① 見《鎮州臨濟慧照禪師語錄》：《大正藏》 no. 1985, vol. 47。

②《鎮州臨濟慧照禪師語錄》：《大正藏》47. 500b21-24。

③《鎮州臨濟慧照禪師語錄》：《大正藏》47. 499c6-9。

④《鎮州臨濟慧照禪師語錄》：《大正藏》47. 500b25-c1。

⑤《景德傳燈錄》：《大正藏》51. 219a22-b1。

⑥《鎮州臨濟慧照禪師語錄》：《大正藏》47. 504a19-21。

⑦ William F. Powell, *The Record of Tung-shan*（Honolulu: Kuroda Institute, 1986）.

⑧《景德傳燈錄》：《大正藏》51. 336a20-22。

⑨雲棲袾宏，《禪關策進》：《大正藏》no. 2024, vol. 48. 1104b1-5。

⑩同上書，1103c17-18。

⑪見 C. C. Zhang, *The Practice of Zen*（New York: Harper & Row, 1959），亦見 Charles Luk, *Practical Buddhism*（London: Rider, 1971）。

⑫有關虛雲老和尚對看話頭的討論，見 Charles Luk, *Chan and Zen Teaching*, Frist Series（London: Rider, 1960）, p. 23。

第八章

①柳田聖山，《達摩語錄》（東京：筑摩書房，一九六九），p. 32。

②僧璨，《信心銘》：《大正藏》no. 2010, vol. 48. 376c5-6, 377a3-4。

③ Philip B. Yampolsky, trans., *The Platform Sutra of the Sixth Patriarch*, p. 139.

④〈奢摩他頌〉，載於《禪宗永嘉集》：《大正藏》no. 2013., vol. 48. 389b28-29。

⑤《景德傳燈錄》：《大正藏》51. 321a17-18。

⑥同上書：《大正藏》51. 321a19-20。

⑦《筠州洞山悟本禪師語錄》：《大正藏》no. 1986a, vol. 47. 515b17-19。

⑧《瑞州洞山良价禪師語錄》：《大正藏》no. 1986b, vol. 47. 522b17-18。

⑨《撫州曹山元證禪師語錄》：《大正藏》no. 1987a, vol. 47. 529b25-c3。

⑩《景德傳燈錄》：《大正藏》51. 321a。

⑪《宏智禪師廣錄》：《大正藏》no. 2001, vol. 48. 100a-b, 98a-b。

⑫同上書：《大正藏》48. 78b7-9。

⑬同上書：《大正藏》48. 73c8-11。

⑭同上書：《大正藏》48. 73c5-13。

⑮同上書：《大正藏》48. 73c14-24。

⑯同上書：《大正藏》48. 74a11-12。

⑰智者大師，《摩訶止觀》：《大正藏》no. 1911, vol. 46. 56b。

⑱《南宗頓教六祖惠能施法壇經》：《大正藏》48. 338b19-22。

⑲《禪宗永嘉集》：《大正藏》48. 389b21。

⑳《宏智禪師廣錄》：《大正藏》48. 98b5。

㉑〈默照銘〉，載於《宏智禪師廣錄》：《大正藏》48. 100a26。

第九章

① 《景德傳燈錄》：《大正藏》51. 240c18-23。

② 《鎮州臨濟慧照禪師語錄》：《大正藏》47. 505a-b。

③ 朱時恩（輯），《居士分燈錄》（香港：香港佛教協會，一九六七），vol. 147. pp. 857-934。

④ Holmes Welch 在其 *The Practice of Chinese Buddhism* 一書中對二十世紀前半葉金山寺和其他主要中國禪寺的生活起居規則有所描述。

⑤ 《來果禪師自行錄》（臺北：天華出版公司，一九八一），p. 15。

第十一章

① 參見晦巖智昭，《人天眼目》：《大正藏》no. 2006, vol. 48. 315c-316a。

② 柳田聖山認為，普明有可能就是蔣之奇（一〇三一～一一〇四），他是個熟悉禪理的半隱士，但也表現出強烈的道家傾向。見上田閑照、柳田聖山，《十牛圖》（東京：筑摩書房，一九八二），pp. 251-262。

③ 同上書，pp. 247-257。

④ 例如 D. T. Suzuki's *Manual of Zen Buddhism*（New York: Grove Press, 1960）and *Essays in Zen Buddhism*, Frist Series（New York: Grove Press, 1961）, pp. 363-76; Paul Reps, *Zen Flesh Zen Bones*（Rutland: Tuttle, 1969）; and Philip Kapleau, *Three Pillars of Zen, revised and expaned edition*（Garden City: Anchor Press, 1980）。

⑤參見柳田聖山，《信心銘、證道歌、十牛圖、坐禪儀》（東京：筑摩書房，一九七四），pp. 205-24。

⑥《六祖大師法寶壇經》：《大正藏》48. 361c28-362a2. Philip B. Yampolsky, trans., *The Platform Sutra of the Sixth Patriarch*（New York: Columbia University Press, 1967）, p. 180。

⑦《景德傳燈錄》：《大正藏》51. 259a28-b1。

國家圖書館出版品預行編目資料

牛的印跡：禪修與開悟見性的道路 / 聖嚴法師,
丹．史蒂文生(Dan Stevenson)著；梁永安譯.
-- 初版. -- 臺北市：法鼓文化, 2023.01
面； 公分
譯自：Hoofprint of the ox : principles of the chan buddhist path as taught by a modern chinese master.
ISBN 978-957-598-970-5（平裝）

1. CST: 禪宗 2. CST: 佛教修持

226.65 111015040

牛的印跡——禪修與開悟見性的道路

HOOFPRINT OF THE OX: Principles of the Chan Buddhist Path as Taught by a Modern Chinese Master

著者	聖嚴法師、丹．史蒂文生 (Dan Stevenson)
譯者	梁永安
出版	法鼓文化
總監	釋果賢
總編輯	陳重光
編輯	詹忠謀
封面設計	化外設計
內頁美編	小工
地址	臺北市北投區112004公館路186號5樓
電話	(02)2893-4646
傳真	(02)2896-0731
網址	http://www.ddc.com.tw
E-mail	market@ddc.com.tw
讀者服務專線	(02)2896-1600
初版一刷	2023年1月
初版三刷	2024年1月
建議售價	新臺幣480元
郵撥帳號	50013371
戶名	財團法人法鼓山文教基金會—法鼓文化
北美經銷處	紐約東初禪寺 Chan Meditation Center (New York, USA) Tel: (718)592-6593 E-mail: chancenter@gmail.com

法鼓文化

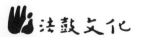